住房和城乡建设部"十四五"规划教材

中等职业教育土木建筑大类专业"互联网＋"数字化创新教材

混凝土结构施工图平法识读（活页式）

白　莉　主　编

黎世付　黄盛浩　副主编

崔永娟　王艳梅　主　审

中国建筑工业出版社

图书在版编目（CIP）数据

混凝土结构施工图平法识读：活页式／白莉主编；
黎世付，黄盛浩副主编. — 北京：中国建筑工业出版社，
2023.6

住房和城乡建设部"十四五"规划教材　中等职业教
育土木建筑大类专业"互联网＋"数字化创新教材

ISBN 978-7-112-28689-8

Ⅰ. ①混…　Ⅱ. ①白…②黎…③黄…　Ⅲ. ①混凝土
结构-建筑制图-识图-中等专业学校-教材　Ⅳ.
①TU204.21

中国国家版本馆 CIP 数据核字（2023）第 078078 号

本书根据建筑行业对中职层次建筑技术人才的要求，及我国建筑行业现行的标准和规范，
运用简练的文字、丰富的三维节点图片，阐述了混凝土结构各个构件施工图的平面表示方法和
标准构造详图。本书是新型活页式教材，分为八个学习项目，主要内容包括：平法通用知识、
梁平法施工图识读、柱平法施工图识读、板平法施工图识读、基础平法施工图识读、剪力墙平
法施工图识读、板式楼梯平法施工图识读和拓展学习——装配式混凝土结构施工图的简单识读
等。每个项目有任务工单、相关知识和识图训练。

本书可作为中等职业学校土木建筑各专业的教材，也特别适合建筑工程行业施工员、安全
员、监理员、钢筋工等相关岗位技术人员学习平法基础时使用。

为便于教学和提高学习效果，本书作者制作了教学课件、索取方式为：1. 邮箱 jckj@
cabp. com. cn；2. 电话（010）58337285；3. 建工书院 http：//edu. eabplink. com。

责任编辑：刘平平　李　阳
责任校对：张　颖

住房和城乡建设部"十四五"规划教材
中等职业教育土木建筑大类专业"互联网＋"数字化创新教材

混凝土结构施工图平法识读（活页式）

白　莉　主　编
黎世付　黄盛浩　副主编
崔永娟　王艳梅　主　审

＊

中国建筑工业出版社出版、发行（北京海淀三里河路9号）
各地新华书店、建筑书店经销
北京鸿文瀚海文化传媒有限公司制版
北京市密东印刷有限公司印刷

＊

开本：787 毫米×1092 毫米　1/16　印张：13¼　字数：326 千字
2025 年 2 月第一版　2025 年 2 月第一次印刷
定价：**45.00** 元（赠教师课件）
ISBN 978-7-112-28689-8
（41144）

出版说明

　　党和国家高度重视教材建设。2016 年，中办国办印发了《关于加强和改进新形势下大中小学教材建设的意见》，提出要健全国家教材制度。2019 年 12 月，教育部牵头制定了《普通高等学校教材管理办法》和《职业院校教材管理办法》，旨在全面加强党的领导，切实提高教材建设的科学化水平，打造精品教材。住房和城乡建设部历来重视土建类学科专业教材建设，从"九五"开始组织部级规划教材立项工作，经过近 30 年的不断建设，规划教材提升了住房和城乡建设行业教材质量和认可度，出版了一系列精品教材，有效促进了行业部门引导专业教育，推动了行业高质量发展。

　　为进一步加强高等教育、职业教育住房和城乡建设领域学科专业教材建设工作，提高住房和城乡建设行业人才培养质量，2020 年 12 月，住房和城乡建设部办公厅印发《关于申报高等教育职业教育住房和城乡建设领域学科专业"十四五"规划教材的通知》（建办人函〔2020〕656 号），开展了住房和城乡建设部"十四五"规划教材选题的申报工作。经过专家评审和部人事司审核，512 项选题列入住房和城乡建设领域学科专业"十四五"规划教材（简称规划教材）。2021 年 9 月，住房和城乡建设部印发了《高等教育职业教育住房和城乡建设领域学科专业"十四五"规划教材选题的通知》（建人函〔2021〕36 号）。为做好"十四五"规划教材的编写、审核、出版等工作，《通知》要求：（1）规划教材的编著者应依据《住房和城乡建设领域学科专业"十四五"规划教材申请书》（简称《申请书》）中的立项目标、申报依据、工作安排及进度，按时编写出高质量的教材；（2）规划教材编著者所在单位应履行《申请书》中的学校保证计划实施的主要条件，支持编著者按计划完成书稿编写工作；（3）高等学校土建类专业课程教材与教学资源专家委员会、全国住房和城乡建设职业教育教学指导委员会、住房和城乡建设部中等职业教育专业指导委员会应做好规划教材的指导、协调和审稿等工作，保证编写质量；（4）规划教材出版单位应积极配合，做好编辑、出版、发行等工作；（5）规划教材封面和书脊应标注"住房和城乡建设部'十四五'规划教材"字样和统一标识；（6）规划教材应在"十四五"期间完成出版，逾期不能完成的，不再作为《住房和城乡建设领域学科专业"十四五"规划教材》。

　　住房和城乡建设领域学科专业"十四五"规划教材的特点，一是重点以修订教育部、住房和城乡建设部"十二五""十三五"规划教材为主；二是严格按照专业标准规范要求编写，体现新发展理念；三是系列教材具有明显特点，满足不同层次和类型的学校专业教学要求；四是配备了数字资源，适应现代化教学的要求。规划教材的出版凝聚了作者、主审及编辑的心血，得到了有关院校、出版单位的大力支持，教材建设管理过程有严格保障。希望广大院校及各专业师生在选用、使用过程中，对规划教材的编写、出版质量进行反馈，以促进规划教材建设质量不断提高。

住房和城乡建设部"十四五"规划教材办公室

2021 年 11 月

前　言

本教材以《国家职业教育改革实施方案》为行动纲领,以《中等职业学校建筑工程施工专业教学标准》为指导进行编写。全书以工作过程为主线,树立以学生为中心的教学理念,教学内容对接岗位标准,落实提高学生岗位技能的教学改革要求。

本教材是新型活页式教材,内容依据建筑行业岗位需求分析、施工员现场管理岗位要求和钢筋工(三级)职业能力分析进行模块化处理,选取岗位典型工作任务,全面结合国家标准图集《混凝土结构施工图平面整体表示方法制图规则和构造详图》22G101 和《混凝土结构施工钢筋排布规则与构造详图》18G901,由易到难递进式培养学生专业技能。

本教材的八个项目分为:平法通用知识、梁平法施工图识读、柱平法施工图识读、板平法施工图识读、基础平法施工图识读、剪力墙平法施工图识读、板式楼梯平法施工图识读和拓展学习——装配式混凝土结构施工图的简单识读等。内容按照技术技能人才成长特点和教学规律,对建筑行业相关的岗位任务进行细化,对学习任务进行有序的排列,剔除工作中不需要的知识,将所需理论知识渗透在任务中,提供简明易懂的"应知应会"的讲解。本教材的识图学习配套了大量 BIM 软件绘制的三维节点图代替原来的二维图,帮助读者理解知识,使学习更有效。

本教材由广西城市建设学校白莉主编并统稿,崔永娟、王艳梅主审,黎世付、黄盛浩副主编,赵晓敏、蓝燕舞、郭金慧、桂林市综合设计院肖文彬、广西路建集团建筑工程有限公司陈远、广西交通设计集团有限公司杨滢瑜参编。其中白莉编写项目二,黎世付编写项目六和八,黄盛浩编写项目五和七,赵晓敏编写项目一,蓝燕舞编写项目三,郭金慧编写项目四,BIM 钢筋模型由白莉、杨孝鹏完成。

由于编写水平有限,书中难免有疏漏和不当之处,敬请大家批评指正。

目　录

Chapter 01

项目一

平法通用知识

学习目标

知识目标

1. 了解混凝土结构和平法的定义。
2. 了解钢筋混凝土材料，掌握钢筋的表示方法。
3. 熟悉混凝土保护层厚度的定义。
4. 掌握钢筋的锚固长度和连接规范。
5. 了解钢筋弯钩，梁、柱纵筋间距等构造。

能力目标

1. 能正确识读钢筋的表达方式。
2. 通过工程信息，能熟练查找混凝土保护层厚度、钢筋锚固长度和搭接长度。
3. 能熟记梁柱纵筋间距。

素质目标

1. 培养学生的民族自豪感。
2. 培养细心的工作态度。

课程思政要点

思政元素	思政切入点	思政目标
爱国意识	平法是我国工程师在工作中遇到难题、能想办法肯钻研，从而创造出的工具。	增强学生民族自豪感。
规范意识	教学活动设计任务，小组通关进行混凝土保护层厚度、钢筋锚固长度和搭接长度的查表练习。	培养学生认真细心的学习态度和团结友善的精神。

学习任务工单

1. 任务描述

某项目施工技术员小王，他的工作是要通过建筑结构施工图的结构设计总说明了解项目的基础信息。

本任务要求学生能了解平法结构施工图中混凝土保护层厚度、钢筋的锚固长度和连接要求等通用知识。本任务知识要求有：

任务内容	平法通用知识	学习程度		
		识记	理解	应用
学习任务	平法的定义和意义	★		
	钢筋符号和钢筋标注方法	★		

续表

任务内容	平法通用知识	学习程度		
		识记	理解	应用
学习任务	混凝土保护层厚度的确定		★	
	钢筋锚固长度和搭接长度		★	
	钢筋的一般构造要求		★	
自我勉励				

任务 1.1　绪论

　　建筑工程施工图一般包括建筑施工图、结构施工图、给水排水、采暖通风施工图及电气施工图等专业图纸。**结构施工图**指的是关于承重构件的布置，使用的材料、形状、大小及内部构造的工程图样，是承重构件以及其他受力构件施工的依据。

一、平法

　　平法是混凝土结构施工图采用建筑结构施工图平面整体表示方法的简称。我国陈青来教授研发出来第一本平法图集 96G101，经过了六次升级，目前最新的图集是 22G101，于 2022 年 9 月份正式实施。

　　平法的表达形式，概括来讲，是把结构构件的尺寸和配筋等信息，按照平面整体表示方法制图规则，直接表达在各类构件的结构平面布置图上，再与标准构造详图相配合，构成一套完整的结构设计施工图纸。按平法绘制的施工图，一般是由各类结构构件的平法施工图和标准构造详图两大部分构成。混凝土结构构件有基础、柱、剪力墙、梁、板、楼梯等，一套混凝土结构平法施工图包括：图纸目录、结构设计总说明、基础平法施工图、柱（剪力墙）平法施工图、梁平法施工图、板平法施工图、结构详图等。

　　施工图纸是工程技术界的通用语言，是工程技术人员信息传递的载体。设计人员通过图纸传递设计要求；施工人员按照图纸施工。作为施工管理人员，要有强烈的责任心和职业道德，规范识图，按图施工，保持严谨认真的工作态度。

1-1
平法绪论
和钢筋

二、混凝土结构

　　混凝土结构是目前建筑工程中应用最广的结构形式。按照结构的受力特点可分为**框架结构、剪力墙结构、框架-剪力墙结构等**，见表 1-1。

按结构的受力特点分类　　　　　　　　　表 1-1

结构类型	用途	示例
框架结构	一般适用于层数不大于 10 层的民用建筑。	
剪力墙结构	小开间的高层建筑的住宅公寓、旅馆等。	
框架-剪力墙结构	20 层左右的高层建筑。	

任务 1.2　钢筋混凝土材料

　　混凝土强度等级按立方体抗压强度标准值确定。钢筋混凝土结构的强度等级不应低于 C20。采用 HRB400 级钢筋时，混凝土强度等级不能低于 C25。混凝土强度等级分为 C15、C20、C25、C30、C35、C40、C45、C50、C55、C60、C65、C70、C75、C80。

　　钢筋是指钢筋混凝土用和预应力钢筋混凝土用钢材，包括光圆钢筋、带肋钢筋和钢丝。钢筋牌号及含义见表 1-2。

钢筋牌号及含义   表 1-2

牌号	符号	含义
HPB300	ϕ	热轧光圆钢筋屈服强度 300MPa。
HRB400	ϕ	普通热轧带肋钢筋屈服强度 400MPa。
HRBF400	ϕ^F	细晶粒热轧带肋钢筋屈服强度 400MPa。
RRB400	ϕ^R	余热处理带肋钢筋屈服强度 400MPa。
HRB500	Φ	普通热轧带肋钢筋屈服强度 500MPa。
HRBF500	Φ^F	细晶粒热轧带肋钢筋屈服强度 500MPa。

H—热轧，P—光圆，第一个字母是 R—余热，第二个字母是 R—带肋，F—细晶粒，B—钢筋，数字—钢筋的屈服强度。

钢筋的两种标注方法：

1. 标注钢筋的根数、直径和等级（钢筋符号前表示钢筋根数，符号后表示钢筋直径）。

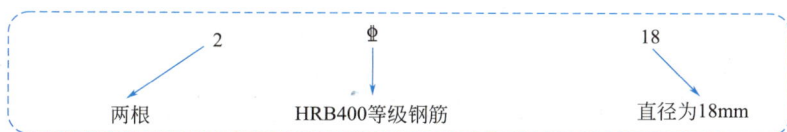

```
      2              Φ              18
      ↓              ↓              ↓
    两根      HRB400等级钢筋       直径为18mm
```

例：6Φ22：6 根 HRB500 级钢筋，直径为 22mm。

2. 标注钢筋的等级、直径和相邻钢筋中心距（@表示相邻钢筋中心距离）。

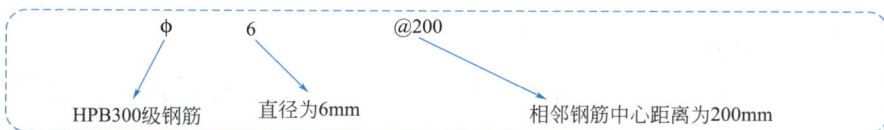

```
      φ              6             @200
      ↓              ↓              ↓
 HPB300级钢筋    直径为6mm   相邻钢筋中心距离为200mm
```

例：ϕ8@150：HPB300 级钢筋直径为 8mm，相邻钢筋中心距离为 150mm。

任务 1.3　混凝土保护层厚度

混凝土保护层厚度指最外层钢筋外边缘至混凝土表面的距离。保护层的作用有防止钢筋腐蚀，保证结构耐久性，使钢筋与混凝土之间有足够的粘结力。设计使用年限为 50 年的混凝土结构的混凝土最小保护层厚度应符合表 1-3 的规定。

1-2
钢筋保护层厚度、锚固长度

混凝土保护层的最小厚度（mm）　　　　　　　　表 1-3

环境类别	板、墙	梁、柱
一	15	20
二 a	20	25
二 b	25	35
三 a	30	40
三 b	40	50

注：1. 构件中受力钢筋的保护层厚度不应小于钢筋的公称直径。

2. 一类环境中，设计工作年限为 100 年的结构最外层钢筋的保护层厚度不应小于表中数值的 1.4 倍；二、三类环境中，应有专门的有效措施。

3. 混凝土强度等级为 C25 时，表中保护层厚度数值应增加 5mm。

4. 基础底面钢筋的保护层厚度，有混凝土垫层时应从垫层顶面算起，且不应小于 40mm；无垫层时，不应小于 70mm。

　　混凝土结构的耐久性最重要的影响因素混凝土结构的环境可以分为以下几种类别，见表 1-4。

混凝土结构的环境类别　　　　　　　　表 1-4

环境类别	条件
一	室内干燥环境；无侵蚀性静水浸没环境。
二 a	室内潮湿环境； 非严寒和非寒冷地区的露天环境； 非严寒和非寒冷地区与无侵蚀性的水或土壤直接接触的环境； 严寒和寒冷地区的冰冻线以下与无侵蚀性的水或土壤直接接触的环境。
二 b	干湿交替环境； 水位频繁变动环境； 严寒和寒冷地区的露天环境； 严寒和寒冷地区冰冻线以上与无侵蚀性的水或土壤直接接触的环境。
三 a	严寒和寒冷地区冬季水位变动区环境； 受除冰盐影响环境； 海风环境。

环境类别	条件
三 b	盐渍土环境； 受除冰盐作用环境； 海岸环境。
四	海水环境。
五	受人为或自然的侵蚀性物质影响的环境。

任务 1.4　钢筋的锚固与连接

一、钢筋的锚固

　　钢筋锚固长度是指受力钢筋通过混凝土与钢筋的粘结作用，将所受的力传递给混凝土所需的长度。为了让构件中的钢筋更好地受力，防止钢筋从混凝土中拔出，钢筋需伸入支座内一定长度，这段长度就是钢筋在支座内的锚固长度。钢筋的锚固长度一般指梁、板、柱等构件的受力钢筋伸入支座或基础中的总长度，包括直线及弯折部分。

　　钢筋的锚固长度包括**受拉钢筋基本锚固长度** l_{ab}、**抗震设计时受拉钢筋基本锚固长度** l_{abE}、**受拉钢筋锚固长度** l_a、**受拉钢筋抗震锚固长度** l_{aE}。具体规定见表 1-5～表 1-8。

受拉钢筋基本锚固长度 l_{ab}　　　　　　　　　　　　　　表 1-5

钢筋种类	混凝土强度等级							
	C25	C30	C35	C40	C45	C50	C55	≥C60
HPB300	34d	30d	28d	25d	24d	23d	22d	21d
HRB400、 HRBF400	40d	35d	32d	29d	28d	27d	26d	25d
HRB500、 HRBF500	48d	43d	39d	36d	34d	32d	31d	30d

抗震设计时受拉钢筋基本锚固长度 l_{abE}

表1-6

钢筋种类	抗震等级	混凝土强度等级							
		C25	C30	C35	C40	C45	C50	C55	≥C60
HPB300	一、二级	39d	35d	32d	29d	28d	26d	25d	24d
HPB300	三级	36d	32d	29d	26d	25d	24d	23d	22d
HRB400、HRBF400	一、二级	46d	40d	37d	33d	32d	31d	30d	29d
HRB400、HRBF400	三级	42d	37d	34d	30d	29d	28d	27d	26d
HRB500、HRBF500	一、二级	55d	49d	45d	41d	39d	37d	36d	35d
HRB500、HRBF500	三级	50d	45d	41d	38d	36d	34d	33d	32d

注：四级抗震时，$l_{abE}=l_{ab}$。

受拉钢筋锚固长度 l_a

表1-7

钢筋种类	混凝土强度等级															
	C25		C30		C35		C40		C45		C50		C55		≥C60	
	d≤25	d>25	d≤25	d>25	d≤25	d>25	d≤25	d>25	d≤25	d>25	d≤25	d>25	d≤25	d>25	d≤25	d>25
HPB300	34d	—	30d	—	28d	—	25d	—	24d	—	23d	—	22d	—	21d	—
HRB400、HRBF400	40d	44d	35d	39d	32d	35d	29d	32d	28d	31d	27d	30d	26d	29d	25d	28d
HRB500、HRBF500	48d	53d	43d	47d	39d	43d	36d	40d	34d	37d	32d	35d	31d	34d	30d	33d

受拉钢筋抗震锚固长度 l_{aE}

表 1-8

钢筋种类及抗震等级		C25		C30		C35		C40		C45		C50		C55		≥C60	
		$d{\le}25$	$d{>}25$	$d{\le}25$	$d{>}25$	$d{\le}25$	$d{>}25$	$d{\le}25$	$d{>}25$	$d{\le}25$	$d{>}25$	$d{\le}25$	$d{>}25$	$d{\le}25$	$d{>}25$	$d{\le}25$	$d{>}25$
HPB300	一、二级	39d	—	35d	—	32d	—	29d	—	28d	—	26d	—	25d	—	24d	—
HPB300	三级	36d	—	32d	—	29d	—	26d	—	25d	—	24d	—	23d	—	22d	—
HRB400、HRBF400	一、二级	46d	51d	40d	45d	37d	40d	33d	37d	32d	36d	31d	35d	30d	33d	29d	32d
HRB400、HRBF400	三级	42d	46d	37d	41d	34d	37d	30d	34d	29d	33d	28d	32d	27d	30d	26d	29d
HRB500、HRBF500	一、二级	55d	61d	49d	54d	45d	49d	41d	46d	39d	43d	37d	40d	36d	39d	35d	38d
HRB500、HRBF500	三级	50d	56d	45d	49d	41d	45d	38d	42d	36d	39d	34d	37d	33d	36d	32d	35d

注：1. 四级抗震时，$l_{aE}=l_a$。
2. 当为环氧树脂涂层带肋钢筋时，表中数据尚应乘以 1.25。
3. 当纵向受拉钢筋在施工过程中易受扰动时，表中数据尚应乘以 1.1。
4. 受拉钢筋的锚固长度 l_a、l_{aE} 计算值不应小于 200mm。
5. 混凝土强度等级应取锚固区混凝土强度等级。

【例1-1】 三级抗震框架结构，锚固区混凝土强度等级 C30，配筋为 $6\,\underline{\Phi}\,22$，求受拉钢筋基本锚固长度 l_{abE}。

查表 1-6 得，$l_{abE}=37d=37\times22=814\text{mm}$

【例1-2】 四级抗震框架结构，锚固区混凝土强度等级 C35，配筋为 $2\Phi8@200$，求受拉钢筋锚固长度 l_{aE}。

四级抗震 $l_{aE}=l_a$，查表 1-7 得，$l_{aE}=28d=28\times8=224\text{mm}$

二、钢筋的连接

目前市场上的钢筋通常长度为 9m 或 12m。因此，在实际工程使用中，钢筋需要进行连接。钢筋的连接方式有**绑扎搭接**、**机械连接**和**焊接**三种。宜优先采用机械连接或焊接。

钢筋的连接区段规定，任何连接方式的钢筋连接处都是最弱的位置，因此相邻钢筋的连接接头宜相互错开，在同一连接区段接头面积百分率不宜大于 50%。纵向受力钢筋连接位置宜避开梁端、柱端箍筋加密区。如必须在此连接时，应采用机械连接或焊接。

1. 绑扎搭接的特点和要求（图1-1a）

纵向钢筋绑扎搭接，施工操作方便，缺点是连接强度较低。受拉钢筋直径大于 25mm 及受压钢筋直径大于 28mm 的大直径钢筋不宜采用绑扎搭接。轴心受拉及小偏心受拉构件中纵向受力钢筋不应采用绑扎搭接。绑扎搭接时纵向受拉钢筋搭接长度 l_l、纵向受拉钢筋抗震搭接长度 l_{lE} 规定见表 1-9 和表 1-10。

2. 机械连接、焊接的特点和要求（图1-1b）

机械连接有套筒挤压接头、直螺纹套筒接头、锥螺纹套筒接头等类型，优点有施工简便、质量可靠；但造价高，接头处连接件的保护层厚度及横向净距减少。

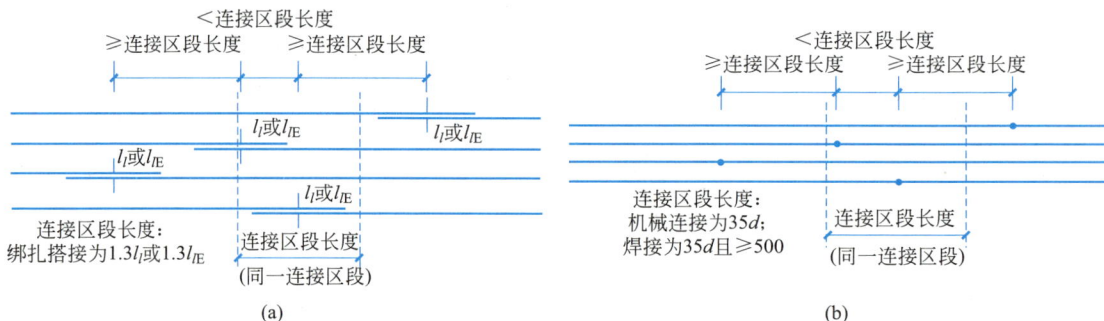

图 1-1　钢筋的连接

（a）同一连接区段内纵向受拉钢筋绑扎搭接接头；（b）同一区段内纵向受拉钢筋机械连接、焊接接头

焊接有闪光对焊、电渣压力焊等类型，闪光对焊用于水平钢筋非施工现场连接，电渣压力焊用于柱、墙等构件的竖向受力钢筋连接。焊接成本低，能节省钢筋；但施工中对工人的技术水平要求高，施工现场会产生的电焊火花容易引起火灾。

3. 规范要求

1. 同一连接区段长度：绑扎搭接为 $1.3l_l$ 或 $1.3l_{lE}$、机械连接为 $35d$，焊接为 $35d$ 且 ≥500mm。

纵向受拉钢筋搭接长度 l_l

表 1-9

钢筋种类及同一区段内搭接钢筋面积百分率		混凝土强度等级															
		C25		C30		C35		C40		C45		C50		C55		C60	
		$d{\leq}25$	$d{>}25$	$d{\leq}25$	$d{>}25$	$d{\leq}25$	$d{>}25$	$d{\leq}25$	$d{>}25$	$d{\leq}25$	$d{>}25$	$d{\leq}25$	$d{>}25$	$d{\leq}25$	$d{>}25$	$d{\leq}25$	$d{>}25$
HPB300	≤25%	41d	—	36d	—	34d	—	30d	—	29d	—	28d	—	26d	—	25d	—
	50%	48d	—	42d	—	39d	—	35d	—	34d	—	32d	—	31d	—	29d	—
	100%	54d	—	48d	—	45d	—	40d	—	38d	—	37d	—	35d	—	34d	—
HRB400、HRBF400、RRB400	≤25%	48d	53d	42d	47d	38d	42d	35d	38d	34d	37d	32d	36d	31d	35d	30d	34d
	50%	56d	62d	49d	55d	45d	49d	41d	45d	39d	43d	38d	42d	36d	41d	35d	39d
	100%	64d	70d	56d	62d	51d	56d	46d	51d	45d	50d	43d	48d	42d	46d	40d	45d
HRB500、HRBF500	≤25%	58d	64d	52d	56d	47d	52d	43d	48d	41d	44d	38d	42d	37d	41d	36d	40d
	50%	67d	74d	60d	66d	55d	60d	50d	56d	48d	52d	45d	49d	43d	48d	42d	46d
	100%	77d	85d	69d	75d	62d	69d	58d	64d	54d	59d	51d	56d	50d	54d	48d	53d

纵向受拉钢筋抗震搭接长度 l_{lE}

表 1-10

钢筋种类及同一区段内搭接钢筋面积百分率			C25		C30		C35		C40		C45		C50		C55		C60	
			$d{\leqslant}25$	$d{>}25$	$d{\leqslant}25$	$d{>}25$	$d{\leqslant}25$	$d{>}25$	$d{\leqslant}25$	$d{>}25$	$d{\leqslant}25$	$d{>}25$	$d{\leqslant}25$	$d{>}25$	$d{\leqslant}25$	$d{>}25$	$d{\leqslant}25$	$d{>}25$
一、二级抗震等级	HPB300	≤25%	47d	—	42d	—	38d	—	35d	—	34d	—	31d	—	30d	—	29d	—
		50%	55d	—	49d	—	45d	—	41d	—	39d	—	36d	—	35d	—	34d	—
	HRB400、HRBF400	≤25%	55d	61d	48d	54d	44d	48d	40d	44d	38d	43d	37d	42d	36d	40d	35d	38d
		50%	64d	71d	56d	63d	52d	56d	46tZ	52d	45d	50d	43d	49d	42d	46d	41d	45d
	HRB500、HRBF500	≤25%	66d	73d	59d	65d	54d	59d	49d	55d	47d	52d	44d	48d	43d	47d	42d	46d
		50%	77d	85d	69d	76d	63d	69d	57d	64d	55d	60d	52d	56d	50d	55d	49d	53d
三级抗震等级	HPB300	≤25%	43d	—	38d	—	35d	—	31d	—	30d	—	29d	—	28d	—	26d	—
		50%	50d	—	45d	—	41d	—	36d	—	35d	—	34d	—	32d	—	31d	—
	HRB400、HRBF400	≤25%	50d	55d	44d	49d	41d	44d	36d	41d	35d	40d	34d	38d	32d	36d	31d	35d
		50%	59d	64d	52d	57d	48d	52d	42d	48d	41d	46d	39d	45d	38d	42d	36d	41d

续表

钢筋种类及同一区段内搭接钢筋面积百分率		混凝土强度等级														
		C25		C30		C35		C40		C45		C50		C55		C60
		$d \leqslant 25$	$d > 25$	$d \leqslant 25$	$d > 25$	$d \leqslant 25$	$d > 25$	$d \leqslant 25$	$d > 25$	$d \leqslant 25$	$d > 25$	$d \leqslant 25$	$d > 25$	$d \leqslant 25$	$d > 25$	$d \leqslant 25$ $d > 25$
三级抗震等级 HRB500、HRBF500	≤25%	60d	67d	54d	59d	49d	54d	46d	50d	43d	47d	41d	44d	40d	43d	38d 42d
	50%	70d	78d	63d	69d	57d	63d	53d	59d	50d	55d	48d	52d	46d	50d	45d 49d

注：
1. 表中数值为纵向受拉钢筋绑扎搭接接头的搭接长度。
2. 两根不同直径钢筋搭接时，表中 d 取钢筋较小直径。
3. 当为环氧树脂涂层带肋钢筋时，表中数据尚应乘以1.25。
4. 当纵向受拉钢筋在施工过程中易受扰动时，表中数据尚应乘以1.1。
5. 当搭接长度范围内纵向受力钢筋周边保护层厚度为3d（d为锚固钢筋的直径）时，表中数据可乘以0.8；保护层厚度不小于5d时，表中数据可乘以0.7；中间时按内插值。
6. 当上述修正系数（注3～注5）多于一项时，可按连乘计算。
7. 当位于同一连接区段内的钢筋搭接接头面积百分率为100%时，$l_{lE}=1.6l_{aE}$。
8. 当位于同一连接区段内的钢筋搭接接头面积百分率为表中数据中间值时，搭接长度可按内插取值。
9. 任何情况下，搭接长度不应小于300mm。
10. 四级抗震等级，$l_{lE}=l_l$。
11. HPB300级钢筋末端应做180°弯钩。

2. d 为相互连接两根钢筋中较小直径；当同一构件内不同连接钢筋计算连接区段长度不同时取大值。

3. 凡接头中点位于连接区段长度内，连接接头均属同一连接区段。

任务 1.5　钢筋的一般构造

一、弯折锚固长度规定

标准构造详图中钢筋采用90°弯折锚固时，图示"平直段长度"及"弯折段长度"均指包括弯弧在内的投影长度，如图1-2所示。

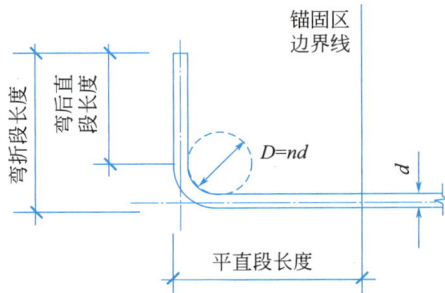

图 1-2　钢筋 90°弯折锚固示意

二、钢筋图例（表 1-11）

钢筋图例　　　　　　　　　　　　　　　　　　　　表 1-11

名称	图例	说明
钢筋端部截断		表示长、短钢筋投影重叠时,短钢筋的端部用 45°斜划线表示。
钢筋搭接		—
钢筋焊接		—
钢筋机械连接		—
端部带锚固板的钢筋		—

三、封闭箍筋及拉筋弯钩构造

非框架梁以及不考虑地震作用的悬挑梁，箍筋及拉筋弯钩平直段长度可为 $5d$；当其受扭时，应为 $10d$。考虑抗震时，构造如图 1-3 所示。

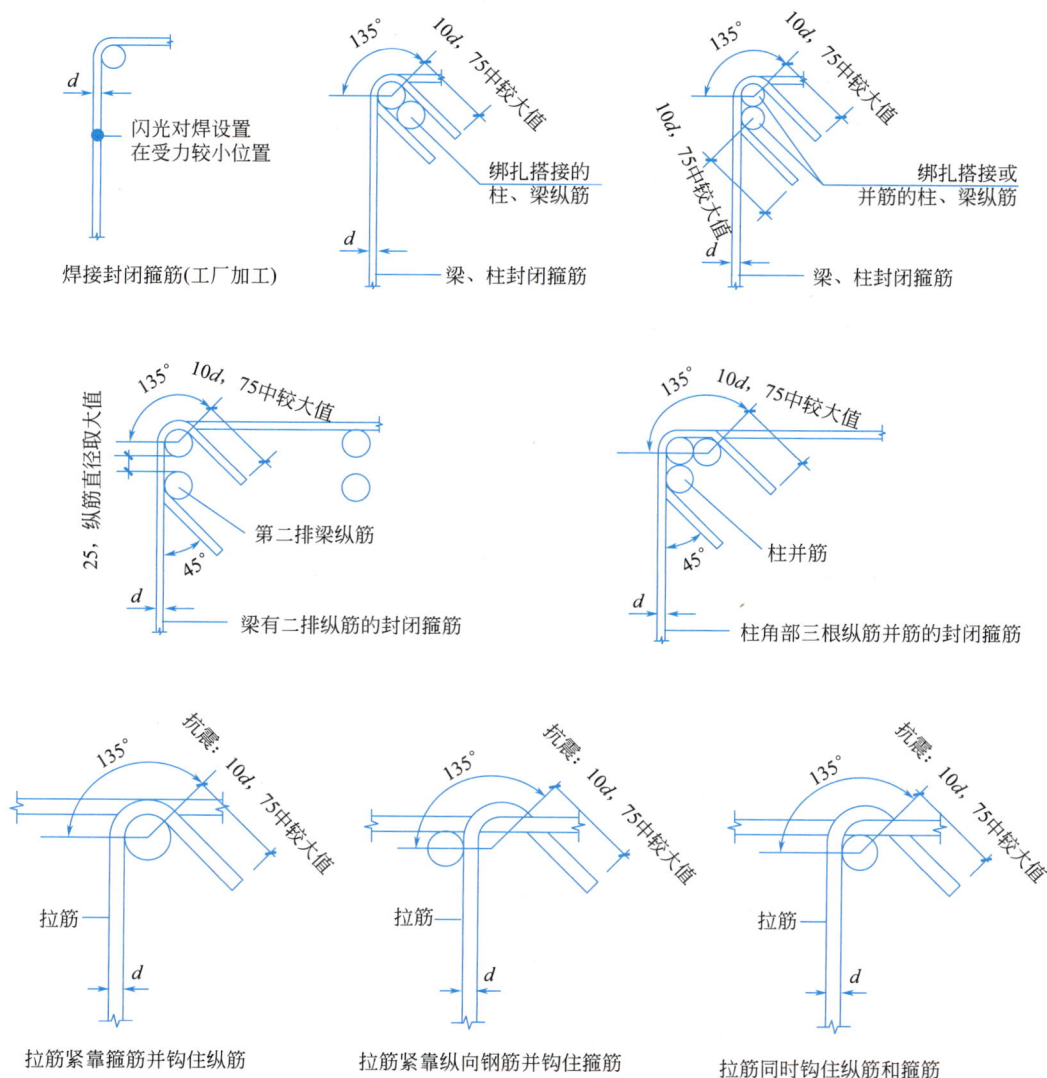

图 1-3　封闭箍筋及拉筋弯钩构造

四、拉结筋构造

用于剪力墙分布钢筋的拉结，宜同时钩住外侧水平及竖向分布钢筋，如图 1-4 所示。

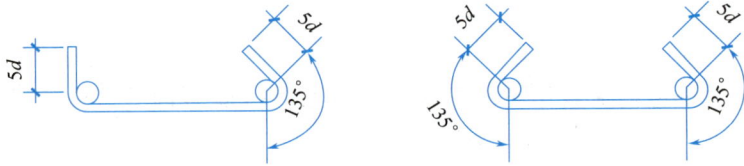

图 1-4　拉结筋构造

五、梁纵筋间距要求

梁纵筋间距要求，如图 1-5 和图 1-6 所示。

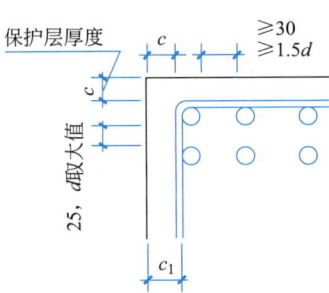

图 1-5　梁上部纵筋间距要求

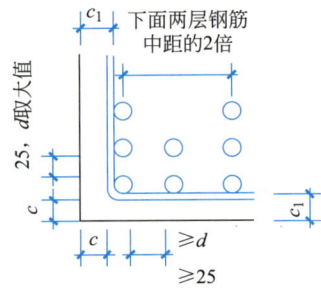

图 1-6　梁下部纵筋间距要求

六、柱纵筋间距要求（图 1-7）

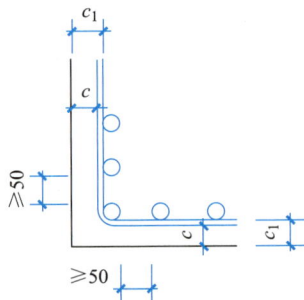

图 1-7　柱纵筋间距要求

注：c 为最外层钢筋的保护层厚度，c_1 为纵筋的保护层厚度。

评价总结

班级：_____　　　　小组：_____　　　　姓名：_____

评价项目	评价标准	评价依据	分值	自我评价	小组互评	教师评价
岗位核心素质（40%）	具有良好的工作态度	工作认真，无迟到早退现象	10			
	具有良好的工作质量	完成任务时有严谨的工作态度，正确率高	10			
	具有团结合作精神	与成员间合作互助，沟通协调能力好	10			
	具有较好的表达能力	能正确的传达工作内容	10			
专业能力（60%）	平法的定义和意义	理解平法的含义	5			
	钢筋符号和钢筋标注方法	能快速正确识读不同的钢筋标注方式	15			
	混凝土保护层厚度的确定	能快速正确确定不同构件的混凝土保护层厚度	15			
	钢筋锚固长度和搭接长度	能快速正确确定不同构件的钢筋锚固长度和搭接长度	15			
	钢筋的一般构造要求	能理解钢筋的一般构造要求	10			

总分：

Chapter 02

项目二

梁平法施工图识读

学习目标

知识目标

1. 了解钢筋混凝土梁的基本知识。
2. 掌握梁的平法制图规则。
3. 熟悉梁的标准钢筋构造详图。

能力目标

1. 能正确运用梁平法制图规则,准确识读梁的位置、截面尺寸和配筋信息。
2. 熟练识读梁平法施工图中的各种钢筋和钢筋构造详图。

素质目标

1. 培养学生的规范意识。
2. 培养学生严谨的识图态度,积极的工作态度。
3. 培养学生三维空间想象力。

课程思政要点

思政元素	思政切入点	思政目标
担当意识	自古建筑就有"脊梁",说明梁的重要性就如同人身体中的"脊",是非常重要的承重构件。引出我们每个人也要有一定的技能来承担任务。	引导学生树立担当意识。
规范意识	精选工程事故案例,从而帮助学生认识规范识图、按图施工的重要性。	培养学生规范和严谨认真的工作态度。

学习任务工单

1. 任务描述

小李是某项目的施工技术员,今天他的工作是要看懂梁的平法施工图,并按照图纸现场检查框架梁钢筋的选用、定位,钢筋长度和绑扎是否正确等。

本任务要求学生能识读梁结构平法施工图,进行梁钢筋绑扎和质量验收。本任务知识与技能要求有:

任务内容	梁平法 施工图识读	学习程度		
		识记	理解	应用
学习任务	梁的类别和梁钢筋类型	★		
	梁集中标注的识读规则		★	
	梁原位标注的识读规则		★	
	梁的标准构造详图		★	
实训任务	梁施工图纸识读练习			★
	梁钢筋绑扎			★
	梁钢筋验收			★
自我勉励				

2. 寻找队友

以 3～5 人为一组，选出组长并进行任务分工，将小组成员及分工情况填入表中。

班级		组号		指导老师	
姓名		学号		任务分工	
组长					
组员					

3. 小组作业

梁的类别和梁中钢筋

（1）梁的类别和梁中钢筋

引导问题 1：钢筋混凝土梁的种类有：KL（　　）KBL（　　）WKL（　　）KZL
（　　）TZL（　　）L（　　）JZL（　　）XL（　　）。

A. 托柱转换梁　　　　　　　　　B. 楼层框扁梁

C. 屋面框架梁　　　　　　　　　D. 井字梁

E. 楼层框架梁　　　　　　　　　F. 框支梁

G. 非框架梁　　　　　　　　　　H. 悬挑梁

（2）梁平法施工图制图规则认知

引导问题 2：梁平法施工图采用＿＿＿＿＿＿＿＿＿＿ 或 ＿＿＿＿＿＿＿＿ 表达梁的截面
及配筋数值。平面注写包括集中标注与原位标注。＿＿＿＿＿＿＿＿＿ 表达梁的通用数值，＿＿＿
＿＿＿＿表达梁的特殊数值。施工时，＿＿＿＿＿＿＿＿＿＿＿＿
＿＿＿＿取值优先。

引导问题 3：在梁平法施工图中，采用表格或其他方式注明包括地下和地上各层的结
构层楼面标高、＿＿＿＿＿＿＿＿＿＿ 及 ＿＿＿＿＿＿＿＿＿。

引导问题 4：梁集中标注的内容，有五项必注值＿＿＿＿＿＿＿＿＿＿＿和一项选注值＿＿＿

____。
A. 梁编号 　　　　　　　　　　　B. 梁截面尺寸
C. 梁箍筋 　　　　　　　　　　　D. 梁上部通长筋或架立筋
E. 梁侧面钢筋配置 　　　　　　　F. 梁顶面标高高差

引导问题 5：KL1（3）表示：_____。

引导问题 6：WKL5（6A）表示：_____。

引导问题 7：KBL3（2B）表示：_____。

引导问题 8：梁的集中标注 300×650 表示：_____。

引导问题 9：梁的集中标注 350×700/500 表示：_____。

引导问题 10：梁的集中标注 250×650 Y500×200 表示：_____。

引导问题 11：梁箍筋φ8@100/200（2）表示：_____。

引导问题 12：梁箍筋φ10@100（4）/150（2）表示：_____。

引导问题 13：梁箍筋 13φ12@150（4）/250（2）表示：_____。

引导问题 14：当梁上部同排纵筋中既有通长筋又有架立筋时，应用符号 _____ 将通长筋和架立筋相联。当上部或者纵筋多于一排时，用符号_____将各排纵筋自上而下分开。

引导问题 15：当梁的上部纵筋和下部纵筋为全跨相同，且多数跨配筋相同时，此项可加注下部纵筋的配筋值，用_____ 符号将上部与下部纵筋的配筋值分隔开来。

引导问题 16：当梁腹板高度 h_w≥450mm 时，需配置纵向构造钢筋，此项注写值以大写字母_____打头。当梁侧面需配置受扭纵向钢筋时，此项注写值以大写字母_____打头。

（3）梁标准构造详图识读

引导问题 17：梁上部通长筋不同直径搭接时，搭接长度为_____。架立筋与非贯通筋搭接长度为_____。

引导问题 18：第一排支座负筋从支座伸入跨内长度为_____；第二排支座负筋从支座伸入跨内长度为_____。

引导问题 19：框架梁纵筋在端支座的锚固形式有_____、_____和锚头（锚板）锚固。

引导问题 20：梁下部纵筋伸至梁上部纵筋内侧或柱外侧纵筋弯钩_____，且水平段长度_____。

引导问题 21：下部纵筋在支座内因钢筋过密不能进行锚固时，在节点外搭接，断点距支座边_____，搭接长度为_____。下部纵筋不伸入支座时，断点在距支座边_____。

引导问题 22：纯悬挑端不大于 2m 时，当上部钢筋为一排，且悬挑端净跨 $l<4h_b$ 时，上部纵筋伸至悬挑梁外端向下弯折_____，弯折长度_____，在支座内锚固要求同梁端支座钢筋锚固构造。当上部钢筋为两排且悬挑端净跨 $l<5h_b$ 时，可将上部纵筋伸至悬挑梁外端向下_____弯折_____。

引导问题 23：当悬挑端净跨 $l≥4h_b$ 时，上部纵筋第一排至少__ 根角筋，并不少于第一排纵筋的_____，伸至悬挑梁外端向下_____弯折_____。其余纵筋_____或者_____弯下，且弯下后平直段长度____。

引导问题 24：抗震等级为一级时，加密区长度____ 且____。

引导问题 25：抗震等级为二至四级时，加密区长度____ 且____。

引导问题 26：梁箍筋的起步距离距支座边_____。

引导问题 27：当梁宽≤350mm 时，拉筋直径为_____；梁宽＞350mm 时，拉筋直径为_____。

任务 2.1 梁的类别和梁中钢筋

梁是指水平方向的长条承重构件，是框架结构必不可少的构件之一。它承受楼板传来的荷载，并将荷载传递到柱或墙，是典型的受弯构件。

子任务 2.1.1 梁的分类

钢筋混凝土梁按建筑功能和建筑构件名词可分为以下类型，构造特点见图 2-1～图 2-3。

梁的分类
- 楼层框架梁KL
- 楼层框扁梁KBL
- 屋面框架梁WKL
- 框支梁KZL
- 托柱转换梁TZL
- 非框架梁L
- 井字梁JZL
- 悬挑梁XL

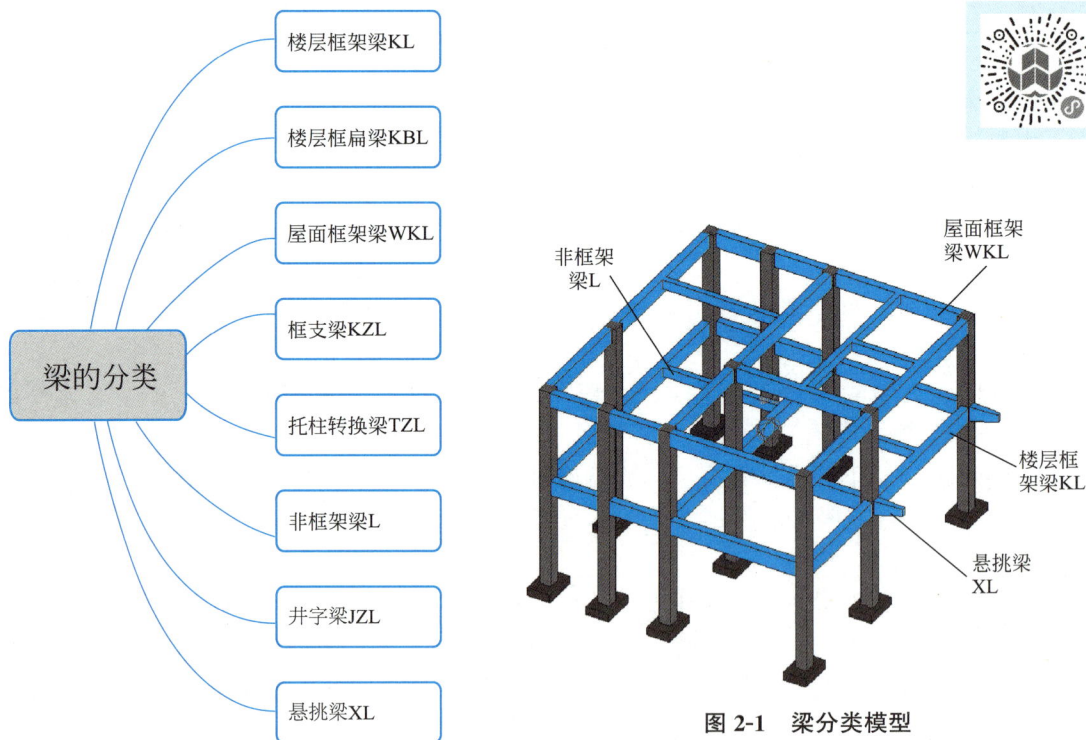

图 2-1 梁分类模型

图 2-2　井字梁 JZL

图 2-3　楼层框扁梁 KBL

子任务 2.1.2　梁中钢筋（图 2-4、图 2-5）

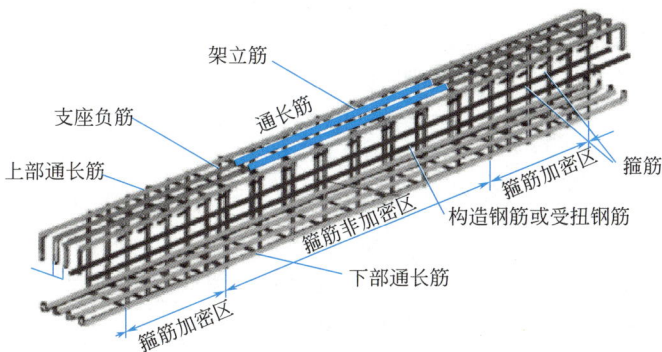

图 2-4　梁中钢筋图示

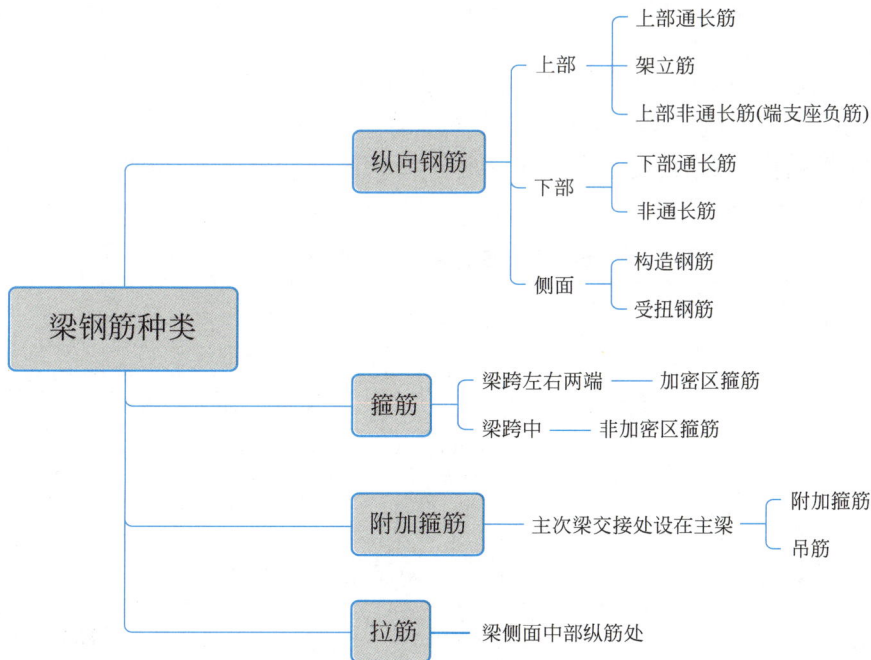

图 2-5　梁中钢筋分类

任务 2.2　梁平法施工图制图规则认知

子任务 2.2.1　梁平法施工图的表示方法

1. 梁平法施工图系在梁平面布置图上采用**平面注写方式**或**截面注写方式**表达梁的截面及配筋数值。平面注写方式在实际工程中应用比较广，包括集中标注与原位标注。集中标注表达梁的通用数值，原位标注表达梁的特殊数值。施工时，原位标注取值优先（图 2-6）。

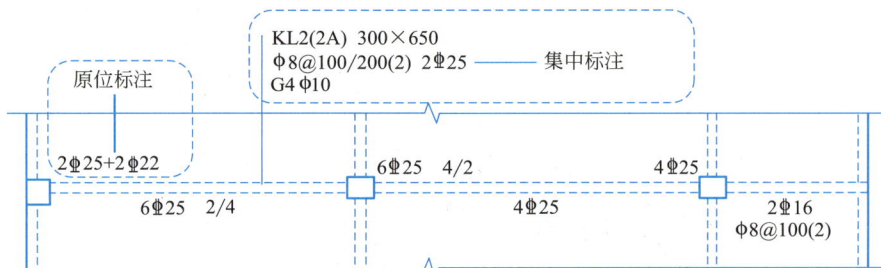

图 2-6　集中标注

2. 梁平面布置图，应分别按梁的不同结构层（标准层），将全部梁和与其相关联的柱、墙、板一起采用适当比例绘制。对于轴线未居中的梁，应标注其与定位轴线的尺寸（贴柱边的梁可不注）。

3. 在梁平法施工图中，应注明各结构层的顶面标高及相应的结构层号，采用表格或其他方式注明包括地下和地上各层的结构层楼面标高、结构层高及相应的结构层号，见表 2-1。

结构层楼面标高和结构层高在单项工程中必须统一，以保证基础、柱与墙、梁、板、楼梯等用同一标准竖向定位。

结构层楼面标高、结构层高表　　　　　　　　　表 2-1

屋面	12.270	
3	8.670	3.60
2	4.470	4.20
1	−0.030	4.50
−1	−4.530	4.50
层号（m）	标高（m）	层高（m）

4. 平面注写方式是在梁平面布置图上，分别在不同编号的梁中各选一根梁，用在其上注写截面尺寸和配筋具体数值的方式来表达梁平法施工图（图 2-7）。

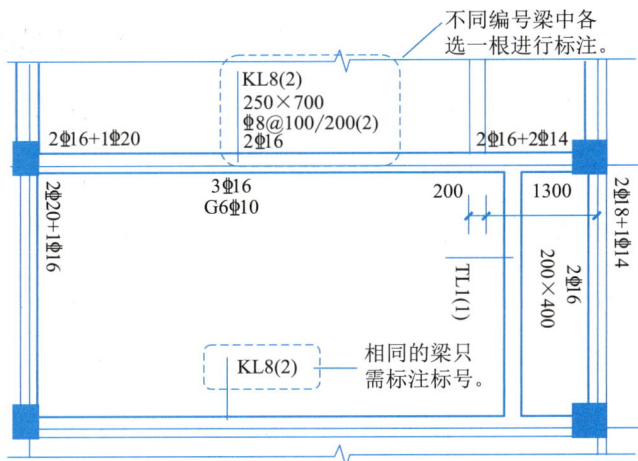

图 2-7　梁平法施工图——编号

子任务 2.2.2　集中标注

梁集中标注的内容，有五项必注值（梁编号，梁截面尺寸，梁箍筋，梁上部通长筋或架立筋配置，梁侧面纵向构造钢筋或受扭钢筋配置）和一项选注值（梁顶面标高高差），如图 2-8 所示。集中标注可以从梁的任意一跨引出。

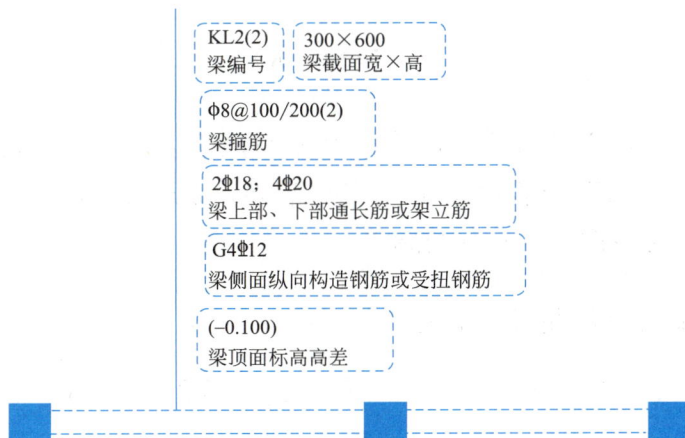

图 2-8　集中标注

梁集中标注内容和规则见表 2-2。

梁集中标注内容和规则 表2-2

标注内容	梁集中标注制图规则			
梁编号	梁类型	代号	序号	跨数及是否带有悬挑
	楼层框架梁	KL	××	(××)、(××A)或(××B)
	楼层框架扁梁	KBL	××	(××)、(××A)或(××B)
	屋面框架梁	WKL	××	(××)、(××A)或(××B)
	框支梁	KZL	××	(××)、(××A)或(××B)
	托柱转换梁	TZL	××	(××)、(××A)或(××B)
	非框架梁	L	××	(××)、(××A)或(××B)
	悬挑梁	XL	××	(××)、(××A)或(××B)
	井字梁	JZL	××	(××)、(××A)或(××B)

注：(××A)为一端有悬挑，(××B)为两端有悬挑，悬挑不计入跨数。

识读：【例 2-1】KL5(3A)表示第 5 号框架梁，3 跨，一端有悬挑（图 2-9）

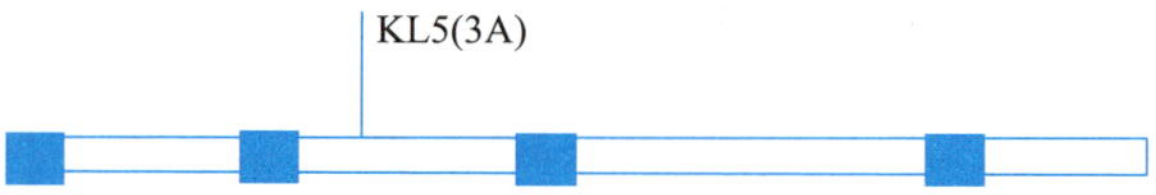

KL5(3A)

图 2-9　例 2-1 图

【例 2-2】WKL3(6B)表示第 3 号屋面框架梁，6 跨，两端有悬挑。

【例 2-3】Lg7(5)表示第 7 号非框架梁，5 跨，"g"表示端支座上部纵筋为充分利用钢筋的抗拉强度。

截面尺寸

1. 当梁为等截面，用"梁宽 b×梁高 h"表示。

【例 2-4】如图 2-8 所示，300×600 表示梁宽 300mm，梁高 600mm。

2. 当为竖向加腋梁时，用 $b×h$　$Yc_1×c_2$ 表示，其中 c_1 为腋长，c_2 为腋高（图 2-10）。

3. 当为水平加腋梁时，一侧加腋时用 $b×h$　$PYc_1×c_2$ 表示，其中 c_1 为腋长，c_2 为腋宽，加腋部位应在平面图中绘制（图 2-11）。

续表

标注内容	梁集中标注制图规则
截面尺寸	**【例 2-5】** 如图 2-10 所示,竖向加腋,腋长 500mm,腋高 250mm。 图 2-10　竖向加腋梁 **【例 2-6】** 如图 2-11 所示,水平加腋,腋长 500mm,腋宽 250mm。 图 2-11　水平加腋梁 4. 当有悬挑梁且根部和端部的高度不同时,用斜线分隔根部与端部的高度值,即为"梁宽 $b\times$ 梁根部高度 h_1/梁端部高度 h_2"。 **【例 2-7】** 图 2-12 中,$300\times700/500$,表示悬挑梁的根部截面高度为 700mm,端部截面高度为 500mm。 图 2-12　变截面悬挑梁
梁箍筋	1. 梁箍筋注写包括钢筋级别、直径、加密区与非加密区间距及肢数。 2. 箍筋加密区与非加密区的不同间距及肢数需用斜线"/"分隔;当梁箍筋为同一种间距及肢数时,则不需用斜线。 3. 当加密区与非加密区的箍筋肢数相同时,箍筋肢数只注写一次,箍筋肢数应写在括号内。加密区范围见相应抗震等级的标准构造详图。 **【例 2-8】** 图 2-13 中,$\phi 10@100/200(4)$ 表示箍筋为 HPB300 级钢筋,直径 10mm,加密区间距为 100mm,非加密区间距为 200mm,均为四肢箍。

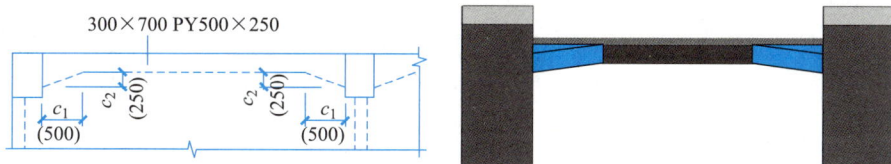

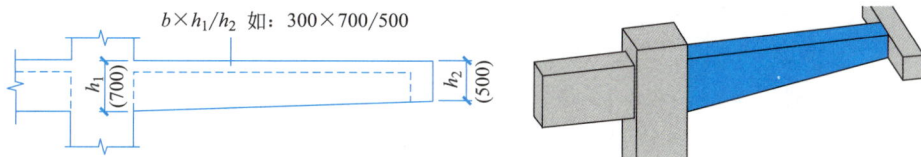

标注内容	梁集中标注制图规则
梁箍筋	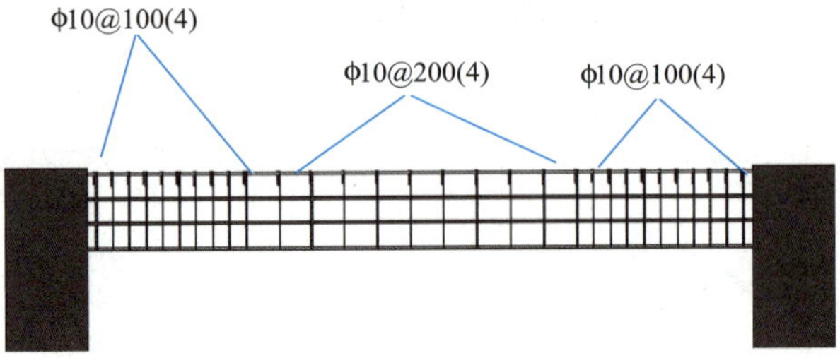 图 2-13　梁箍筋示意图 【例 2-9】 φ8@100（4）/150（2），表示箍筋为 HPB300 级钢筋，直径 8mm，加密区间距为 100mm，四肢箍；非加密区间距为 150mm，双肢箍。 4. 非框架梁、悬挑梁、井字梁采用不同的箍筋间距及肢数时，也用斜线"/"将其分隔开来。先注写梁支座端部的箍筋（包括箍筋的箍数、钢筋级别、直径、间距与肢数），在斜线后注写梁跨中部分的箍筋间距及肢数。 【例 2-10】 12φ10@150/200（4）表示箍筋为 HPB300 级钢筋，直径 10mm；梁的两端各有 12 个四肢箍，间距为 150mm；其余梁跨中部分箍筋间距为 200mm，四肢箍。 【例 2-11】 16φ12@150（4）/250（2）表示箍筋为 HPB300 级钢筋，直径 12mm；梁的两端各有 16 个四肢箍，间距为 150mm；其余梁跨中部分箍筋间距为 250mm，双肢箍。
梁上部、下部通长钢筋或架立筋	1. 当梁上部同排纵筋中既有通长筋又有架立筋时，应用加号"＋"将通长筋和架立筋相联。注写时需将角部纵筋写在加号的前面，架立筋写在加号后面的括号内，以示不同直径及与通长筋的区别。当全部采用架立筋时，则将其写入括号内。 2. 当梁的上部纵筋和下部纵筋为全跨相同，且多数跨配筋相同时，此项可加注下部纵筋的配筋值，用分号"；"将上部与下部纵筋的配筋值分隔开来。

标注内容	梁集中标注制图规则
梁上部、下部通长钢筋或架立筋	【例2-12】识读（图2-14）： KL5(2A) 250×550 φ8@100/200(2) 2Φ22 梁配置2Φ22上部通长筋。 KL5(2A) 250×550 φ8@100/200(6) 2Φ22+(2Φ12) 梁配置上部通长筋为2Φ22。架立筋为2Φ12。 KL5(2A) 250×550 φ8@100/200(2) 2Φ20；4Φ22 梁上部通长筋为2Φ20。下部通长筋为4Φ22。 架立筋　　上部通长筋 下部通长筋 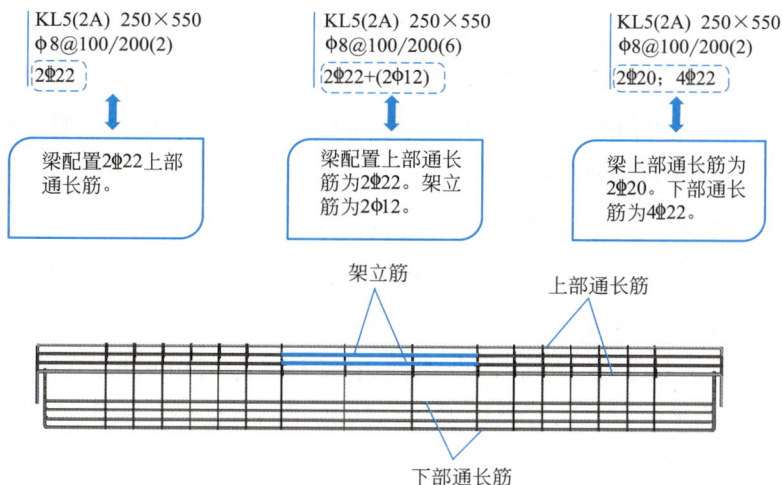 图2-14　梁上部、下部通长筋和架立筋示意图
梁侧面纵向构造钢筋或受扭钢筋	1. 当梁腹板高度 $h_w \geqslant 450\text{mm}$ 时，需配置纵向构造钢筋，此项注写值以大写字母 G 打头，注写梁两个侧面的总配筋值，且对称配置。 2. 当梁侧面需配置受扭纵向钢筋时，此项注写值以大写字母 N 打头，注写梁两个侧面的总配筋值，且对称配置。 【例2-13】识读（图2-15）： KL5(2A) 250×550 φ8@100/200(2) 2Φ22 G4φ12 梁两侧配置纵向构造钢筋4φ12，每侧各2φ12。 KL5(2A) 250×550 φ8@100/200(6) 2Φ22 N6Φ20 梁两侧配置受扭纵向钢筋6Φ20，每侧各3Φ20。 梁侧纵筋 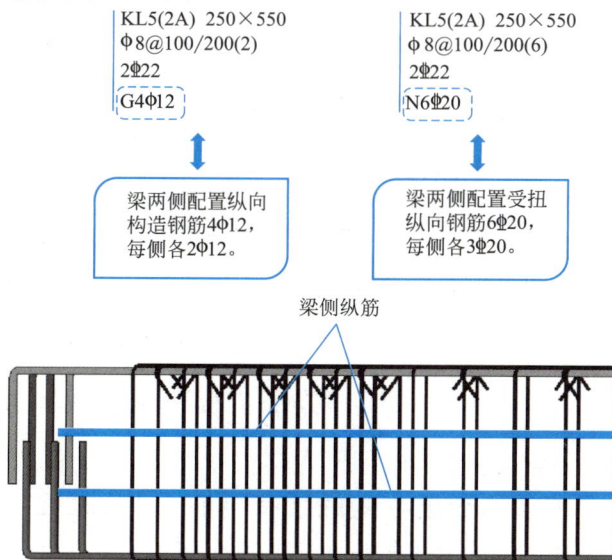 图2-15　梁侧中部钢筋示意图

续表

标注内容	梁集中标注制图规则
梁顶标高高差	该项为选注项，指相对于结构层楼面标高的高差值，对于位于结构夹层的梁，则指相对于结构夹层楼面标高的高差。有高差时，需将其写入括号内，无高差时不注。 当某梁的顶面高于所在结构层的楼面标高时，其标高高差为正值（＋），反之为负值（－）。 【例 2-14】某结构层的楼面标高是 33.870m，KL2 的梁顶标高高差注写为（－0.100），表明 KL2 梁顶面标高低于结构层标高 0.100m，为 33.770m。 【例 2-15】某结构层的楼面标高是 37.470m，KL5 的梁顶标高高差注写为（0.050），表明 KL5 梁顶面标高高于结构层标高 0.050m，为 37.520m。

子任务 2.2.3 原位标注

梁原位标注的内容有梁支座上部纵筋、梁下部纵筋、附加箍筋或吊筋及修正不适用于某跨或某悬挑部分的标注（图 2-16）。

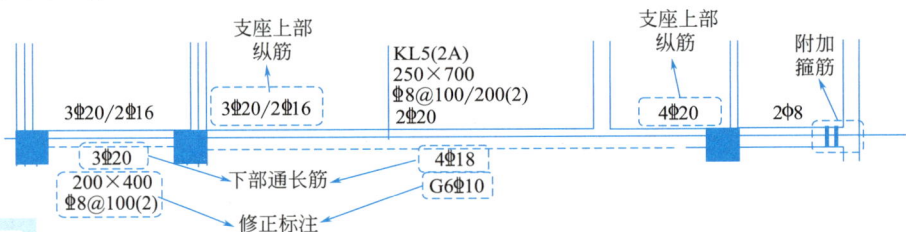

图 2-16 原位标注

2-3 梁的原位标注

原位标注内容和规则见表 2-3。

原位标注内容和规则   表 2-3

标注内容	梁原位标注制图规则
梁支座上部纵筋	该部位**含通长筋在内的所有纵筋**。如图 2-17 支座处标注 4Φ20，表示支座处有上部支座负筋 2Φ20 和上部通长筋 2Φ20。

标注内容	梁原位标注制图规则
	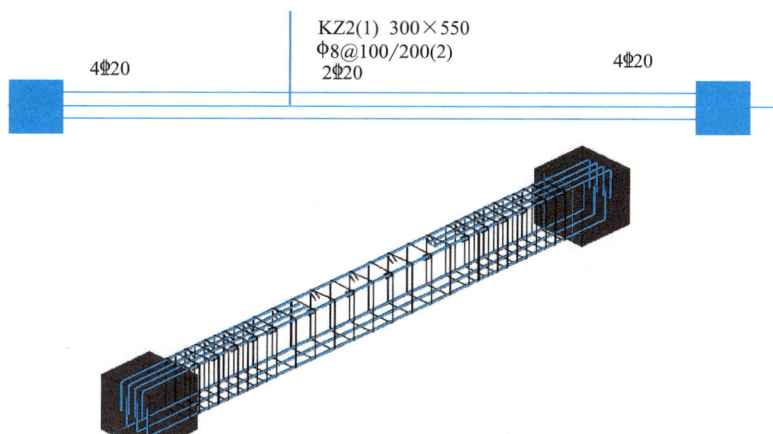 图 2-17　上部支座钢筋示意图
梁支座 上部 纵筋	1. 当上部纵筋多于一排时,用斜线"/"将各排纵筋自上而下分开。 【例 2-16】梁支座上部纵筋注写为 6Φ25 4/2。 表示:上一排纵筋为 4Φ25,下一排纵筋为 2Φ25。 2. 当同排纵筋有两种直径时,用加号" + "将两种直径的纵筋相联,将角部纵筋写在前面。 【例 2-17】梁支座上部纵筋注写为 2Φ25+2Φ22。 表示:梁支座上部有 4 根纵筋,2Φ25 放在角部,2Φ22 放在中部。 3. 当梁中间支座两边的上部纵筋不同时,需在支座两边分别标注;当梁中间支座两边的上部纵筋相同时,可仅在支座的一边标注配筋值,另一边省去不注(图 2-18)。 4. 对于端部带悬挑的梁,其上部纵筋注写在悬挑梁根部支座部位。当支座两边的上部纵筋相同时,可仅在支座的一边标注配筋值。 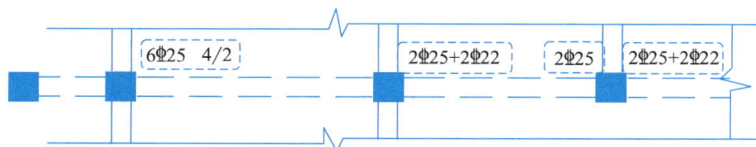 图 2-18　支座的一边标注配筋值

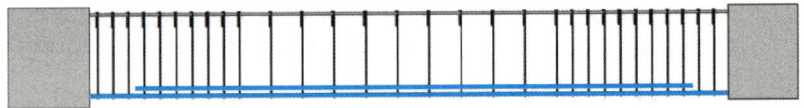

标注内容	梁原位标注制图规则
梁下部 纵筋	1. 当下部纵筋多于一排时，用斜线"/"将各排纵筋自上而下分开。 2. 当同排纵筋有两种直径时，用加号"＋"将两种直径的纵筋相联，注写时角筋写在前面。 3. 梁下部纵筋不全部伸入支座时，将梁支座下部纵筋减少的数量写在括号内。 【例 2-18】梁下部纵筋注写为：6⏀25 2/4。 表示：上一排纵筋为 2⏀25，下一排纵筋为 4⏀25，全部伸入支座。 【例 2-19】如图 2-19 所示，梁下部纵筋注写为：6⏀25 2(－2)/4。 表示：上一排纵筋为 2⏀25 且不伸入支座；下一排纵筋为 4⏀25，全部伸入支座。 【例 2-20】梁下部纵筋注写为：2⏀25＋3⏀22（－3）/5⏀25。 表示：上一排纵筋为 2⏀25 和 3⏀22，其中 3⏀22 不伸入支座；下一排纵筋为 5⏀25，全部伸入支座。 图 2-19　下部纵筋不伸入支座示意图 4. 当梁的集中标注中已按规定分别注写了梁上部和下部均为通长的纵筋值时，则不需在梁下部重复做原位标注(图 2-20)。 图 2-20　梁下部纵筋注写在集中标注示意

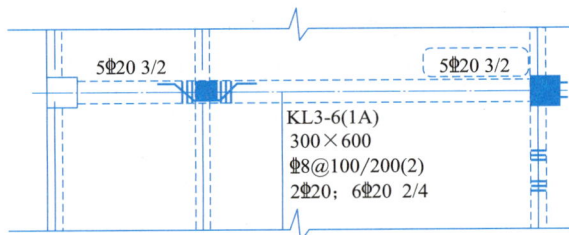

标注内容	梁原位标注制图规则
梁综合修正原位标注	当在梁上集中标注的内容（即梁截面尺寸、箍筋、上部通长筋或架立筋，梁侧面纵向构造钢筋或受扭纵向钢筋及梁顶面标高高差中的某一项或几项数值）不适用于某跨或某悬挑部分时，则将其不同数值原位标注在该跨或该悬挑部位，施工时应按原位标注数值取用（图 2-21）。 图 2-21　修正原位标注
附加箍筋或吊筋	将附加箍筋或吊筋直接画在平面布置图中的主梁上，用线引注总配筋值。对于附加箍筋，设计尚应注明附加箍筋的肢数，箍筋肢数注在括号内。当多数附加箍筋或吊筋相同时，可在梁平法施工图上统一注明，少数与统一注明值不同时，再原位引注。 施工时应注意：附加箍筋或吊筋的几何尺寸应按照标准构造详图，结合其所在位置的主梁和次梁的截面尺寸而定。 **【例 2-21】** 如图 2-22 所示，附加吊筋注写为：2 Φ 18，表示主次梁交接处主梁上配置附加吊筋 2 Φ 18。 附加箍筋注写为：8 Φ 8(2)，表示主次梁交接处主梁上配置附加箍筋 8 道直径为 8mm 的双肢箍，次梁两侧各配置四道。 图 2-22　例 2-21 图

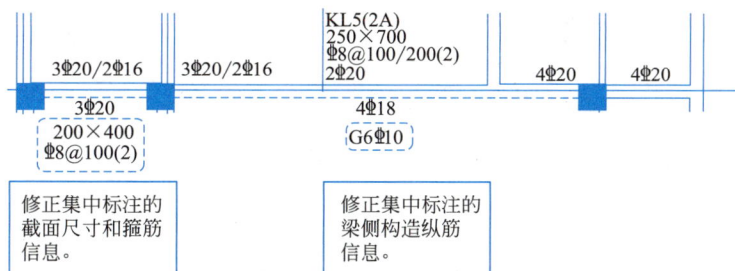

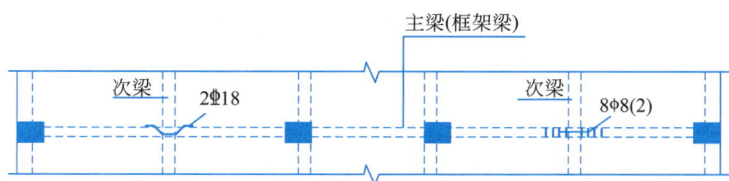

梁平法施工图平面注写方式示例如图 2-23 所示。

15.870~26.670梁平法施工图

图 2-23 梁平法施工图平面注写方式示例

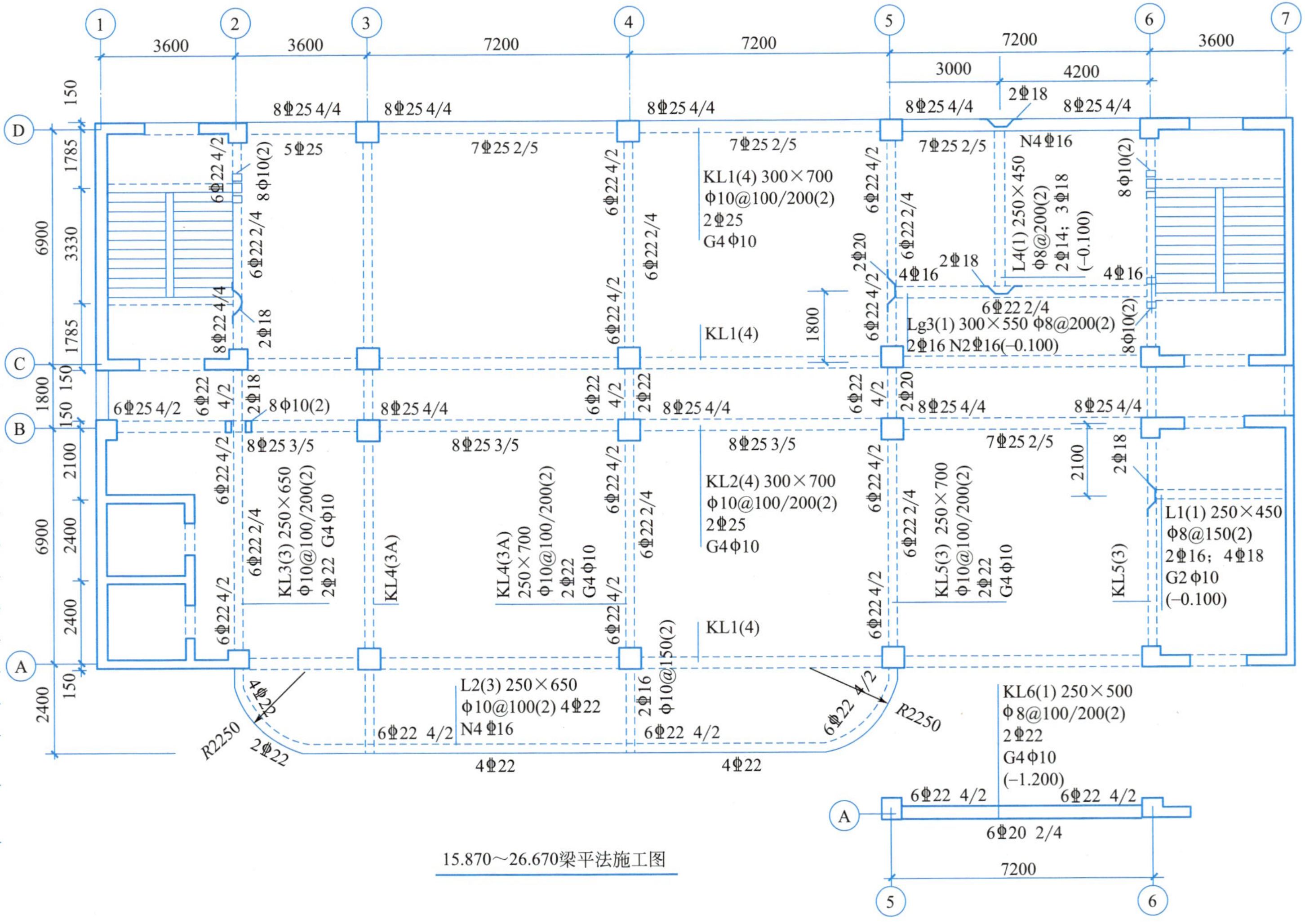

注：1. 可在"结构层楼面标高、结构层高"表中增加混凝土强度等级等栏目。

2. 横向粗线表示本页梁平法施工图中的楼面标高为 5～8 层楼面标高：15.870m、19.470m、23.070m、26.670m。

层号	标高(m)	层高(m)
屋面2	65.670	
塔层2	62.370	3.30
屋面1(塔层1)	59.070	3.30
16	55.470	3.60
15	51.870	3.60
14	48.270	3.60
13	44.670	3.60
12	41.070	3.60
11	37.470	3.60
10	33.870	3.60
9	30.270	3.60
8	26.670	3.60
7	23.070	3.60
6	19.470	3.60
5	15.870	3.60
4	12.270	3.60
3	8.670	3.60
2	4.470	4.20
1	-0.030	4.50
-1	-4.530	4.50
-2	-9.030	4.50
层号	标高(m)	层高(m)
结构层楼面标高 结构层高		

子任务 2.2.4　截面注写方式

1. **截面注写方式**（图 2-24），是在分标准层绘制的梁平面布置图上，分别在不同编号的梁中各选择一根梁用剖面号引出配筋图，并在其上注写截面尺寸和配筋具体数值的方式来表达梁平法施工图。

2. 对所有梁进行编号，从相同编号的梁中选择一根梁，用剖面号引出截面位置，再将截面配筋详图画在本图或其他图上。当某梁的顶面标高与结构层的楼面标高不同时，尚应继其梁编号后注写梁顶面标高高差。

3. 在截面配筋详图上注写截面尺寸 $b×h$、上部筋、下部筋、侧面构造筋或受扭筋以及箍筋的具体数值时，其表达形式与平面注写方式相同。

4. 对于框架扁梁尚需在截面详图上注写未穿过柱截面的纵向受力筋根数。对于框架扁梁节点核心区附加钢筋，需采用平、剖面图表达节点核心区附加抗剪纵向钢筋、柱外核心区全部竖向拉筋以及端支座附加 U 形箍筋，注写其具体数值。

5. 截面注写方式既可以单独使用，也可与平面注写方式结合使用。

注：在梁平法施工图的平面图中，当局部区域的梁布置过密时，除了采用截面注写方式表达外，也可采用将过密区用虚线框出，适当放大比例后再用平面注写方式表示。当表达异形截面梁的尺寸与配筋时，用截面注写方式比较方便。

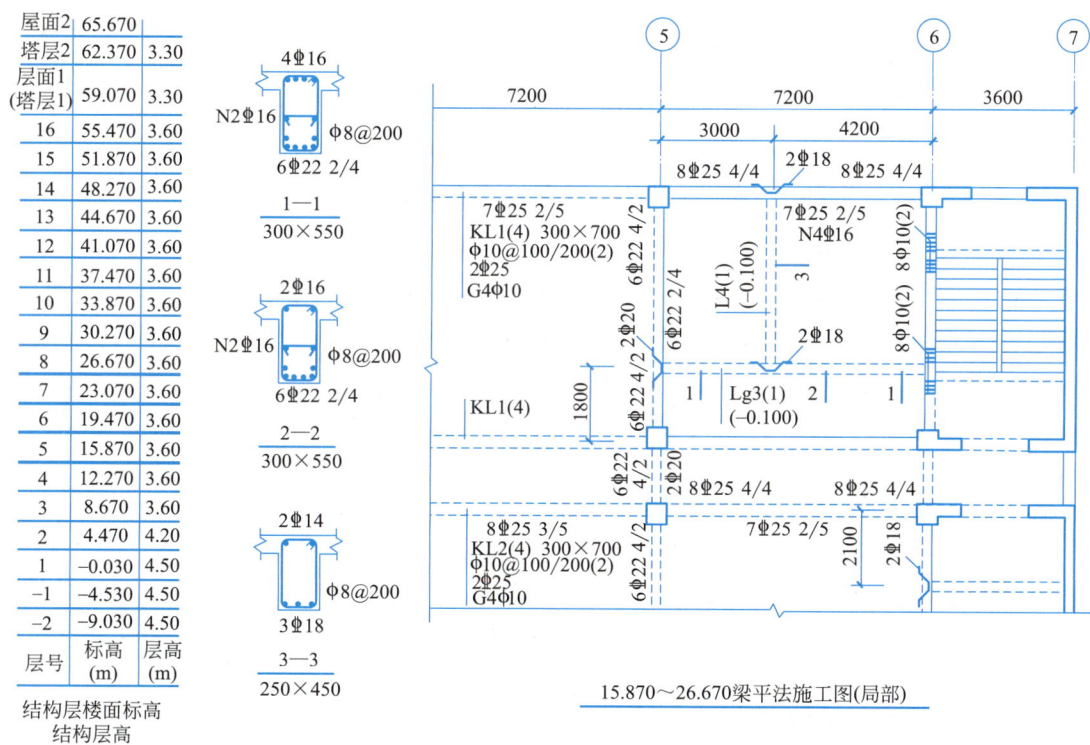

图 2-24　梁平法施工图截面注写方式示例

任务 2.3 梁标准构造详图

子任务 2.3.1 楼层框架梁 KL 纵向钢筋构造

楼层框架梁 KL 纵向钢筋构造如图 2-25 所示。

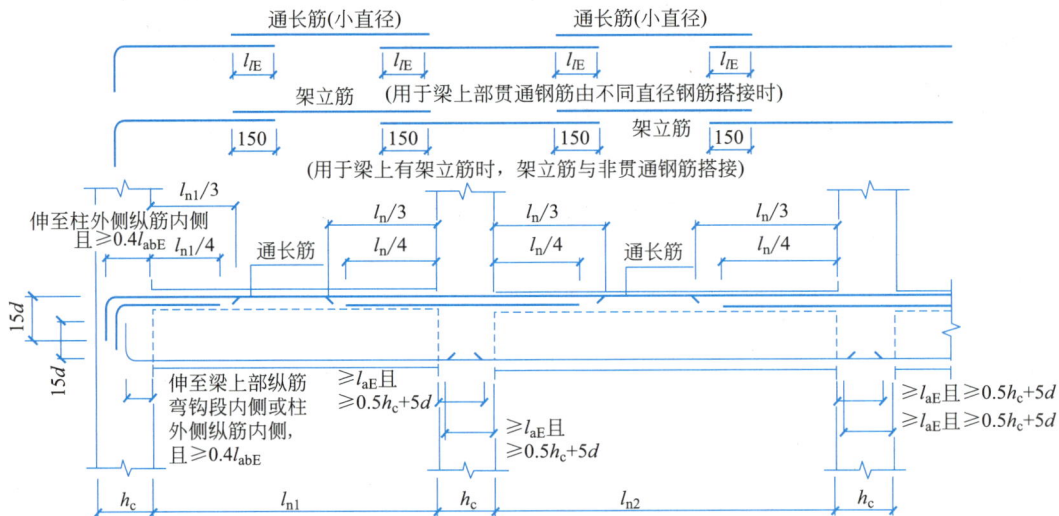

图 2-25 楼层框架梁 KL 纵向钢筋构造

1. 梁上部纵筋构造要点

（1）当梁上部通长筋与非贯通钢筋直径相同时，连接位置宜位于跨中 $l_{ni}/3$ 的范围内；梁下部通长筋钢筋连接位置宜位于支座 $l_{ni}/3$ 的范围内；且在同一连接区段内钢筋接头面积百分率不宜大于 50%。

（2）梁上部通长筋不同直径搭接时，搭接长度为 l_{lE}。架立筋与非贯通筋搭接长度为 150mm。

（3）第一排支座负筋从支座伸入跨内长度为 $l_n/3$（l_n 为左跨和右跨之间的较大值。）；第二排支座负筋从支座伸入跨内长度为 $l_n/4$。

2. 框架梁端支座锚固的构造要点

框架梁纵筋在端支座的锚固形式有直锚、弯锚和锚头（锚板）锚固（不常用）。见图 2-26、表 2-4。

3. 框架梁下部纵筋构造要点

（1）下部纵筋在中间支座锚固，锚固长度 $\geqslant l_{aE}$ 且 $\geqslant 0.5h_c+5d$。

（2）下部纵筋在支座内因钢筋过密不能进行锚固时，在节点外搭接，断点距支座边 $\geqslant 1.5h_0$，搭接长度为 l_{lE}，相邻两跨直径不同时，搭接位置应于较小直径一跨。如图 2-29 所示。

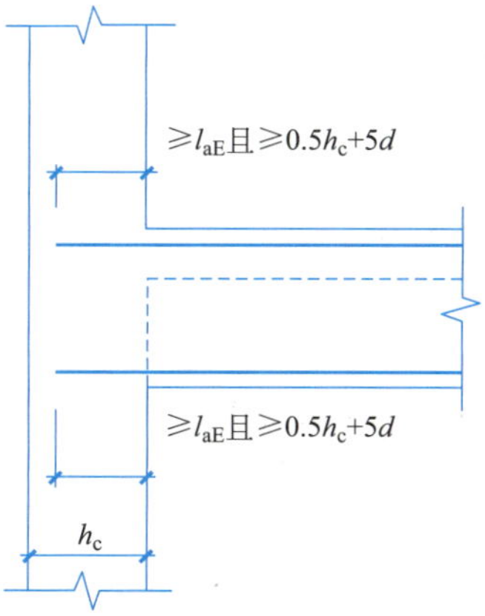

端支座直锚 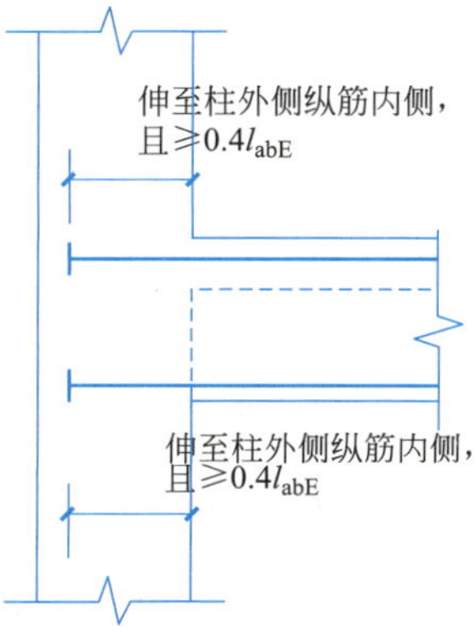   端支座加锚头(锚板)锚固

图 2-26 框架梁纵筋在端支座的锚固形式

框架梁端支座锚固的构造要点 表 2-4

构造要求	节点构造图
(1)直锚形式:支座宽 h_c 一保护层厚度 $c \geqslant l_{aE}$ 且 $\geqslant 0.5h_c + 5d$(图 2-27)。	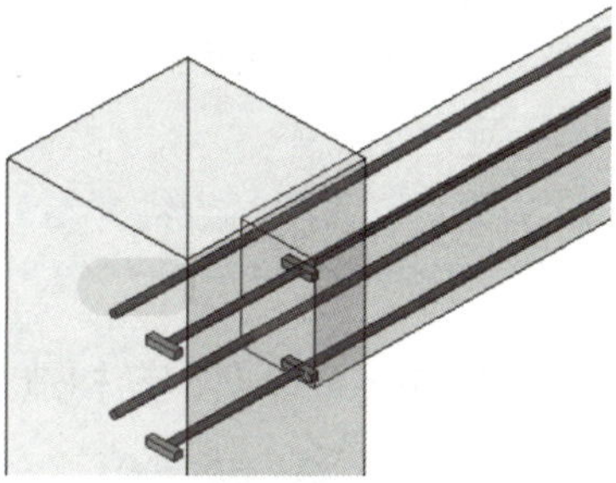 图 2-27 钢筋直锚
(2)弯锚形式:支座宽 h_c 一保护层厚度 $c < l_{aE}$。 (3)梁上部纵筋伸入柱外侧纵筋内侧弯钩 $15d$,且水平段长度 $\geqslant 0.4l_{abE}$。 (4)梁下部纵筋伸至梁上部纵筋内侧或柱外侧纵筋弯钩 $15d$,且水平段长度 $\geqslant 0.4l_{abE}$(图 2-25、图 2-28)。	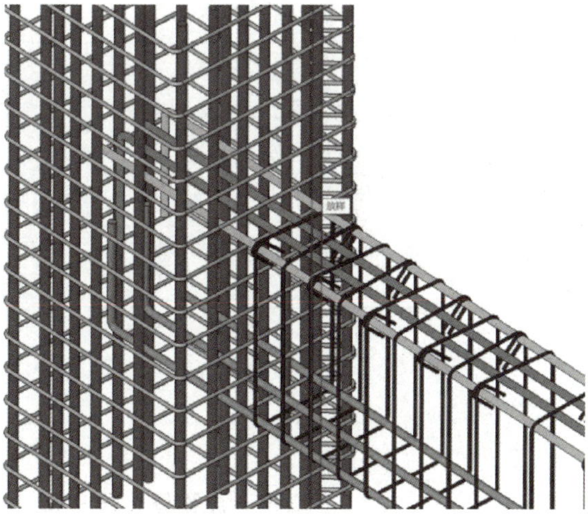 图 2-28 钢筋弯锚

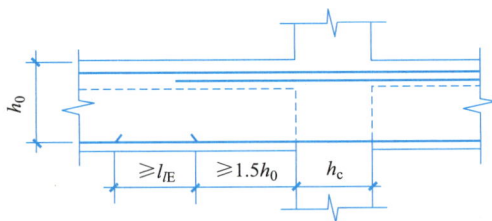

图 2-29　中间层中间节点梁下部筋在节点外搭接

（3）下部纵筋不伸入支座时，断点在距支座边 $0.1l_{ni}$，如图 2-30 所示。

图 2-30　不伸入支座的梁下部纵向钢筋断点位置

子任务 2.3.2　屋面框架梁 WKL 纵向钢筋构造

屋面框架梁 WKL 纵向钢筋构造如图 2-31 所示。

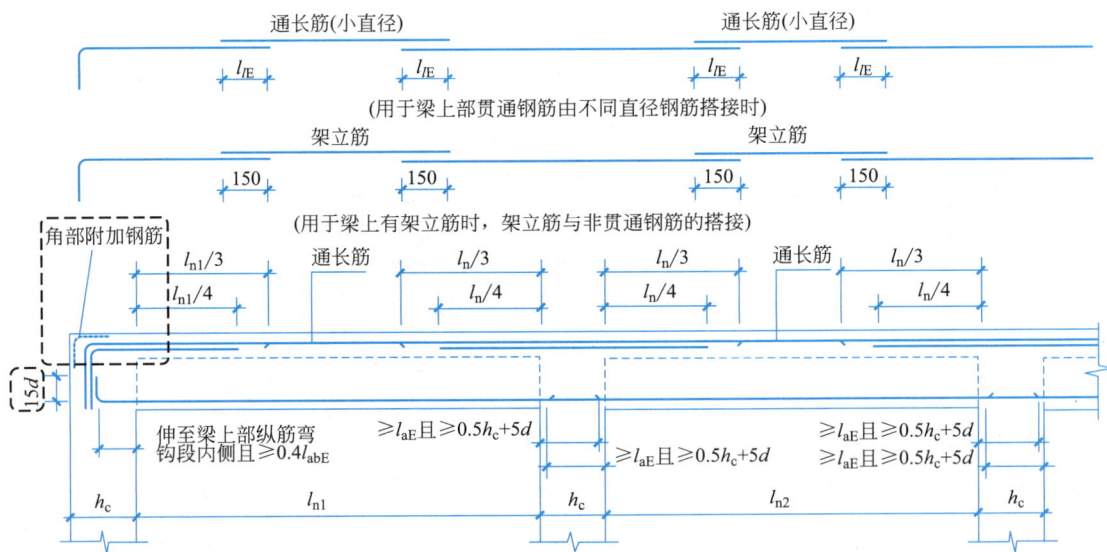

图 2-31　屋面框架梁 WKL 纵向钢筋构造（一）

伸至梁上部纵筋弯钩段内侧
且≥$0.4l_{abE}$

≥l_{aE}且≥$0.5h_c+5d$

h_c

h_c

h

顶层端节点梁下部钢筋
端头加锚头(锚板)锚固

顶层端支座梁下部钢筋直锚

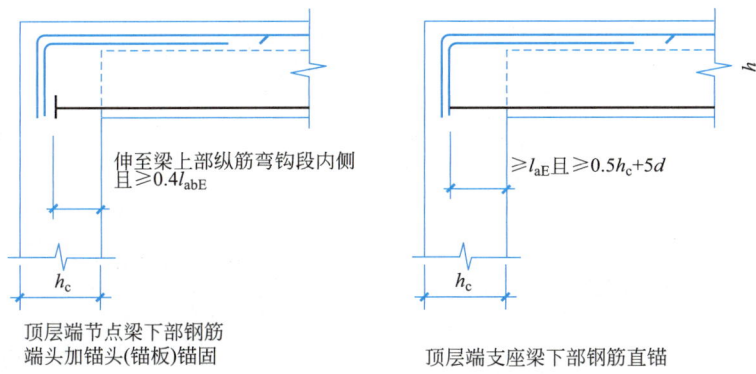

图 2-31　屋面框架梁 WKL 纵向钢筋构造 (二)

屋面框架梁和楼层框架梁纵向钢筋构造除以下几点不同，其余完全相同。

(1) 屋面框架梁需配置角部附加筋。

(2) 屋面框架梁上部纵筋在端支座只能弯锚。向下弯锚长度从角部附加筋底部起长 $15d$ 。

子任务 2.3.3　KL 中间支座纵向钢筋构造

梁中间支座纵筋构造在支座两边梁截面尺寸不同、高差不同时构造要求不同。高差较小时，钢筋斜弯通过支座；高差较大时，钢筋应断开。钢筋锚固时，根据截面尺寸能直锚就直锚，不能直锚就弯锚，见表 2-5。

KL 中间支座纵向钢筋构造　　　　　　　　　　　　　　　　表 2-5

构造要求	节点构造图
当 $\Delta h/(h_c-50)>1/6$ 时，通长筋需断开，梁上下部纵筋在中间支座分别锚固。能直锚时直锚，不能直锚时弯锚(图 2-32)。	

图 2-32　KL 中间支座纵向钢筋构造一

构造要求	节点构造图
当 $\Delta h/(h_c-50) \leqslant 1/6$ 时，纵筋斜弯通过节点（图 2-33）。	$\Delta h/(h_c-50) \leqslant 1/6$时，纵筋可连续布置　　梁上部纵筋　梁下部纵筋 **图 2-33　KL 中间支座纵向钢筋构造二**
当支座两边梁宽不同或错开布置时，将无法直通的纵筋弯锚入柱内；或当支座两边纵筋根数不同时，可将多出的纵筋弯锚入内（图 2-34）。	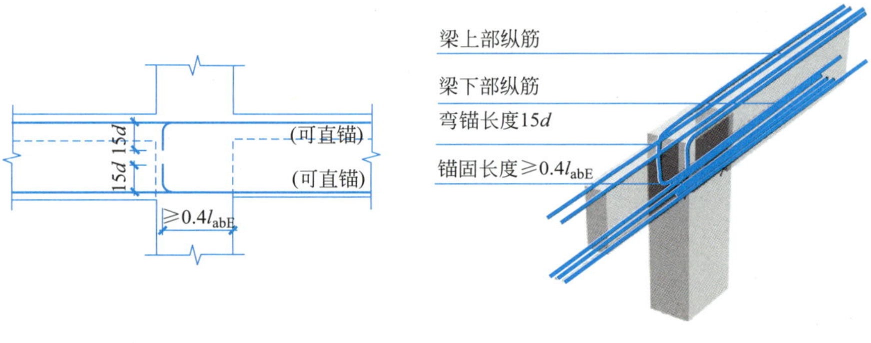 　$15d$ $15d$　（可直锚）（可直锚）$\geqslant 0.4l_{abE}$　梁上部纵筋　梁下部纵筋　弯锚长度$15d$　锚固长度$\geqslant 0.4l_{abE}$ **图 2-34　KL 中间支座纵向钢筋构造三**

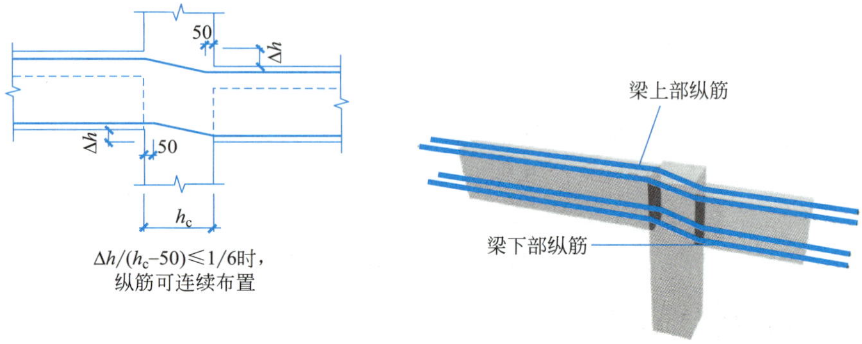

子任务 2.3.4　纯悬挑梁配筋构造

纯悬挑梁配筋构造，见表 2-6。

纯悬挑梁配筋构造 表 2-6

构造要求	节点构造图
1. 纯悬挑端不大于2m。 2. 锚固分两种情况： (1)只有一排钢筋： 当 $l < 4h_b$ 时，全部上部纵筋在端部直弯 $12d$。 当 $l \geqslant 4h_b$ 时，上部纵筋两根角筋且至少一半钢筋在端部直弯 $12d$，其余纵筋 $45°$ 或者 $60°$ 弯下，且弯下后平直段长度 $\geqslant 10d$。 (2)有两排钢筋： 当 $l < 5h_b$ 时，全部上部纵筋在端部直弯 $12d$。 当 $l \geqslant 5h_b$ 时，第一排钢筋至少一半钢筋在端部直弯 $12d$，其余纵筋 $45°$ 或者 $60°$ 弯下，且弯下后平直段长度 $\geqslant 10d$。第二排钢筋在伸至距支座边 $0.75l$ 处弯下 $45°$ 或者 $60°$，且弯下后平直段长度 $\geqslant 10d$。 3. 悬挑端下部纵筋一端在支座内直锚 $15d$，另一端伸至悬挑尽端（图 2-35）。	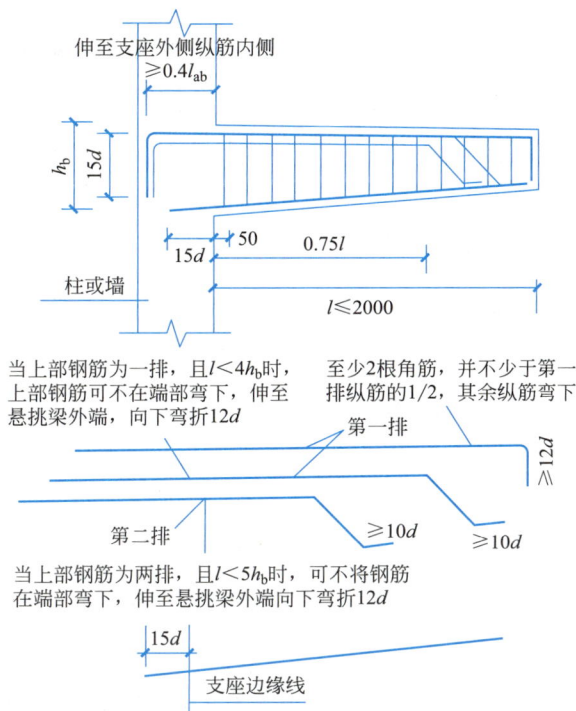 图 2-35　纯悬挑梁 XL 配筋构造

子任务 2.3.5　梁箍筋加密区

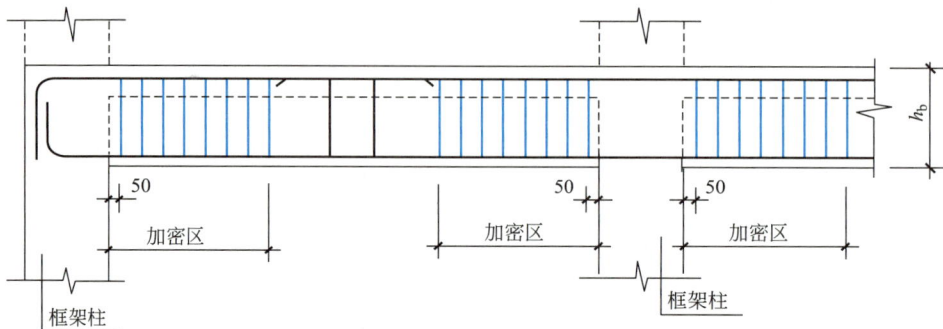

图 2-36　梁箍筋加密区构造要求

梁箍筋加密区构造要求（图 2-36）

1. 抗震等级为一级时，加密区长度≥$2.0h_b$ 且≥500mm（h_b 为梁截面高度）。
2. 抗震等级为二至四级时，加密区长度≥$1.5h_b$ 且≥500mm。
3. 梁箍筋的起步距离距支座边 50mm。

子任务 2.3.6　梁侧面纵向构造筋、附加箍筋和吊筋构造

一、梁侧面纵向构造筋、拉筋（图 2-37）

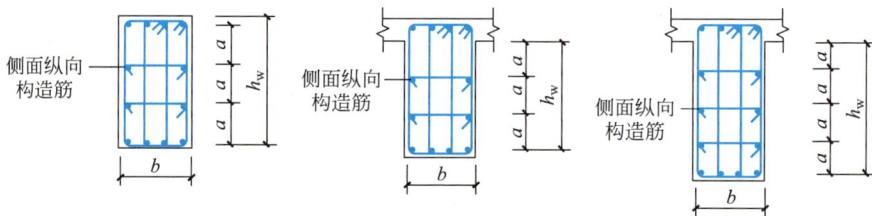

图 2-37　梁侧面纵向构造筋、拉筋

具体构造要求：

1. 当 h_w≥450mm 时，在梁的两个侧面应配置纵向构造钢筋；竖向间距 a≤200mm。

2. 梁侧面构造纵筋的搭接与锚固长度可取 $15d$，梁侧面受扭纵筋的搭接长度：框架梁为 l_{lE}，非框架梁为 l_l。

3. 当梁宽≤350mm 时，拉筋直径为 6mm；梁宽>350mm 时，拉筋直径为 8mm。拉筋间距为非加密区箍筋间距的 2 倍。当设有多排拉筋时，上下两排拉筋竖向错开设置。

二、附加箍筋和吊筋

在主次梁交接处，常在主梁上设置附加箍筋和吊筋，其构造要求见图 2-38：

1. 图中 b 为次梁宽，h_1 为主次梁高差，h_b 为主梁高。
2. 附加箍筋范围内主梁箍筋正常配置。

2-4
梁的钢筋
构造

3. 吊筋角度要求：主梁高≤800mm，取 45°；主梁高＞800mm，取 60°。

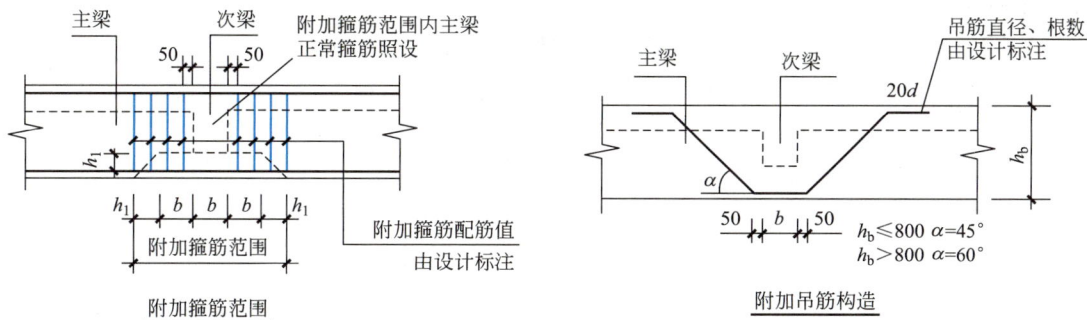

图 2-38　附加箍筋和吊筋

识图训练——梁平法施工图识读

一、梁平法施工图知识点思维导图（图 2-39）

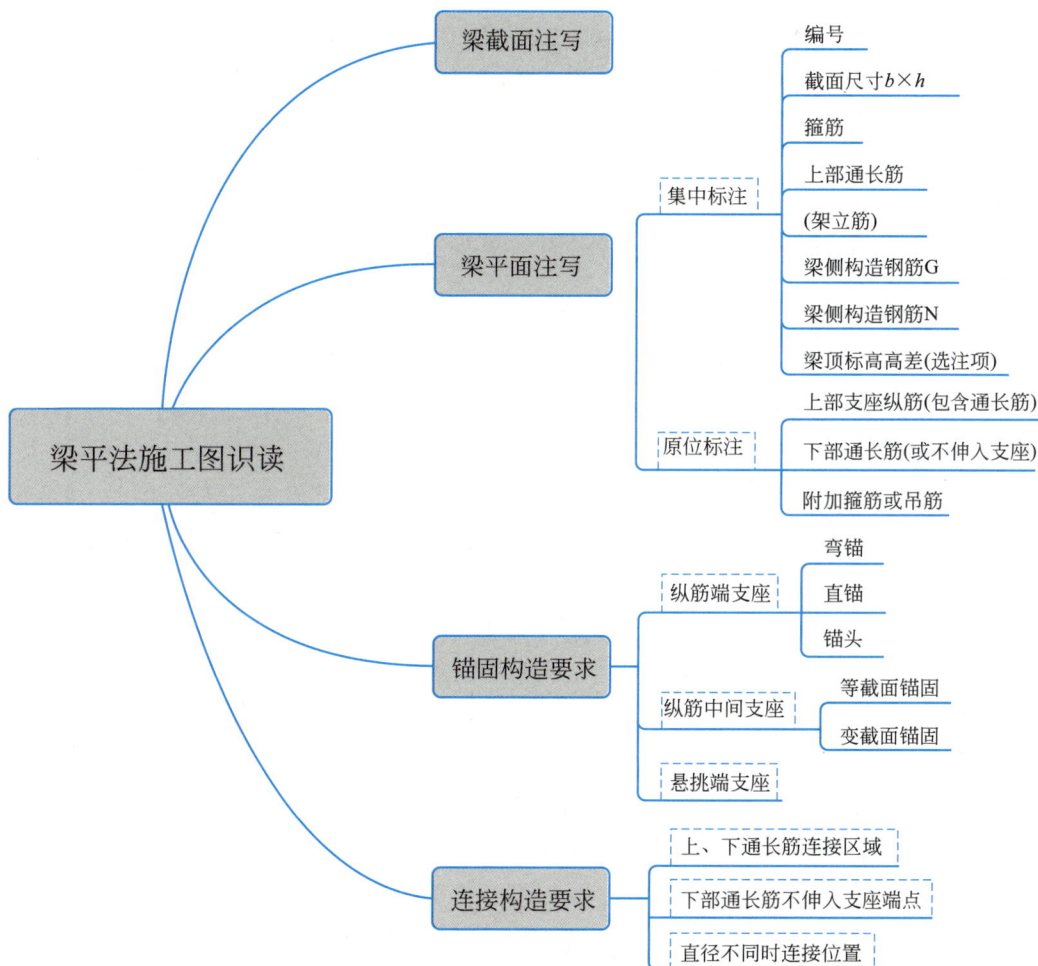

图 2-39　梁平法施工图知识点思维导图

二、梁平法施工图识图步骤

1. 查看图号、图名和比例。

2. 阅读设计总说明，查阅梁的混凝土等级和其他梁有关的说明。

3. 结构层楼面标高、结构层高和层号。

4. 结合建筑施工图，查看图纸定位轴线、编号和尺寸。

5. 梁施工图平法识读：编号、截面尺寸和配筋情况等。

6. 图纸中其他必要的详图和说明。

三、平面注写方式图例

【例 2-22】识读图 2-40 中 KL2：

集中标注：KL2（4）：框架梁 2 号，四跨，从左①～③轴、③～④轴、④～⑤轴、⑤～⑥轴，共四跨。

300×700：截面尺寸梁宽 300mm，梁高 700mm。

Φ10@100/200（2）：箍筋为 HPB300 级钢筋直径为 10mm。加密区间距 100mm，非加密区间距 200mm，均为双肢箍。

2Φ25：上部通长筋 2 根 HRB400 级钢筋直径为 25mm。

G4Φ10：梁侧构造纵筋 4 根 HRB400 级钢筋直径为 10mm，每侧各 2 根。

原位标注：8Φ25 4/4：上部支座纵筋，2Φ25 为通长筋，放置上排角部。6Φ25 为支座负筋，放置上排中间 2 根，下排 4 根。

6Φ25 4/2：上部支座纵筋，2Φ25 为通长筋，放置上排角部。4Φ25 为支座负筋，放置上排中间 2 根，下排 2 根。

8Φ25 3/5：下部通长筋，8 根 HRB400 级钢筋，直径为 25mm，上排 3 根，下排 5 根。

7Φ25 2/5：下部通长筋，7 根 HRB400 级钢筋，直径为 25mm，上排 2 根，下排 5 根。

8Φ10（2）：附加箍筋 8 根 HPB300 级钢筋直径为 10mm，均为双肢箍，放置梁上次梁梁侧各 4 根。

四、识图训练：

图 2-40 所示框架结构，C30 混凝土，请以土建施工技术员身份识读图中所有梁。

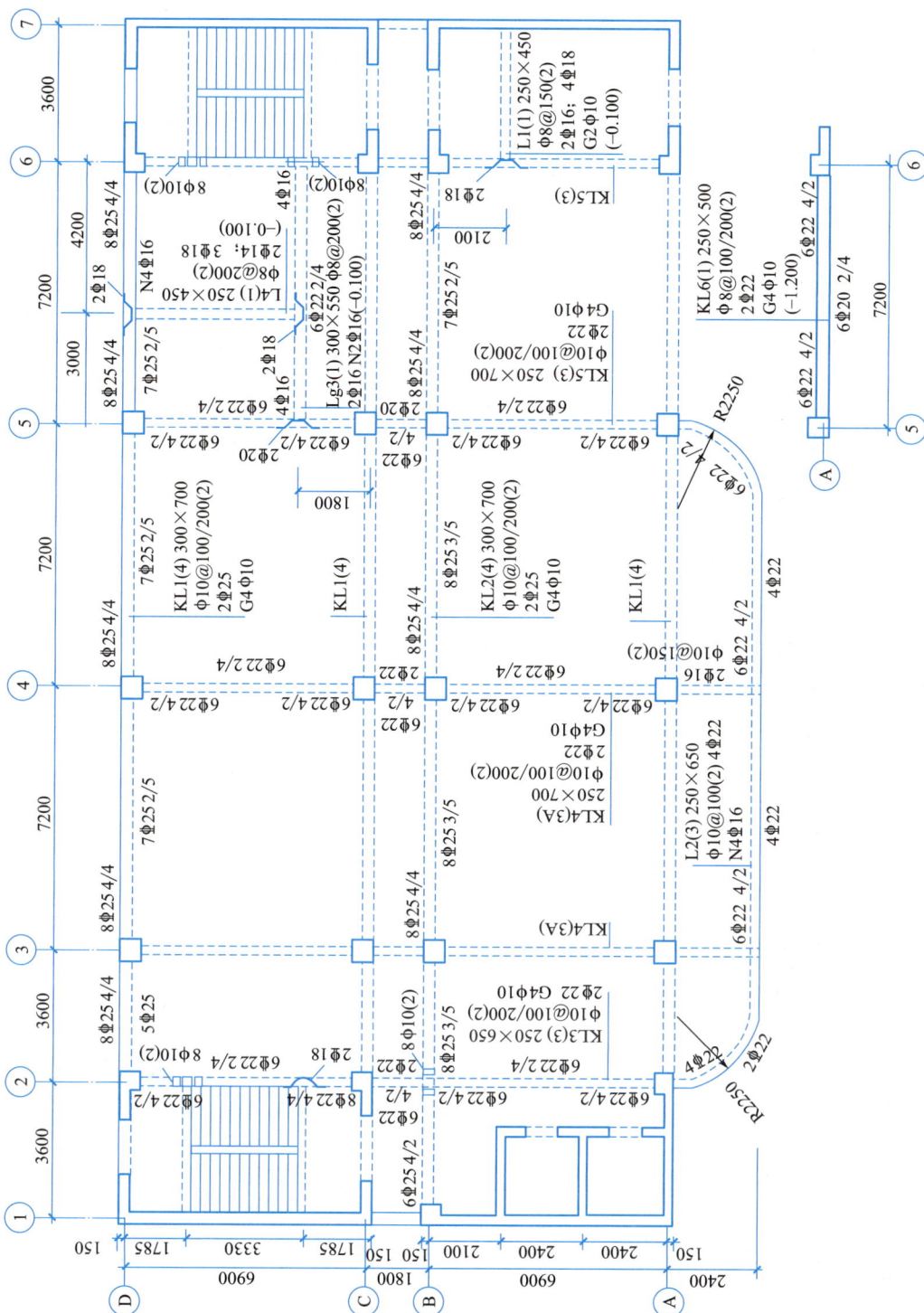

图 2-40 15.870~26.670 梁平法施工图

梁平法识读图工作页

姓名					学号					日期						成绩					
梁编号	基本信息			截面尺寸		位置			纵筋					箍筋					其他钢筋
	起止轴号总长	跨数	纵筋钢筋型号	箍筋钢筋型号	b	h	第3跨梁起止轴线	起止轴线长（mm）	梁顶标高高差（m）	上部通长筋	支座上部纵筋左端/右端	架立筋	下部通长筋	直径（mm）	肢数	加密区间距（mm）	非加密区间距（mm）	加密区长度（mm）	
KL1	②～⑥ 25200	4跨	HRB 400	HPB 300	300	700	④～⑤	7200	0	2Φ25	8Φ25 4/4	无	7Φ25 2/5	10	2	100	200	1050	G4φ10

梁钢筋绑扎和质量验收训练

（一）请识读 KL1 图纸信息，进行梁钢筋绑扎。

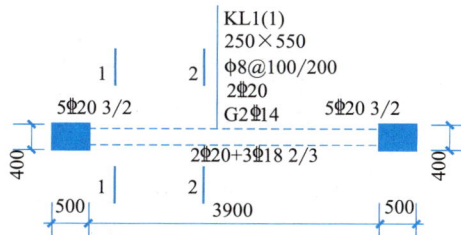

☆梁钢筋施工步骤：

1. 测量放线→2. 安装支模架与底模→3. 安装梁上部钢筋→4. 安装梁箍筋→5. 安装梁下部钢筋→6. 安装梁其他纵向钢筋及保护层垫块→7. 安装梁侧模→8. 混凝土浇筑与振捣→9. 养护与拆模

（二）梁钢筋质量验收表

鉴定日期：　　　年　　　月　　　日

序号	测定项目		允许偏差（mm）	评分标准	标准分	检测点			得分
						1	2	3	
1	纵向受力钢筋	锚固长度	±20	每超出 1 处扣 3 分，1 处超出 ±20mm 不得分	10				
		纵筋间距	±10	每超出 1 处扣 3 分	10				
		纵筋的摆放位置和数量		纵筋摆放和数量有错误不得分	10				
2	箍筋	间距	±20	每超出 1 处扣 2 分，1 处超出 ±20mm 不得分	10				
		箍筋摆放方向		绑扎不规范、与主筋不垂直酌情扣 1～3 分，箍筋开口方向错误酌情扣分	10				
		箍筋起步位置和数量	±20	每超出 1 处扣 3 分，1 处超出 ±20mm 不得分	10				

续表

序号	测定项目	允许偏差（mm）	评分标准	标准分	检测点 1	检测点 2	检测点 3	得分
3	模板安装		不合规范视操作质量酌情扣分，截面尺寸不对不得分	10				
4	工艺操作符合规范		不合规范视操作质量酌情扣分，要求操作方法、程序正确，全错无分，局部错1处扣2分，扣完为止（如扎丝的绑扎）	10				
5	安全技术交底		没有安全技术交底或者有事故不得分	10				
6	工完场清		工完场不清不得分	5				
7	整体观感		查看整体感觉酌情扣分	5				
				100				

验收人员签名：

评价总结

班级：＿＿＿＿＿＿　　小组：＿＿＿＿＿＿　　姓名：＿＿＿＿＿＿

评价项目	评价标准	评价依据	分值	自我评价	小组互评	教师评价
岗位核心素质（40%）	具有安全文明施工意识	具有安全第一，文明施工的意识	10			
	具有良好的工作质量	完成任务时有严谨的工作态度，按规范绑扎验收，正确率高	10			

续表

评价项目	评价标准	评价依据	分值	自我评价	小组互评	教师评价
岗位核心素质（40%）	具有爱岗敬业的精神	在完成岗位任务时有责任心，无迟到早退现象	10			
	具有合作精神	能为小组提供信息、出主意、阐明观点	10			
专业能力（60%）	梁的类别和梁钢筋类型	能正确识读梁的类型和钢筋类别	5			
	梁集中标注的识读规则	能快速正确识读梁的集中标注	5			
	梁原位标注的识读规则	能快速正确识读梁的原位标注	5			
	梁的标准构造详图	能快速正确识读梁构造详图	5			
	梁施工图纸识读练习	梁平法施工图识读正确率达到90%	15			
	梁钢筋绑扎	能熟知钢筋绑扎的步骤并进行钢筋绑扎	10			
	梁钢筋验收	会进行钢筋验收和简单问题的处理	15			

总分：

Chapter 03

项目三

柱平法施工图识读

学习目标

知识目标

1. 了解钢筋混凝土柱的基本知识。
2. 掌握柱的平法制图规则。
3. 熟悉柱的标准钢筋构造详图。

能力目标

1. 能正确运用柱平法制图规则,准确识读柱的位置、截面尺寸和配筋信息。
2. 熟练识图柱平法施工图中的各种钢筋种类和钢筋构造详图。

素质目标

1. 培养学生的规范意识。
2. 培养学生严谨的识图态度,积极的工作态度。
3. 培养学生三维空间想象力。

课程思政要点

思政元素	思政切入点	思政目标
担当意识	要想我国强大、复兴,要立起统领全党全民的"精神支柱",只有在思想上立好"柱",才能打牢我国的"根"和"基"。建筑也一样,有"墙倒柱不倒"的说法,说明柱是非常重要的竖向承重构件。引出我们每个人要有担当、有能力、有技能来承担任务。	培养学生的法律观念和规范施工意识。培养学生有担当有责任的工作态度。
规范意识	精选工程事故案例,从而帮助学生认识规范识图和按图施工的重要性。	

学习任务工单

1. 任务描述

张工是某项目的施工技术员,今天他的工作是要看懂柱的平法施工图,并按照图纸现场检查框架柱钢筋的选用、定位、钢筋长度和绑扎是否正确等。

本任务要求学生能识读柱结构平法施工图,进行柱钢筋绘制和质量验收。本任务知识与技能要求有:

任务内容	柱平法施工图识读	学习程度		
		识记	理解	应用
学习任务	柱的类别和柱钢筋类型	★		
	柱集中标注的识读规则		★	

续表

任务内容	柱平法施工图识读	学习程度		
		识记	理解	应用
学习任务	柱原位标注的识读规则		★	
	柱的标准构造详图		★	
实训任务	柱施工图纸识读练习			★
	柱钢筋三维模型绘制			★
自我勉励				

2. 寻找队友

以 3～5 人为一组，选出组长并进行任务分工，将小组成员及分工情况填入表中。

班级		组号		指导老师	
姓名		学号		任务分工	
组长					
组员					

3. 小组作业

柱的类别和柱中钢筋

（1）柱基本知识

引导问题 1：柱按位置不同，分为_____、_____、_____。

引导问题 2：柱中钢筋包括_____、_____。

引导问题 3：柱的类型有_____、_____、_____。

引导问题 4：_____是柱的支座，柱是_____的支座。

引导问题 5：在框架结构中，柱为_____（竖向受力或横向受力）构件。

（2）柱平法施工图制图规则

引导问题 6：柱平法施工图表达方式分为_____注写方式和_____注写方式。

引导问题 7：柱列表注写方式，是在柱平面布置图上，分别在同一编号的柱中选择一个截面标注几何尺寸参数代号，在柱表中注写_____、_____、_____、_____的具体数值，并配以柱_____及其_____的方式来表达柱平法施工图。

引导问题 8：当框架柱嵌固部位在_____时，设计图纸上不需要注明。

引导问题 9：当框架柱嵌固部位不在_____时，在_____嵌固部位标高下使用_____注明，并在表下注明上部结构嵌固部位的标高。

引导问题10：当框架柱嵌固部位不在地下室顶板时，但仍需考虑地下室顶板对上部结构实际存在嵌固作用时，可在层高表地下室顶板使用_____注明，此处首层柱端范围及纵向钢筋_____位置均按嵌固部位要求设置。

引导问题11：ZHZ1 表示_____；KZ3 表示_____；芯柱的代号为_____。

引导问题12：当柱_____、_____、_____均对应相同，仅截面与轴线的关系不同时，仍可将其编号为同一柱号，但应在图中注明截面与轴线的关系。

引导问题13：柱的 b 边平行于_____轴，h 边平行于_____轴。

引导问题14：框架柱根部标高指_____标高。

引导问题15：在柱平法施工图，柱的箍筋肢数为 5×4 表示 b 边的箍筋肢数为_____肢，h 边的箍筋肢数为_____肢。

引导问题16：XZ1 表示_____。

引导问题17：柱表中 $b×h$ 表示_____。

引导问题18：28 ⚯ 25 表示_____。

引导问题19：柱表中箍筋的肢数 5×4 表示_____。

引导问题20：放置柱箍筋时，箍筋对纵筋至少_____。

引导问题21：φ10@100 表示_____。

引导问题22：Lφ10@100/200，表示_____。

引导问题23：当箍筋沿柱全高为一种间距时，则不使用_____线。

引导问题24：φ10@100/200（4φ12@100）表示_____。

引导问题25：柱截面注写方式，是在柱_____布置图上，分别在不同编号的柱中各选一个截面，以直接注写_____和_____具体数值的方式来表达柱平法施工图。

引导问题26： 图中的箍筋的肢数为_____。

KZ1
650×600
4⚯22
φ10@100/200

5⚯22

4⚯20

325　325

450

150

引导问题 27：在_____图标注中，650×600 表示柱_____，4⚯22 表示柱_____，5⚯22 表示柱_____，4⚯20 表示柱_____，柱箍筋肢数为_____。

（3）柱钢筋构造

引导问题28：在基础内，固定柱纵筋的第一道箍筋距离基础顶面的距离是_____，基础内两相邻箍筋间距不大于_____mm，且不得少于_____道矩形封闭箍筋，即_____箍筋。

引导问题 29：当基础高度满足直锚时，柱纵筋伸至_____底部，支撑在底板钢筋网片之上并弯折，弯折长度取_____。当基础高度不满足直锚时，柱纵筋伸至_____底部，支撑在底板钢筋网片之上并弯折，弯折长度取_____。

引导问题 30：柱纵筋的连接方式有_____、_____、_____。

引导问题 31：柱纵筋连接方式为焊接连接时，标有嵌固部位的楼层，柱根非连接区高度为_____。

引导问题 32：柱纵筋连接方式为焊接连接时，不标嵌固部位的楼层，柱根非连接区高度为_____。

引导问题 33：柱纵筋连接方式为绑扎搭接时，搭接高度为_____。

引导问题 34：柱纵筋连接方式为焊接连接时，两连接点高差为_____。

引导问题 35：柱纵筋连接方式为机械连接时，两连接点高差为_____。

引导问题 36：柱纵向钢筋运用机械连接时，中间楼层的柱连接区高度为_____。

引导问题 37：柱在楼面处节点上、下非连接区高度为_____。

引导问题 38：柱相邻纵向钢筋连接接头相互错开，在同截面内钢筋接头面积百分率不应大于_____。

引导问题 39：当上柱纵筋根数比下柱纵筋多时，上柱多出的钢筋锚固长度从楼面向下_____。

引导问题 40：当下柱纵筋直径比上柱纵筋大时，下柱钢筋伸至_____连接。

引导问题 41：当上柱纵筋直径比下柱纵筋大时，上柱钢筋伸至_____连接。

引导问题 42：当下柱纵筋根数比上柱纵筋多时，下柱多出的钢筋锚固长度从梁底面向上_____。

引导问题 43：h_c 为_____，H_n 为_____。

引导问题 44：在标有嵌固部位的楼层，柱根加密区高度为_____。

引导问题 45：抗震 KZ 的箍筋在底层刚性地面上下各加密_____。

引导问题 46：在没有标有嵌固部位的楼层，抗震 KZ 柱根加密区高度为_____。

引导问题 47：抗震 KZ 柱顶加密区高度为_____。

引导问题 48：梁上起柱时，KZ 纵筋柱根加密区高度从梁顶面向上_____。

引导问题 49：KZ 边柱和角柱柱顶纵向钢筋，柱外侧纵向钢筋配筋率_____时，钢筋分两批截断，柱外侧纵筋从梁底向上伸至柱顶后弯折入梁内，锚固长度为_____。

引导问题 50：梁宽范围内 KZ 边柱和角柱柱顶纵向钢筋伸入梁内的柱外侧纵筋不宜少于柱外侧纵筋全面积的_____。

引导问题 51：KZ 边柱和角柱柱顶设置角部附加钢筋时，在柱宽范围内的柱箍筋内侧设置间距_____，且不少于_____根直径不小于 10mm 的角部附加钢筋。

引导问题 52：KZ 中柱纵向钢筋在柱顶直锚时，直锚长度要求为_____。

引导问题 53：抗震框架柱中，中柱纵向钢筋在柱顶弯锚时，柱的顶部纵筋均应锚入顶层梁中后水平弯折，弯折长度为_____。

引导问题 54：当柱变截面的 $\Delta/h_b \leqslant 1/6$ 时，上部、下部纵筋_____（需要、不需要）截断，在节点范围内连接。

引导问题 55：当柱变截面需要设置插筋时，插筋应该从变截面处节点顶向下插入的长度为_____。

引导问题 56：当柱变截面的 $\Delta/h_b > 1/6$ 时，上部纵筋从梁顶面向下延伸_____后截断。

任务 3.1　柱的类别和柱中钢筋

柱是竖向受力构件，是框架结构必不可少的构件之一。它承受楼板、梁传来的荷载，并将荷载传递到基础，是典型的受压构件。按力的作用线和截面形心位置关系，可以分为轴心受压柱和偏心受压柱。

子任务 3.1.1　柱的分类

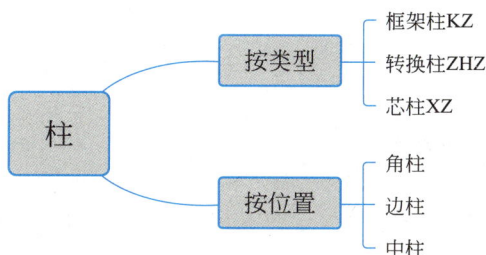

3-1
柱的分类

柱按位置分：边柱、中柱、角柱（图 3-1）。
柱按类型分：框架柱、转换柱、芯柱（图 3-2）。

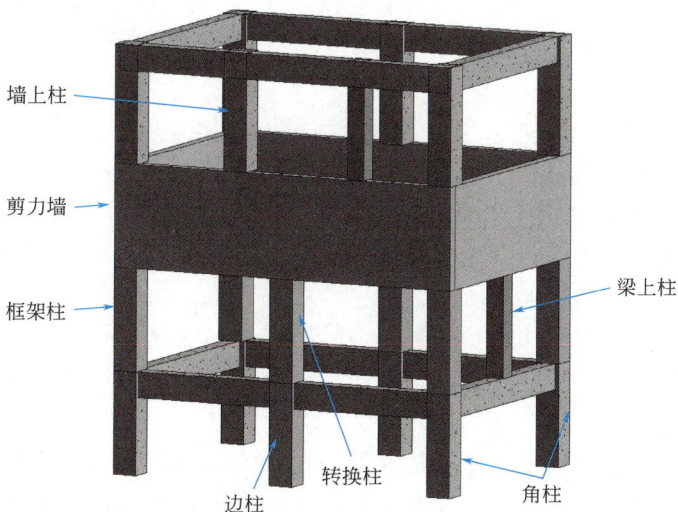

图 3-1　柱分类模型

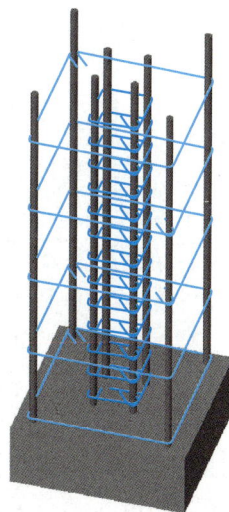

图 3-2　芯柱三维图

子任务 3.1.2　柱中钢筋

柱中钢筋主要有纵向钢筋（简称纵筋）和箍筋（图 3-3、图 3-4）。

柱纵筋是平行于混凝土构件纵轴方向配置的钢筋，在柱截面对称配置。

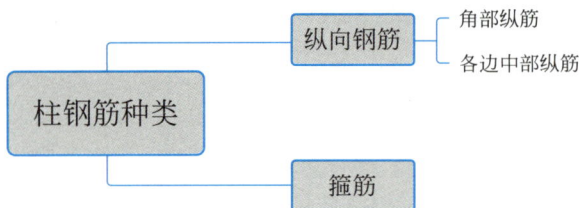

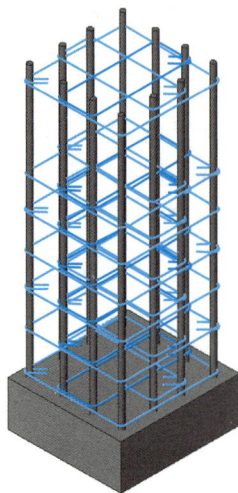

图 3-3　柱中钢筋　　　　　　　　　　　　　**图 3-4　柱纵筋和箍筋三维图**

柱箍筋是钢筋混凝土柱中的箍筋，主要是用来满足斜截面抗剪强度，并联结纵向钢筋和受压区混凝土。柱箍筋应为封闭式。

任务 3.2　柱平法施工图制图规则认知

1. 柱平法施工图系在柱平面布置图上采用列表注写方式或截面注写方式表达。

2. 柱平面布置图，可采用适当比例单独绘制，也可与剪力墙平面布置图合并绘制。

3. 在柱平法施工图中，用表格或其他方式注明包括地下和地上**各层的结构层楼（地）面标高、结构层高及相应的结构层号**，还应注明**上部结构嵌固部位的位置**。

4. 上部结构嵌固部位的注写：

（1）框架柱嵌固部位在基础顶面时，无须注明。

（2）框架柱嵌固部位不在基础顶面时，在层高表嵌固部位标高下使用双细线注明，并在层高表下注明上部结构嵌固部位标高。

（3）框架柱嵌固部位不在地下室顶板，但仍需考虑地下室顶板对上部结构实际存在嵌固作用时，可在层高表地下室顶板标高下使用双虚线注明，此时首层柱端箍筋加密区长度范围及纵筋连接位置均按嵌固部位要求设置。

子任务 3.2.1　柱平法施工图的表示方法——列表注写方式

柱列表注写方式，是在柱平面布置图上（一般只需采用适当比例绘制一张柱平面布置图，包括框架柱、转换柱、芯柱等），分别在同一编号的柱中选择一个（有时需要选择几个）截面标注几何参数代号；在柱表中注写柱编号、柱段起止标高、几何尺寸（含柱截面对轴线的偏心情况）与配筋的具体数值，并配以各种柱截面形状及其箍筋类型图的方式，来表达柱平法施工图（图 3-5、表 3-1）。

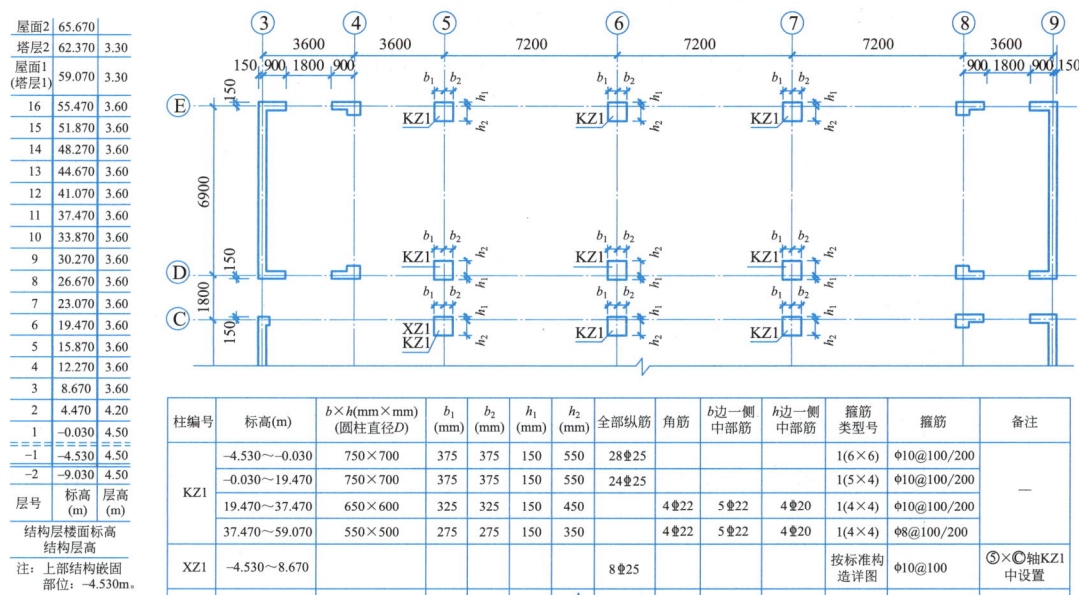

屋面2	65.670	
塔层2	62.370	3.30
屋面1(塔层1)	59.070	3.30
16	55.470	3.60
15	51.870	3.60
14	48.270	3.60
13	44.670	3.60
12	41.070	3.60
11	37.470	3.60
10	33.870	3.60
9	30.270	3.60
8	26.670	3.60
7	23.070	3.60
6	19.470	3.60
5	15.870	3.60
4	12.270	3.60
3	8.670	3.60
2	4.470	4.20
1	-0.030	4.50
-1	-4.530	4.50
-2	-9.030	4.50
层号	标高(m)	层高(m)

结构层楼面标高
结构层高

注：上部结构嵌固
部位：-4.530m。

柱列表注写内容

柱编号	标高(m)	$b \times h$(mm×mm)(圆柱直径D)	b_1(mm)	b_2(mm)	h_1(mm)	h_2(mm)	全部纵筋	角筋	b边一侧中部筋	h边一侧中部筋	箍筋类型号	箍筋	备注
KZ1	-4.530~-0.030	750×700	375	375	150	550	28⎓25				1(6×6)	Φ10@100/200	
	-0.030~19.470	750×700	375	375	150	550	24⎓25				1(5×4)	Φ10@100/200	
	19.470~37.470	650×600	325	325	150	450		4⎓22	5⎓22	4⎓20	1(4×4)	Φ10@100/200	—
	37.470~59.070	550×500	275	275	150	350		4⎓22	5⎓22	4⎓20	1(4×4)	Φ8@100/200	
XZ1	-4.530~8.670						8⎓25				按标准构造详图	Φ10@100	⑤×ⒸKZ1中设置

-4.530~59.070柱平法施工图(局部)

图 3-5　柱列表注写方式示例图

柱列表注写内容　　　　　　　　　　　　　　　　　表 3-1

列表内容	柱列表注写内容		
	柱类型	代号	序号
	框架柱	KZ	××
柱编号	转换柱	ZHZ	××
	芯柱	XZ	××

注：编号时，当柱的总高、分段截面尺寸和配筋均对应相同，仅截面与轴线的关系不同时，仍可将其编为同一柱号，但应在图中注明截面与轴线的关系。

列表内容	柱列表注写内容
柱编号	识读：【例 3-1】KZ1 表示第 1 号框架柱。 【例 3-2】XZ1 表示第 1 号芯柱。
起止标高	注写各段柱的起止标高，自柱根部往上以变截面位置或截面未变但配筋改变处为界分段注写。 (1)梁上起框架柱的根部标高指梁顶面标高。 (2)剪力墙框架柱的根部标高为墙顶面标高。 (3)从基础起的柱，其根部标高为基础顶面标高。 （此处为表格） 【例 3-3】对照结构层楼面标高、结构层高表(图 3-5)可知，－0.030～19.470 标高段表示这行信息对应的是 1 层到 6 层柱的尺寸和配筋情况。
截面尺寸	1. 矩形柱表示方式：$b \times h$ 表示柱截面尺寸，b_1、b_2、h_1、h_2 表示各边与轴线的位置关系，其中 $b=b_1+b_2$，$h=h_1+h_2$。 （此处为表格） 【例 3-4-1】KZ1 在－0.030～19.470 标高段中截面尺寸 $b \times h$ 是 750×700，即 b 边 750mm，h 边 700mm 的矩形柱，其中 $b=b_1+b_2$ 即 750＝375＋375，$h=h_1+h_2$ 即 700＝150＋550。
纵筋	"全部纵筋"和"角筋、b 边一侧中部筋，h 边一侧中部筋"这两块区域根据配筋情况注写其中一块。

起止标高栏内表格：

柱编号	标高(m)
KZ1	-4.530～-0.030
	-0.030～19.470
	19.470～37.470
	37.470～59.070

截面尺寸栏内表格：

柱编号	标高(m)	$b \times h$(mm×mm)(圆柱直径D)	b_1(mm)	b_2(mm)	h_1(mm)	h_2(mm)
KZ1	-4.530～-0.030	750×700	375	375	150	550
	-0.030～19.470	750×700	375	375	150	550
	19.470～37.470	650×600	325	325	150	450
	37.470～59.070	550×500	275	275	150	350

列表内容	柱列表注写内容
纵筋	1. 注写在"全部纵筋"为柱纵筋直径相同,各边根数也相同的情况(如图 a)。 2. 注写在"角筋、b 边一侧中部筋,h 边一侧中部筋"为柱纵筋直径不完全相同或各边根数不相同(如图 b)。 【例 3-4-2】 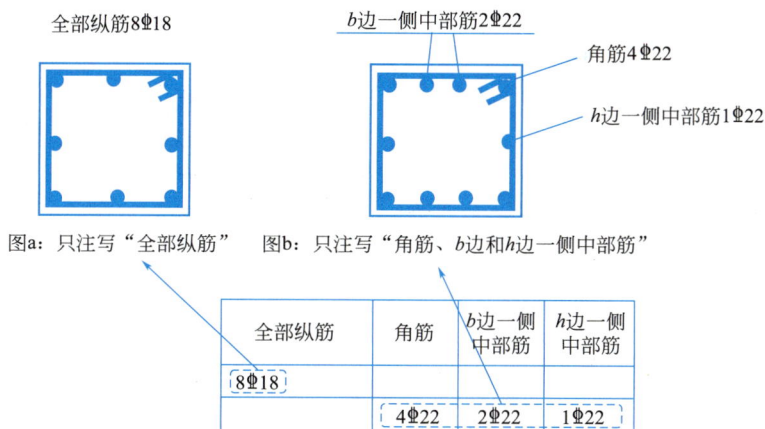 图a:只注写"全部纵筋"　图b:只注写"角筋、b边和h边一侧中部筋" <table><tr><td>全部纵筋</td><td>角筋</td><td>b边一侧中部筋</td><td>h边一侧中部筋</td></tr><tr><td>8⏀18</td><td></td><td></td><td></td></tr><tr><td></td><td>4⏀22</td><td>2⏀22</td><td>1⏀22</td></tr></table>

1. 箍筋类型编号和肢数(图 3-6)。

箍筋类型编号	箍筋肢数	复合方式
1	$m \times n$	肢数m　肢数n　h　b
2	—	h　b
3	—	h　b
4	$Y+m \times n$ 圆形箍	肢数m　肢数n　d

图 3-6　箍筋类型编号和肢数

类型 1:矩形箍筋 $m \times n$:m 为 Y 方向的肢数,n 为 X 方向的肢数;
类型 2:圆形＋矩形箍筋 $Y+m \times n$:Y 为圆形箍筋,$m \times n$ 为矩形箍筋

列表内容	柱列表注写内容
箍筋	2. 复合箍筋由双肢箍（图 3-7a）和单肢箍（图 3-7b）组合而成。确定箍筋肢数时要满足对柱纵筋"隔一拉一"以及箍筋肢距的要求。 图 3-7　复合箍筋 (a)双肢箍；(b)单肢箍 3. 非焊接矩形复合箍筋（图 3-8）。 4×3　　　6×6 图 3-8　非焊接矩形复合箍筋 4. 当箍筋有加密区和非加密区时用"/"区分，表示为 φ8@100/200； 【例 3-5】φ8@100/200：表示箍筋为 HPB300 级钢筋，加密区间距为 100mm，非加密区间距 200mm。 当箍筋沿柱全高为一种间距时，表示为 φ8@100；当圆柱采用螺旋箍筋时，需在箍筋前加"L"，表示为 Lφ8@200。

子任务 3.2.2　柱平法施工图的表示方法

3-2
柱的列表注写

3-3
柱的截面注写

一、截面注写方式

截面注写方式，是在柱平面布置图的柱截面上，分别在同一编号的柱中选择一个截面放大绘制，以直接注写截面尺寸和配筋具体数值的方式来表达柱平法施工图。

柱截面注写方式有集中标注和原位标注两种标注方式。柱集中标注包含柱编号、柱截面尺寸、柱纵筋和柱箍筋等信息，详见表 3-2。柱列表注写方式与截面注写方式对比详见表 3-3。

表 3-2

截面内容	柱截面注写内容
柱集中标注	在柱纵筋处的注写有两种情况：当柱所有纵筋直径全部相同，该处注写全部纵筋配筋；当柱纵筋的角部纵筋和各边中部纵筋直径不相同时，该处注写角筋。 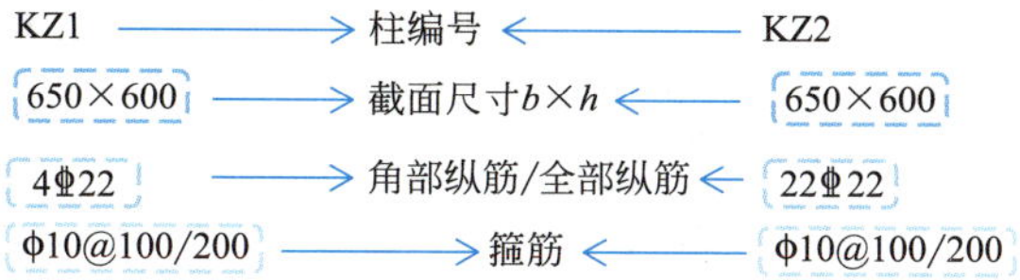 KZ1 ──→ 柱编号 ←── KZ2 650×600 ──→ 截面尺寸 $b×h$ ←── 650×600 4⏀22 ──→ 角部纵筋/全部纵筋 ←── 22⏀22 ⏀10@100/200 ──→ 箍筋 ←── ⏀10@100/200 图 3-9　集中标注 **【例 3-6】** XZ1 表示柱编号；19.470～30.270 为芯柱所在楼层标高段；8⏀25 为芯柱全部纵筋，箍筋为⏀10@100。 **【例 3-7】** 如图 3-9 KZ1 表示柱编号；650×600 为截面尺寸，4⏀22 为 1 号框架柱角筋，箍筋为⏀10@100/200。
原位标注	原位标注：注写柱边与轴线的位置关系，以及钢筋直径不相同时各边中部纵筋的配筋信息 图 3-10　原位标注 **【例 3-8】** 如图 3-10 所示，XZ1 的 $b_1=b_2=325$，$h_1=150$，$h_2=450$。 **【例 3-9】** 如图 3-10 所示，KZ1 的 $b_1=b_2=325$，$h_1=150$，$h_2=450$，5⏀22 为 b 边一侧中部筋，4⏀20 为 h 边一侧中部筋，均对称布置。

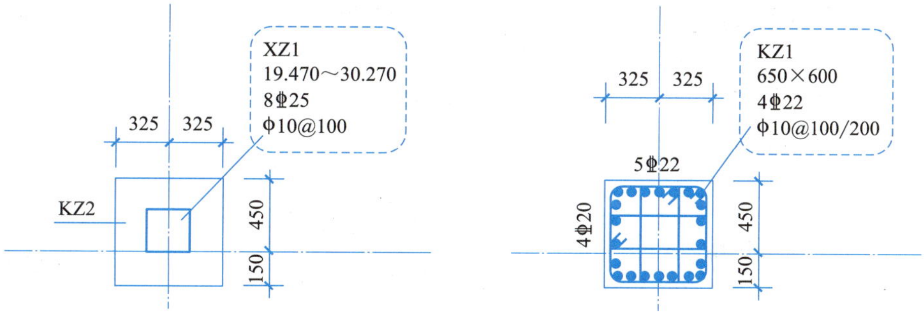

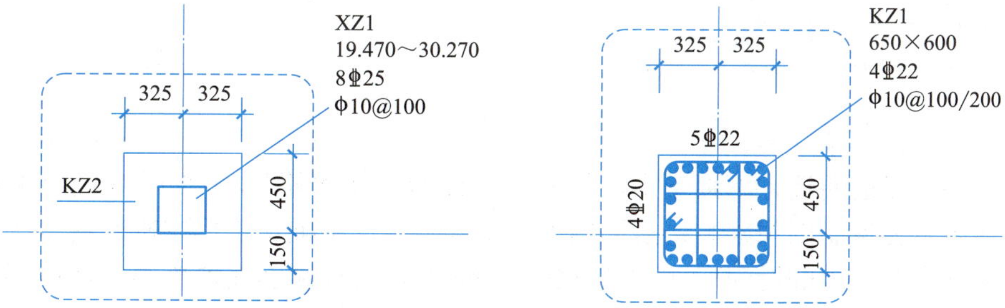

柱列表注写方式与截面注写方式的对比表　　　　表 3-3

	列表注写方式	截面注写方式
柱平面图	有	有
层高与标高表	有	有
截面钢筋图	无	有
箍筋类型图	无	有
柱表	有	无
纵筋表达	抽象	直观
同一张图表示不同标准层	是	否
图纸量	较小,适用于高层建筑	较大,适用于多层建筑

任务 3.3　柱标准构造详图识读

柱钢筋主要包括纵向受力钢筋（简称"纵筋"）和箍筋两种，根据柱钢筋所处的部位和具体构造要求不同，分为柱根部钢筋构造、框架柱中间层钢筋构造、框架柱顶钢筋构造、框架柱箍筋加密区范围。

子任务 3.3.1　柱根部钢筋构造

一、框架柱筋在基础内构造

柱纵筋要插入下部基础内锚固，又称为"柱插筋"。根据《混凝土结构施工图平面整体表示方法制图规则和构造详图独立基础、条形基础、筏形基础、桩基础》22G101-3，柱纵筋在基础内的锚固形式与基础的类型无关，与柱纵筋在基础内的侧向混凝土保护层厚度和基础高度有关，根据保护层厚度和基础高度的不同，划分为四种构造，施工时要结合图纸实际情况正确选择。表 3-4 图中 d 为柱纵筋直径，h_j 为基础底面至基础顶面的高度，柱下为基础梁时，h_j 为基础梁底面至顶面的高度。

框架柱筋在基础内构造　　　　　　　　　　　　　　表 3-4

节点构造图

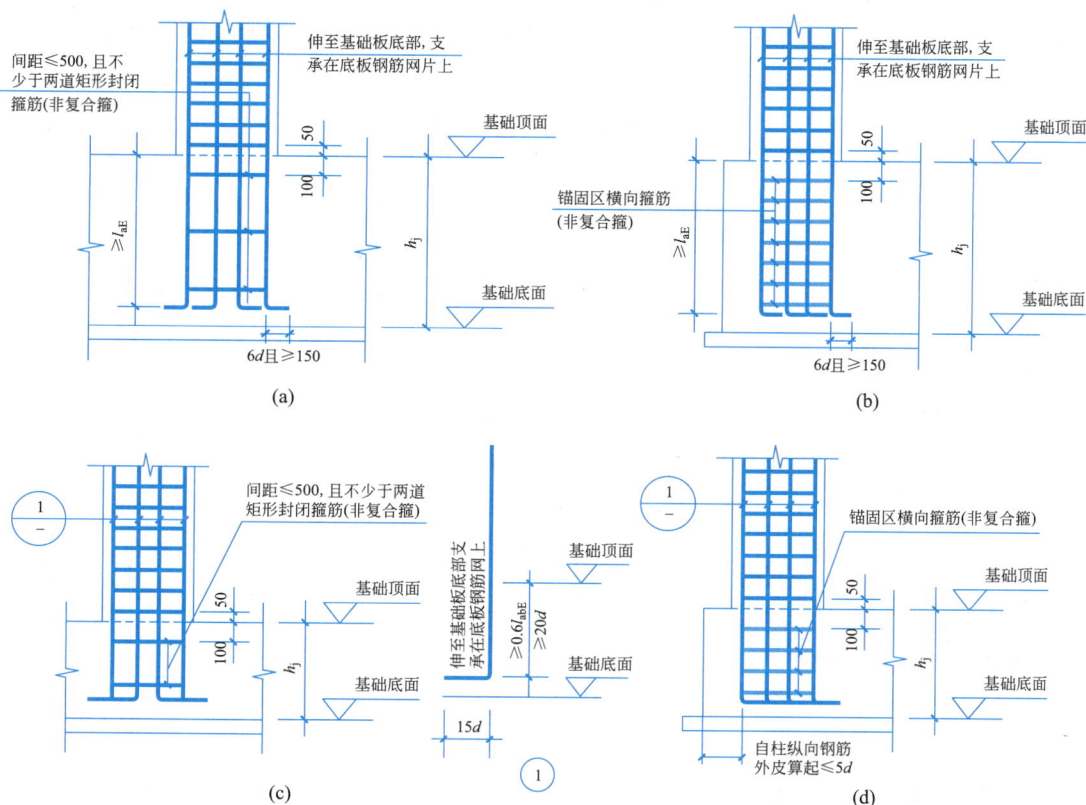

图 3-11　柱纵向钢筋在基础中构造

(a)保护层厚度$>5d$;基础高度满足直锚;(b)保护层厚度$\leqslant 5d$;基础高度满足直锚;

(c)保护层厚度$>5d$;基础高度不满足直锚;(d)保护层厚度$\leqslant 5d$;基础高度不满足直锚

构造要求

1. 基础高度满足直锚:如图 3-11(a)(b),柱纵筋伸至基础底部钢筋网上,弯折 $6d$ 且$\geqslant 150$。

2. 基础高度不满足直锚:如图 3-11(c)(d),柱纵筋伸至基础底部钢筋网弯折长度为 $15d$。

3. 当保护层厚度$>5d$ 时,基础内箍筋间距$\leqslant 500$mm,且不少于两道矩形封闭箍筋(非复合箍)。

4. 当保护层厚度$\leqslant 5d$ 时,锚固区要设置横向箍筋(非复合箍);横向箍筋直径$\geqslant d/4(d$ 为纵筋最大直径),间距$\leqslant 5d(d$ 为纵筋最小直径),且$\leqslant 100$mm。

5. 基础内第一道箍筋距离基础顶面 100mm,基础外第一道箍筋距离基础顶面 50mm。

二、剪力墙上柱筋在墙内构造

（1）墙上起框架柱（柱纵筋锚固在墙顶部时），墙体和梁的平面外方向应设梁，以平衡柱脚在该方向的弯矩；当柱宽度大于梁宽时，梁应设水平加腋。

（2）当梁为拉弯构件时，梁上起柱应根据实际受力情况采取加强措施，柱纵筋构造做法应由设计指定。见表3-5。

剪力墙上柱筋在墙内构造   表 3-5

构造要求	节点构造图
1. 墙上起柱，纵筋构造分两种： 情况一：柱与墙重叠一层，见图3-12(a)，柱纵筋从墙顶面直通重叠墙底。 情况二：柱纵筋锚固在墙顶部时，见图3-12(b)，柱根纵筋从墙顶面向下伸至 $1.2l_{aE}$，并水平弯折，弯折长度150mm。 2. 墙上起柱，在墙顶面标高以下锚固范围内的柱箍筋按上柱非加密区箍筋要求配置。 3. 墙上起柱，柱根加密区高度取值 $\geqslant H_n/3$。	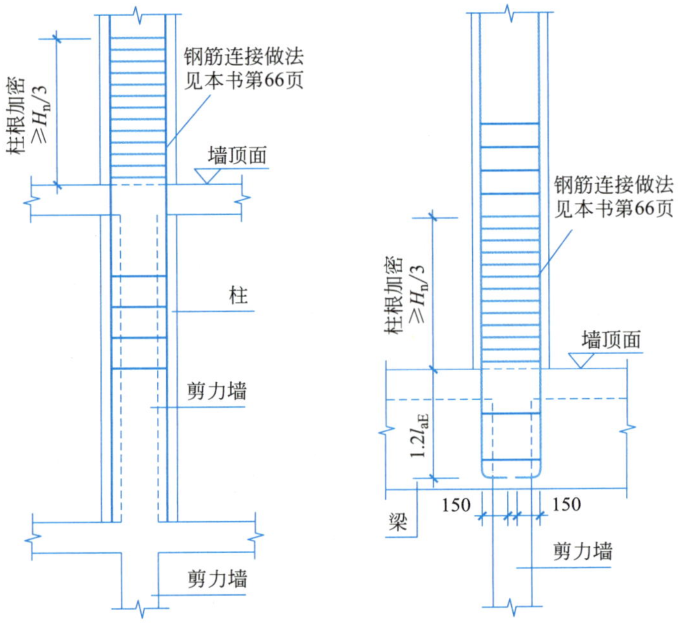 （a） （b） 图 3-12　剪力墙上起柱 KZ 纵筋构造 （a）柱与墙重叠一层；（b）柱纵筋锚固在墙顶部时柱根构造

三、梁上柱筋在梁内构造

在框架梁上起柱时，框架梁是柱的支座，因此梁截面宽度应大于柱宽，此类柱常见设置在支撑层间楼梯梁的柱。见表 3-6。

梁上柱筋在梁内构造　　　　　　　　　　　　　　　　　　表 3-6

构造要求	节点构造图
1. 柱纵筋伸至梁底部钢筋上侧，水平弯折 $15d$，竖直段长度 $\geq 0.6l_{abE}$ 且 $\geq 20d$。 2. 在梁内设置至少两道柱箍筋，且间距不大于 500mm（图 3-13）。	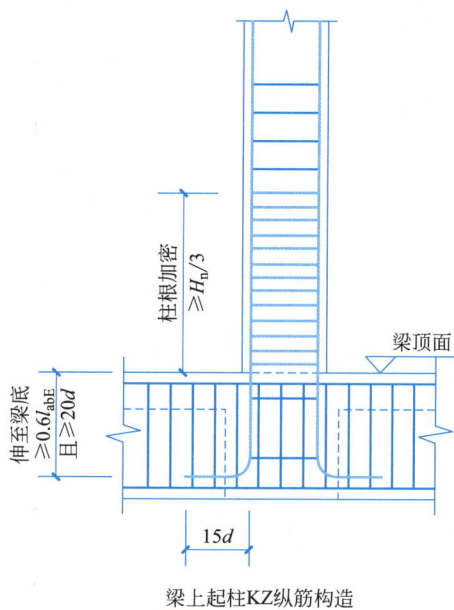 梁上起柱 KZ 纵筋构造 **图 3-13　梁上起柱 KZ 纵筋构造**

子任务 3.3.2　框架柱中间层钢筋连接构造

一、框架柱中间层钢筋连接构造基础知识（图 3-14）

1. 柱纵筋连接应设在内力较小处。

2. 非连接区：指每层柱子钢筋不能搭接（连接）区域。

3. 连接区：指每层柱子钢筋允许搭接（连接）区域。

4. KZ 纵向钢筋连接方式有三种：绑扎搭接、机械连接、焊接。

5. 柱相邻纵向钢筋连接接头相互错开。在同一连接区段内钢筋接头面积百分率不宜大于 50%。

6. H_n 为所在楼层的柱净高。

7. h_c 为柱截面长边尺寸（圆柱为截面直径）。

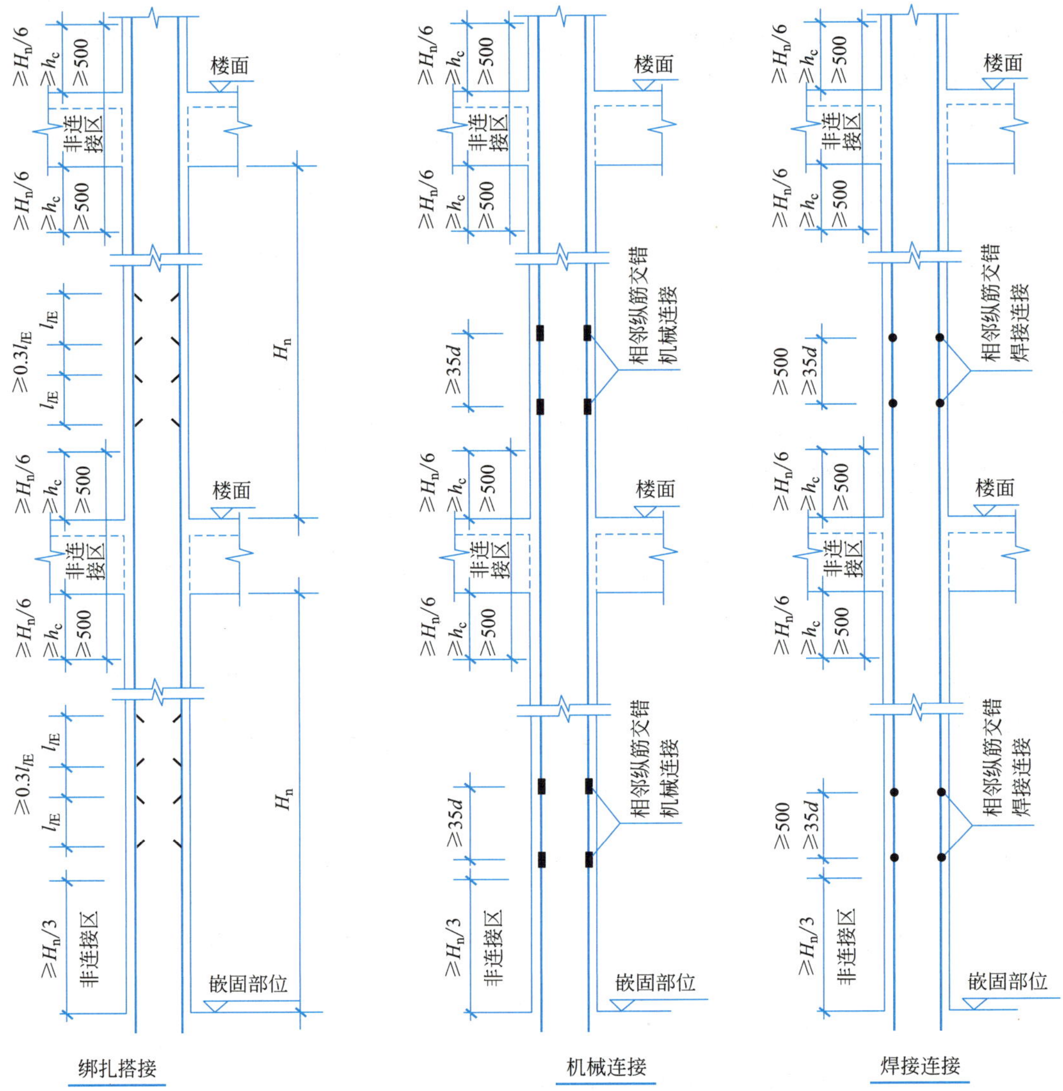

当某层连接区的高度小于纵筋分两批搭接所需要的高度时，应改用机械连接或焊接连接。

图 3-14　KZ 纵向钢筋连接构造

二、框架柱纵筋变化（上、下层配筋量相同）时的连接构造（表 3-7）

框架柱纵筋变化（上、下层配筋量相同）时的连接构造　　　　表 3-7

构造要求

1. 非连接区高度：

（1）地上一层（或嵌固部位之上一层）柱下端非连接区高度 $\geqslant H_n/3$。

（2）所有柱的框架节点高度（梁高）。

构造要求

（3）中间层梁上、下端非连接区高度需同时满足$\geq H_n/6$、$\geq h_c$、$\geq 500\text{mm}$，三个数值取最大值。

2. 绑扎搭接：

（1）当某层连接区的高度小于纵筋分两批搭接所需要的高度时，应改用机械连接或焊接连接。

（2）搭接长度为l_{lE}，相邻两搭接长度错开高差为$\geq 0.3l_{lE}$。

（3）轴心受拉及小偏心受拉柱内的纵向钢筋不得采用绑扎搭接接头。

3. 机械连接：相邻两连接点错开高差为$\geq 35d$。

4. 焊接连接：相邻两连接点错开高差为$\geq 35d$，$\geq 500\text{mm}$取最大数值。

三、框架柱纵筋变化（上、下层配筋量不同）时的连接构造（表3-8）

框架柱纵筋变化（上、下层配筋量不同）时的连接构造	表3-8

构造要求	节点构造图
上柱比下柱多出钢筋时： （1）上柱多出的钢筋从上层楼面向下倒插$1.2l_{aE}$。 （2）其余的钢筋伸至上层楼面连接区内连接（图3-15）。	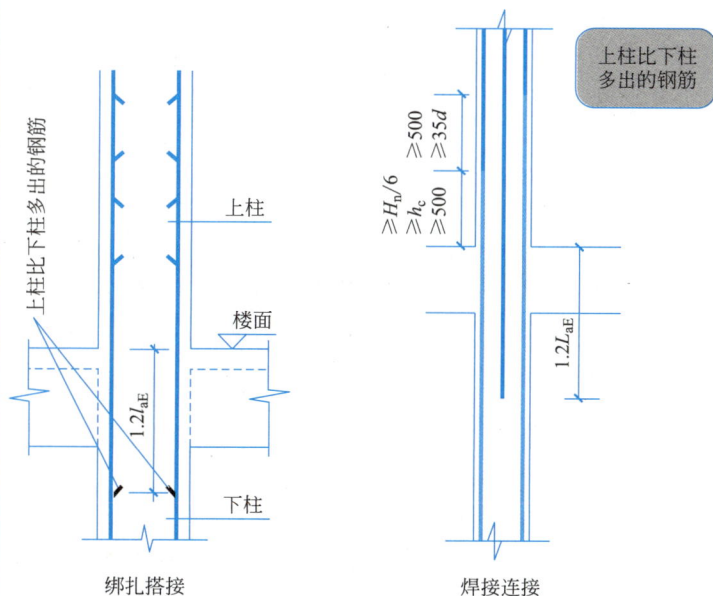

图3-15　上柱比下柱钢筋根数多的钢筋构造

构造要求	节点构造图
上柱比下柱钢筋直径大时:在下柱连接区连接的钢筋构造(图3-16)。	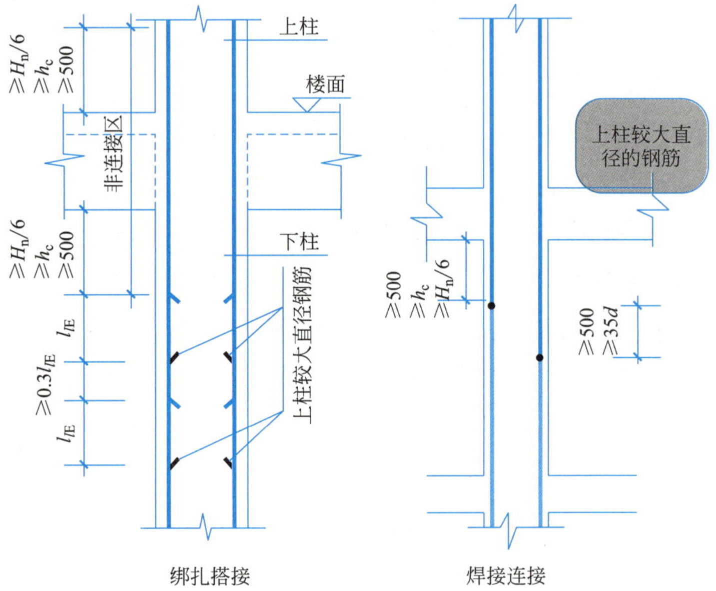 图 3-16　上柱比下柱钢筋直径大的钢筋构造
下柱比上柱多出的钢筋构造(图3-17)： (1)下柱多出的钢筋从下层梁底上穿楼面 $1.2l_{aE}$。 (2)其余的钢筋伸至上层楼面连接区内连接。	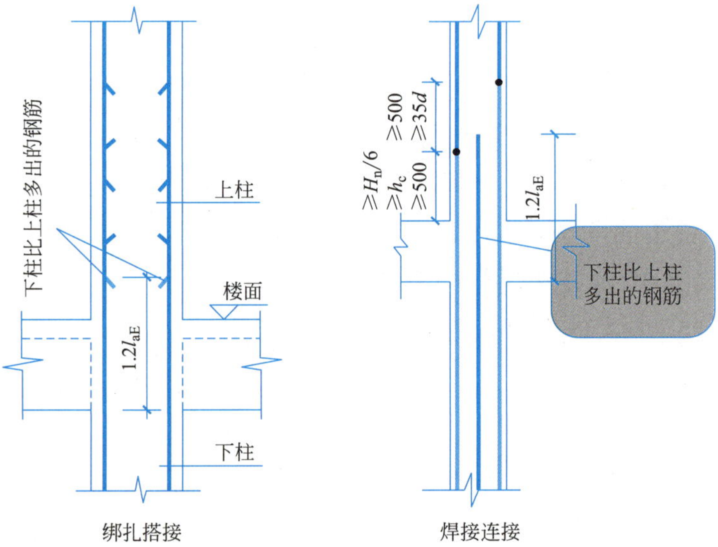 图 3-17　下柱比上柱多出的钢筋构造

构造要求	节点构造图
下柱比上柱钢筋直径大时,在上柱连接已连接的钢筋构造(图 3-18)。	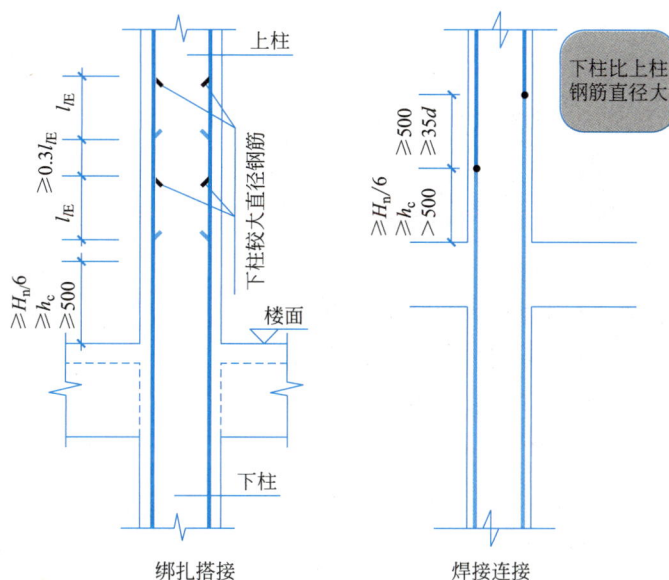 图 3-18　下柱比上柱钢筋直径大的钢筋构造
芯柱构造(图 3-19): 1. 芯柱的截面尺寸不宜小于柱边长(或者圆柱直径)的 1/3,且不小于 250mm。 2. 芯柱纵筋的连接及根部锚固同框架柱,往上直通至芯柱柱顶标高。	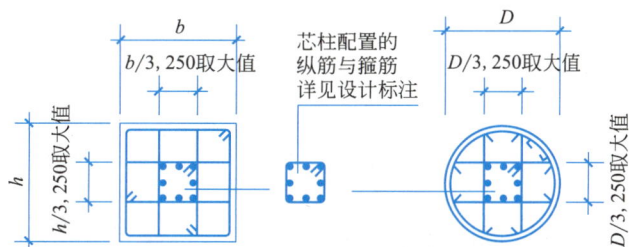 图 3-19　芯柱 XZ 配筋构造

四、框架柱中间层变截面构造（表 3-9）

缩进一侧上、下层柱纵筋需截断后分别锚固时:

1. 下层柱纵筋伸到梁顶纵筋内侧,水平向柱内侧弯锚 $12d$;

2. 上层柱纵筋伸入下层,从楼面开始向下延伸 $1.2l_{aE}$。

框架柱中间层变截面构造　　　　　　表 3-9

KZ 变截面构造	节点构造图

中柱的上柱两侧缩进，当 Δh_b >1/6 时：

1. 两侧上、下层柱纵筋应截断后分别锚固。

2. 下层柱纵筋伸到梁顶 $\geq$ $0.5l_{abE}$ 后，向柱内侧弯锚，偏移一侧柱纵筋外侧算起 $12d$。

3. 上层柱纵筋向下柱延伸长度为从楼面开始向下延伸 $1.2l_{aE}$（图 3-20）。

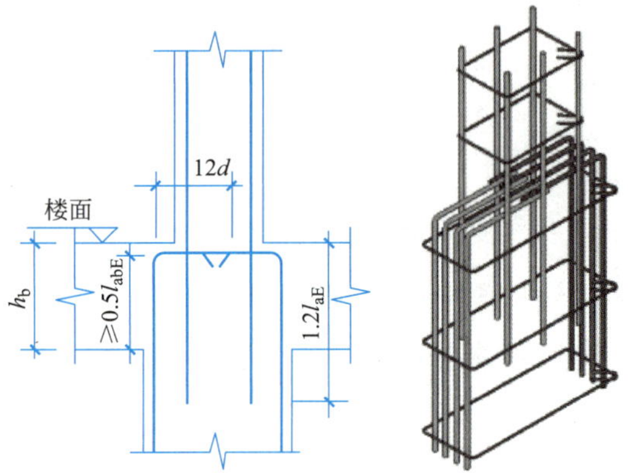

图 3-20　KZ 柱变截面位置纵向钢筋构造（一）

中柱的上柱两侧缩进，当 Δ/h_b $\leq$ 1/6 时：

1. 缩进两侧的下柱纵筋略向内侧倾斜通过节点（图 3-21）。

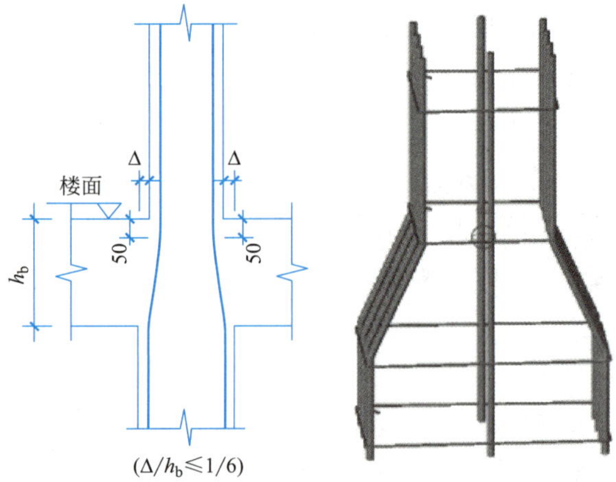

图 3-21　KZ 柱变截面位置纵向钢筋构造（二）

KZ 变截面构造	节点构造图
中柱的上柱一侧缩进,当 Δ/h_b >1/6 时: 1. 偏移一侧柱纵筋都应截断锚固。 2. 下层柱纵筋伸到梁顶≥ $0.5l_{abE}$ 后,向柱内侧弯锚,偏移一侧柱纵筋外侧算起 $12d$。 3. 上层柱纵筋向下柱延伸长度为从楼面开始向下延伸 $1.2l_{aE}$(图 3-22)。	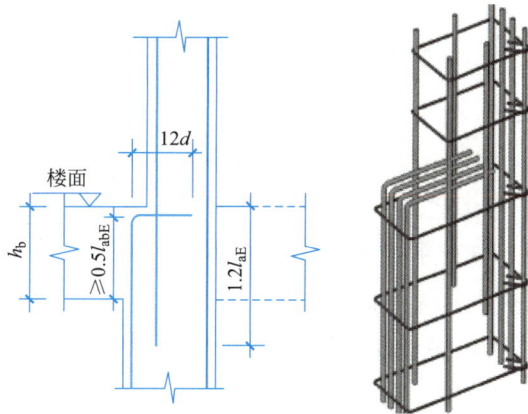 图 3-22　KZ 柱变截面位置纵向钢筋构造(三)
角柱、边柱的上柱一侧缩进,当 Δ/h_b>1/6 时: 1. 偏移一侧柱纵筋都应截断锚固。 2. 下层柱纵筋伸到梁顶后向柱内侧弯锚,偏移一侧柱纵筋外侧算起 l_{aE}。 3. 上层柱纵筋向下柱延伸长度为从楼面开始向下延伸 $1.2l_{aE}$(图 3-23)。	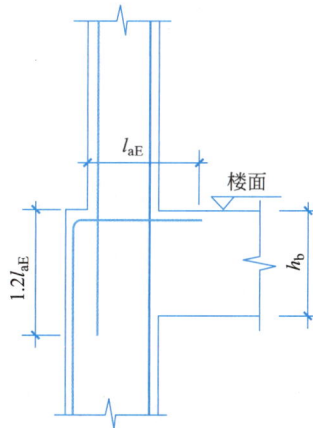 图 3-23　KZ 柱变截面位置纵向钢筋构造(四)

KZ 变截面构造	节点构造图
中柱的上柱一侧缩进，当 Δ/h_b $\leqslant 1/6$ 时： 1. 缩进一侧的下柱纵筋略向内侧倾斜通过节点。 2. 没有缩进一侧的下柱纵筋直通入上柱。 3. 右侧梁用虚线表示，其含义是"无论柱右侧是否有梁相连，柱纵筋都按此构造做法"（图 3-24）。	 图 3-24　KZ 柱变截面位置纵向钢筋构造（五）

子任务 3.3.3　框架柱顶纵向钢筋构造

一、柱按位置分：边柱、中柱、角柱（图 3-25）。

在角柱和边柱外侧的钢筋为外侧纵向钢筋（图 3-26），柱顶纵向钢筋在不同位置的构造要求不同。

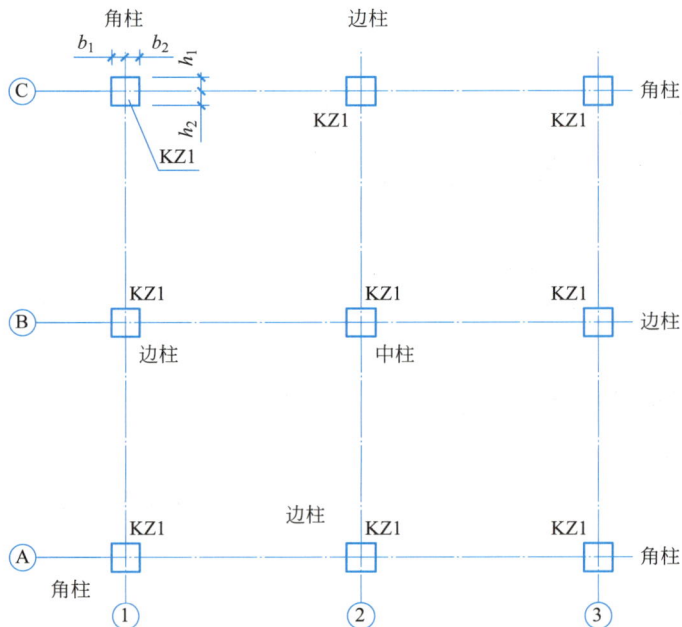

图 3-25　角柱、边柱、中柱平面布置图

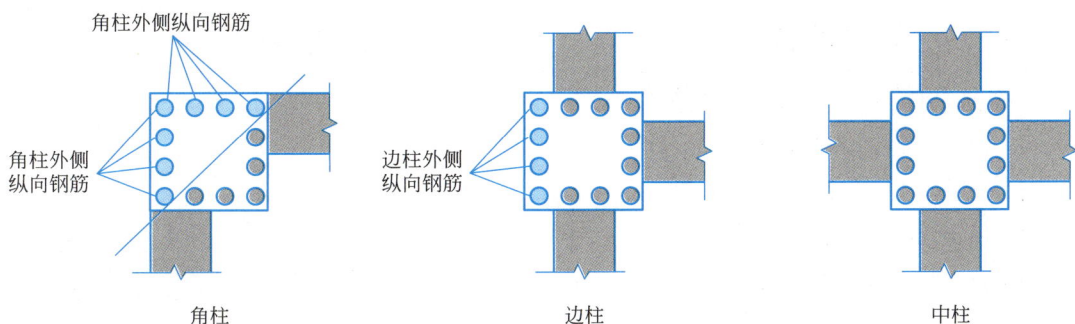

图 3-26　边柱、角柱、中柱外侧钢筋示意图

二、角柱、边柱柱顶构造要求（表 3-10）

角柱、边柱柱顶构造要求　　　　　　　　　　　表 3-10

角柱、边柱柱顶构造要求	节点构造图
1. 梁上部纵筋伸至柱外侧纵筋内侧，弯锚至梁底位置，且弯钩竖向直段长度≥15d。 2. 柱外侧纵筋伸至梁上部纵筋之下与梁上部纵筋搭接。 3. 柱外侧纵筋配筋率≤1.2%时，在一批截断，从梁底算起，锚固长度为≥1.5l_{abE}，超过柱内侧边缘。 4. 柱外侧纵筋配筋率>1.2%时，应分两批截断，长、短两批截断点之间的距离≥20d。 5. 梁宽范围内边柱、角柱柱顶纵筋伸入梁内的柱外侧纵筋不宜少于柱外侧全部纵筋面积 65%。 6. 柱外侧纵筋配筋率＝柱外侧纵筋面积÷柱截面面积（图 3-27）。	 图 3-27　柱外侧纵向钢筋和梁上部纵向钢筋在节点外侧弯折搭接构造

角柱、边柱柱顶构造要求	节点构造图
角部附加钢筋：设置在框架柱顶层端节点处，目的是防止节点内弯折钢筋弯弧下的混凝土局部被压碎，因柱外侧纵向受力钢筋弯弧内半径比其他部位要大。 1. 加强转角部位，防止转角部位混凝土开裂、裂缝。 2. 分布在柱箍筋内侧，在角筋内侧放置 1ϕ10 横向短筋，当有框架边梁通过时，此钢筋可以取消（图 3-28）。	$d \leqslant 25$ $r=6d$ $d > 25$ $r=8d$ 1ϕ10 300 在柱宽范围的柱箍筋内侧设置间距≤150，且不少于3根直径不小于10的角部附加钢筋 节点纵向钢筋弯折要求 （用于柱外侧纵向钢筋及梁上部纵向钢筋） 角部附加钢筋 **图 3-28 节点纵向钢筋弯折及角部附加钢筋要求**

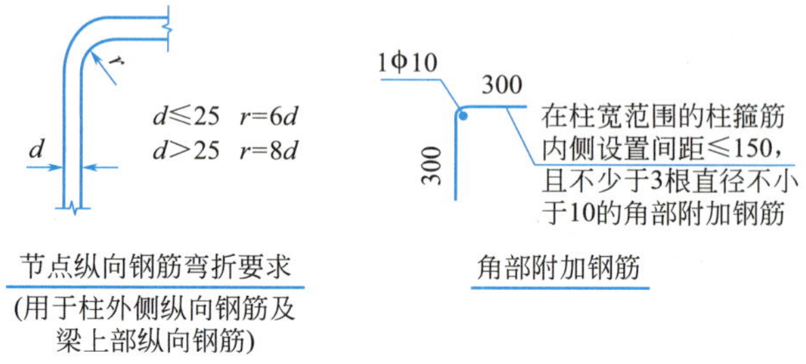

三、中柱柱顶构造要求（表 3-11）

中柱柱顶构造要求　　　　　　　　　　　　　　　　　表 3-11

中柱柱顶构造要求	节点构造图
直锚： 1. 当柱纵筋在梁宽范围内时，柱纵筋从梁底算起向上允许直通高度（直锚长度）$\geqslant l_{aE}$，全部纵筋伸至柱顶直锚（图 3-29a）。 2. 当柱纵筋在梁宽范围外且柱顶板小于 100mm 时，且该梁范围内柱纵筋从梁底算起向上允许直通高度（直锚长度）$< l_{aE}$，则全部纵筋伸至柱顶后向柱内弯折水平长度为 12d（图 3-29b）。 3. 当柱纵筋在梁宽范围外且柱顶板不小于 100mm 时，且柱纵筋从梁底算起向上允许直通高度（直锚长度）$< l_{aE}$，则全部纵筋伸至柱顶后向柱外弯折水平长度为 12d。	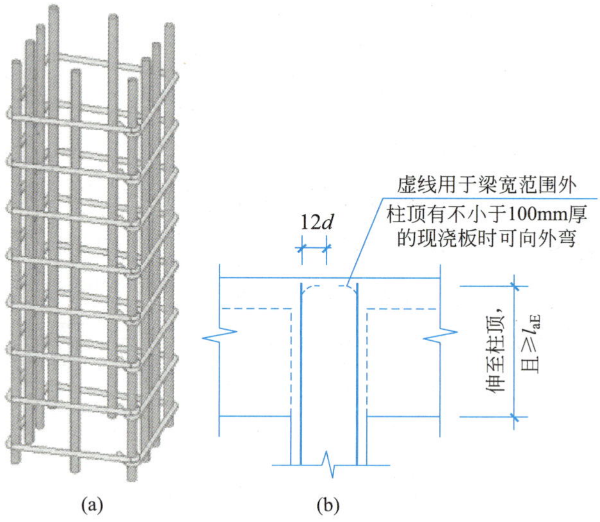 虚线用于梁宽范围外柱顶有不小于100mm厚的现浇板时可向外弯 12d 伸至柱顶，且≥l_{aE} (a)　　　　　(b) **图 3-29 KZ 中柱柱顶纵向钢筋直锚**

续表

中柱柱顶构造要求	节点构造图
弯锚 1： 当柱顶有小于 100mm 厚的现浇板时，全部纵筋伸至柱顶后且满足 $\geq 0.5l_{abE}$，向柱截面内弯锚 $12d$（图 3-30）。 弯锚 2： 当柱顶有不小于 100mm 厚的现浇板时，全部纵筋伸至柱顶后且 $\geq 0.5l_{abE}$，向柱截面外弯锚 $12d$（图 3-31）。	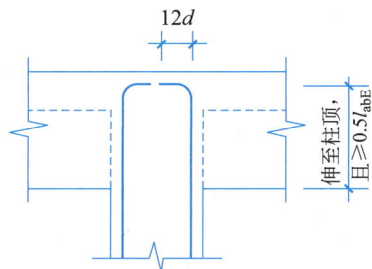 图 3-30　KZ 中柱柱顶纵向钢筋弯锚 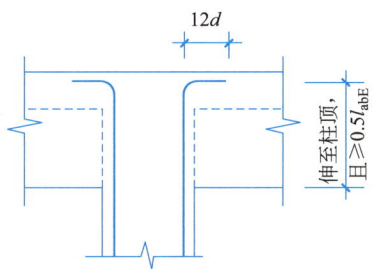 图 3-31　当柱顶有不小于 100mm 厚的现浇板
加锚头（锚板）： 端头机械锚固：全部纵筋伸至柱顶且 $\geq 0.5l_{abE}$，端部加锚头或锚板（图 3-32）。	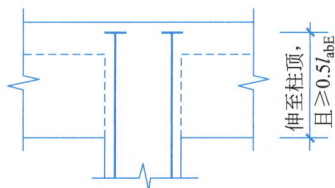 图 3-32　柱纵向钢筋端头加锚头（锚板）

子任务 3.3.4　框架柱箍筋加密区范围

箍筋加密区是对于抗震结构来说的。根据抗震等级的不同，箍筋加密区设置的规定也不同（表 3-12）。

　　加密区是在箍筋加密的范围内，梁柱的剪力比较大，需要加密箍筋。加密区的箍筋密度大即间距小，非加密区的箍筋密度小即间距大。

　　每层钢筋混凝土框架柱的两端都要进行加密。但没必要全段都加密，因此除了加密区以外的部分都称为非加密区。

　　框架柱箍筋加密区范围与柱纵筋非连接区相同。

箍筋加密区设置的规定

表 3-12

构造要求	节点构造图
一般情况柱钢筋加密区范围（图 3-33）： 1. 柱根加密区 ①"嵌固部位"（含底层）楼层，箍筋加密区范围为向上≥$H_n/3$ 范围内。 ②非"嵌固部位"楼层：$H_n/6$，h_c，500 取最大数值。 注：h_c 为柱截面长边尺寸，H_n 为当前楼层柱净高。 2. 柱顶加密区 ①柱节点核心区域（等于 h_b）。 ②梁下区域 $H_n/6$，h_c，500 取最大数值。 柱顶加密区＝①＋② 3. 地下室柱加密区嵌固部位不在基础顶面情况下，地下室部分的柱箍筋加密区范围与中间层柱纵筋加密区相同。	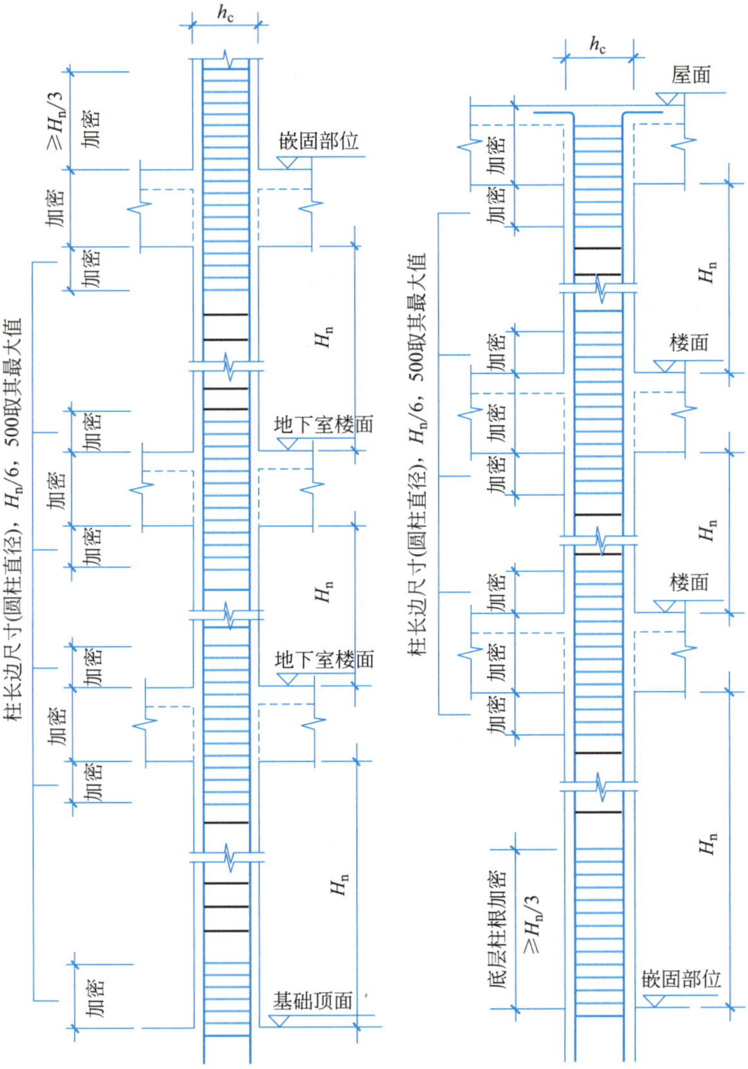 地下室KZ箍筋加密区范围　　　　KZ箍筋加密区范围 <div align="center">图 3-33　框梁柱加密区范围</div>

构造要求	节点构造图
梁上起柱加密区： 1. 从梁顶向上≥$H_n/3$ 范围内（图 3-34）。 2. 梁内设置间距不大于 500mm，且至少两道柱箍筋。	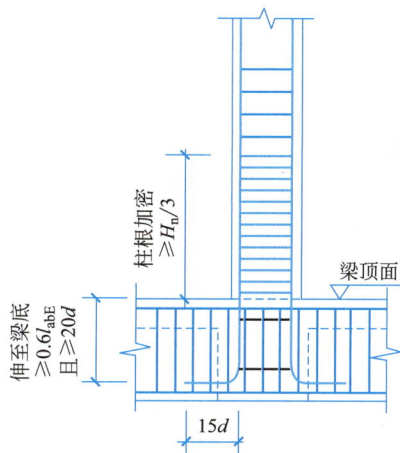 **图 3-34 梁上起柱 KZ 纵筋构造**
剪力墙上起柱加密区： 1. 从墙顶面向上≥$H_n/3$ 范围内（图 3-35）。 2. 墙顶面标高以下锚固范围内的柱箍筋按上柱非加密区箍筋配置。	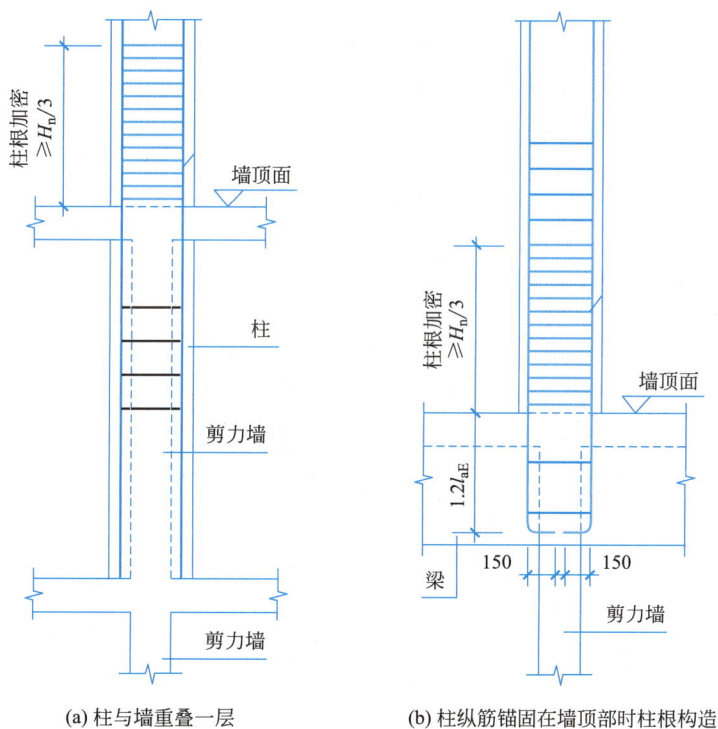 (a) 柱与墙重叠一层　　(b) 柱纵筋锚固在墙顶部时柱根构造 **图 3-35 剪力墙上起柱 KZ 纵筋构造**

构造要求	节点构造图
底层刚性地面加密区：底层刚性地面上下箍筋各加密 500mm（图 3-36）。	 图 3-36　底层刚性地面上下各加密 500mm

识图训练——柱平法施工图识读

一、柱平法施工图知识点思维导图（图 3-37）

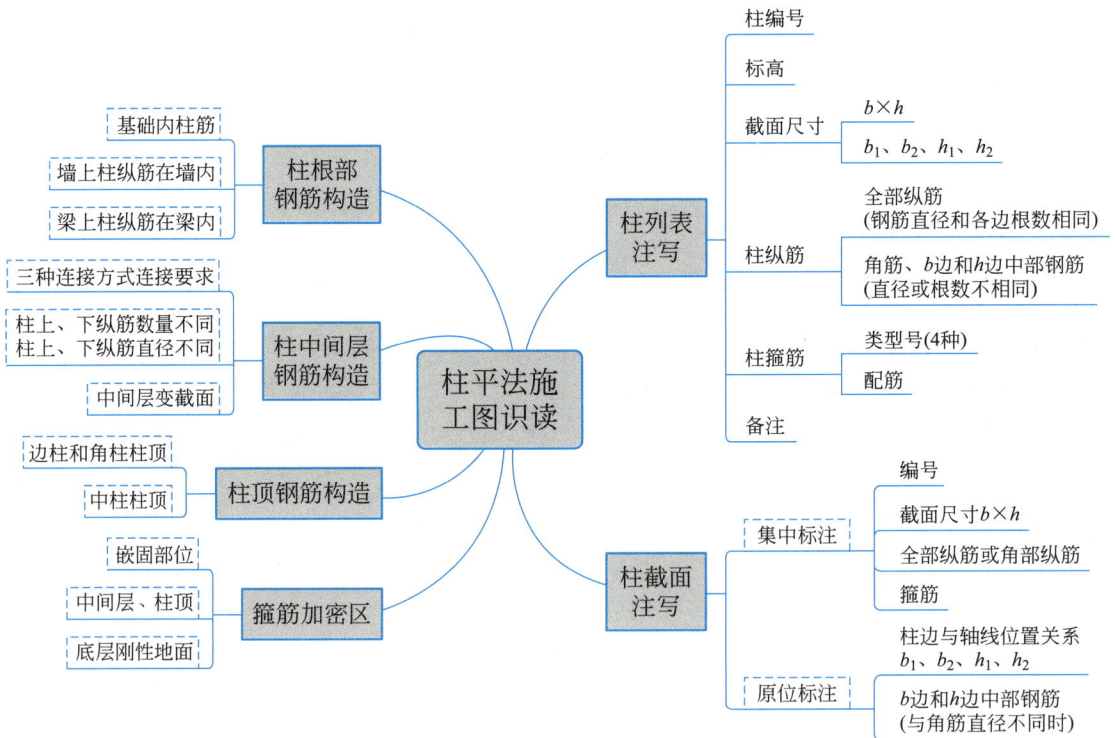

图 3-37　柱平法施工图知识点思维导图

二、柱平法识图技能训练

1. 柱平法施工图注写方式，以下箍筋类型为 1（6×5）的是（　　　）。

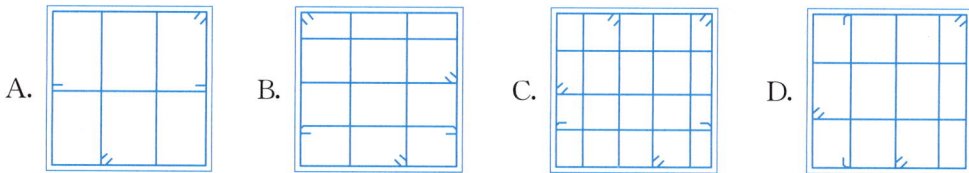

A.　　　　　B.　　　　　C.　　　　　D.

2. 识读下图框架柱截面配筋图，说法错误的是（　　　）。

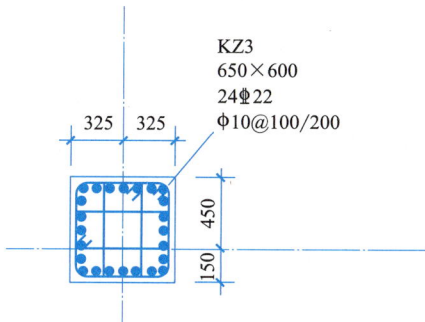

KZ3
650×600
24φ22
Φ10@100/200

325　325

450

150

A. 有 22 根纵筋
B. 箍筋间距为 100mm
C. 箍筋直径是 10mm
D. 纵筋直径 24mm

三、柱平法施工图识图步骤

1. 查看图号、图名和比例。

2. 阅读设计总说明，查阅柱的混凝土等级和其他柱有关的说明。

3. 结构层楼面标高、结构层高和层号。

4. 结合建筑施工图，查看图纸定位轴线、编号和尺寸。

5. 柱施工图平法识读：编号、截面尺寸和配筋情况等。

6. 图纸中其他必要的详图和说明。

四、列表注写方式示例

1. 图 3-38 中，图名为_____。

2. 图 3-38 中，查看结构层楼面标高、结构层高表，该建筑嵌固部位标高为_____。

3. 查看图 3-38，③～④轴的距离为_____，⑥～⑦轴的距离为_____。

4. 查看图 3-38，KZ1 表示_____。

5. 查看图 3-38，KZ1 在 19.470～37.470 标高段对应的楼层为_____，截面尺寸为_____，b 边中部筋一共有_____，h 边中部筋一共有_____。

6. 查看图 3-38，在 −4.530～−0.030 标高段中，KZ1 的纵筋标注在_____处，配筋为_____，绑扎钢筋时每边_____根。

7. 查看图 3-38，芯柱的编号为_____，对应的楼层为_____，箍筋为_____，在_____中设置。

8. 查看图 3-38，箍筋φ 10@ 100/200 表示_____。

9. 查看图 3-38，请用截面注写方式绘制出 KZ1 在 −0.030～19.470 标高段柱截面图。

10. 截面尺寸标注为 650×600，其中 b=_____，h=_____。

11. 查看图 3-38，_____ 层在施工时柱根加密区运用 $\geqslant H_n/3$ 计算。

12. 查看图 3-38，_____ 层的层高为 4.200m。

13. 查看图 3-38，该建筑有 _____ 层地下室。

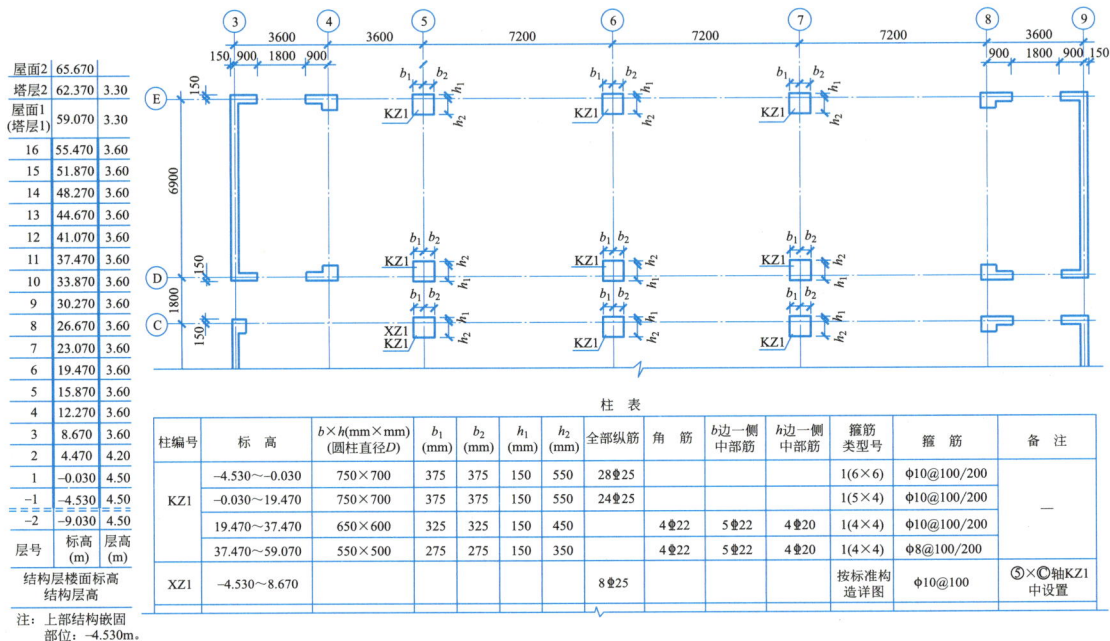

图 3-38 　-4.530~59.070 柱平法施工图（局部）

五、截面注写方式图例（图 3-39）

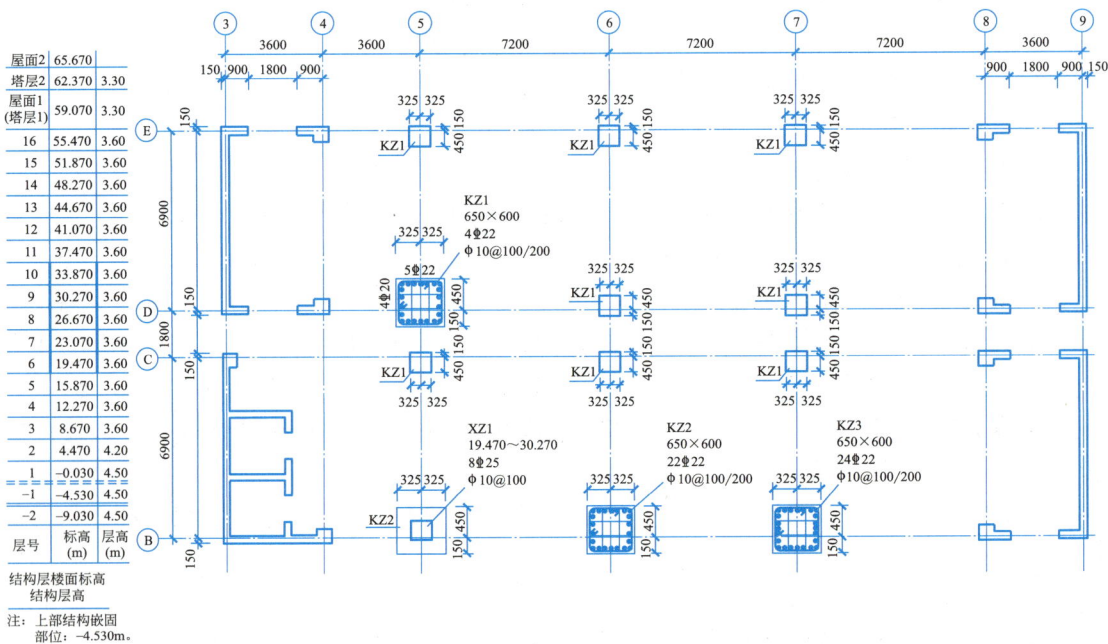

图 3-39 　19.470~37.470 柱平法施工图（局部）

080

识图训练：图 3-39 所示柱平法施工图，请识读图中所有柱的信息。

柱平法识图工作页

姓名		学号		日期					成绩		
柱编号	标高	$b×h$	b_1	b_2	h_1	h_2	全部纵筋	角筋	b 边一侧中部筋	h 边一侧中部筋	箍筋类型号	箍筋	备注

柱钢筋三维图绘制训练

请识读图 3-39 中 KZ1 信息，使用计算机辅助软件（CAD 或 Revit）进行柱钢筋模型绘制。

评价总结

班级：_____　　　小组：_____　　　姓名：_____

评价项目	评价标准	评价依据	分值	自我评价	小组互评	教师评价
岗位核心素质（40%）	具有安全施工意识	具有安全第一的意识	10			
	具有良好的工作质量	完成任务时有严谨的工作态度，按规范绘图和验收，正确率高	10			
	具有爱岗敬业的精神	在完成岗位任务时有责任心，无迟到早退现象	10			
	具有合作精神	与成员间合作互助，沟通协调能力好	10			
专业能力（60%）	柱的类别和柱钢筋类型	能正确分辨柱的类型和钢筋类别	5			
	柱集中标注的识读规则	能快速正确识读柱的集中标注	5			
	柱原位标注的识读规则	能快速正确识读柱的原位标注	5			
	柱的标注构造详图	能快速正确识读柱构造详图	5			
	柱施工图纸识读练习	柱平法施工图识读正确率达到 90%	20			
	柱钢筋模型绘制	能绘制三维钢筋模型	20			

总分：

板平法施工图识读

学习目标

知识目标

1. 了解钢筋混凝土板的基本知识。
2. 掌握板的平法制图规则。
3. 熟悉板的标准钢筋构造详图。

能力目标

1. 能正确运用板平法制图规则，准确识读板的高差、厚度和配筋信息。
2. 熟练识读板平法施工图中板的钢筋种类和钢筋构造详图。

素质目标

1. 培养学生的终身学习意识。
2. 培养学生仔细、主动的工作态度。

课程思政要点

思政元素	思政切入点	思政目标
担当意识	精选工程事故案例"8·13凤凰县江大桥垮塌事故"，帮助学生认识规范识图、按图施工的重要性。	引导学生树立担当意识。
规范意识		培养学生规范和严谨认真的工作态度。

学习任务工单

1. 任务描述

小李是某项目的施工技术员，今天他的工作是要看懂板的平法施工图，并按照图纸现场检查板钢筋的选用，施工放置的位置、钢筋长度和根数等是否正确。

本任务要求学生能识读板结构平法施工图，进行板钢筋绑扎和质量验收。本任务知识与技能要求有：

任务内容	板平法施工图识读	学习程度		
		识记	理解	应用
学习任务	板的类别和板中钢筋	★		
	板集中标注的识读规则		★	
	板原位标注的识读规则		★	
	板的标注构造详图		★	

续表

任务内容	板平法施工图识读	学习程度		
		识记	理解	应用
实训任务	板施工图纸识读练习			★
	板钢筋绑扎			★
	板钢筋验收			★
自我勉励				

2. 寻找队友

以 3~5 人为一组，选出组长并进行任务分工，将小组成员及分工情况填入表中。

班级		组号		指导老师	
姓名		学号		任务分工	
组长					
组员					

3. 小组作业

引导问题 1：板是指_____方向的平面承重构件，是结构不可缺少的构件之一。它承受板面的_____和_____，并将荷载传递到_____，是典型的受_____构件。

引导问题 2：钢筋混凝土板按建筑功能和建筑构件名词可分为_____、_____、_____。

引导问题 3：板的钢筋主要种类有_____、_____、_____。

引导问题 4：有梁楼盖的制图规则适用于以_____为支座的楼面与屋面板平法施工图设计。有梁楼盖平法施工图，系在楼面板和屋面板布置图上，采用_____的表达方式。板平面注写主要包括_____和_____。

引导问题 5：为方便设计表达和施工识图，规定结构平面的坐标方向为：当两向轴网正交布置时，图面从左至右为_____向，从下至上为 y 向；当轴网转折时，局部坐标方向顺轴网转折角度作相应转折；当轴网向心布置时，切向为_____向，径向为_____向。此外，对于平面布置比较复杂的区域，如轴网转折交界区域、向心布置的核心区域等，其平面坐标方向应由设计者另行规定并在图上明确表示。

引导问题 6：同一编号板块的_____、_____和_____均应相同，但板面_____、_____、_____以及板支座上部纵筋可以不同，如同一编号板块的平面形状可为_____、_____及其他形状等。施工预算时，应根据其_____平面形状，分别计算各块板的混凝土与_____。

引导问题 7：板块集中标注的内容：_____、_____、_____、_____以及当板面标高不同时的_____。

引导问题 8：对于普通楼面，两向均以一跨为_____板块；对于密肋楼盖，两向主梁（框架梁）均以一跨为_____板块（非主梁密肋不计）。所有板块应逐一编号，_____编号的板块可择其一作集中标注，其他仅注写置于_____内的板编号，以及当板面标高不同时的标高高差。

引导问题 9：纵筋按板块的下部纵筋和上部贯通纵筋分别注写（当板块上部不设贯通纵筋时则_____），并以_____代表下部纵筋，以_____代表上部贯通纵筋，B&T代表_____与_____；x 向纵筋以_____打头，y 向纵筋以_____打头，两向纵筋配置相同时则以_____打头。

引导问题 10：中间支座锚固≥_____，且至少到支座_____。

引导问题 11：板钢筋起步距离是板钢筋间距的_____，板钢筋必须布置到_____边。

引导问题 12：板底钢筋伸入支座长度_____，且至少伸到梁_____，锚固长度＝_____。

引导问题 13：纵筋在端支座应伸至梁支座外侧纵筋内侧后弯折_____，当平直段长度分别≥_____、≥_____时可不弯折。

引导问题 14：梁板式转换层的板中_____、_____按抗震等级取值，设计也可根据实际工程情况另行指定。

任务 4.1 板的类别和板中钢筋

板是指水平方向的平面承重构件，是结构不可缺少的构件之一。它承受板面的恒荷载和活荷载，并将荷载传递到梁或墙，是典型的受弯构件。

子任务 4.1.1 板的分类（图 4-1、图 4-2）

钢筋混凝土板按建筑功能和建筑构件名词可分为：

4-1
板的类型

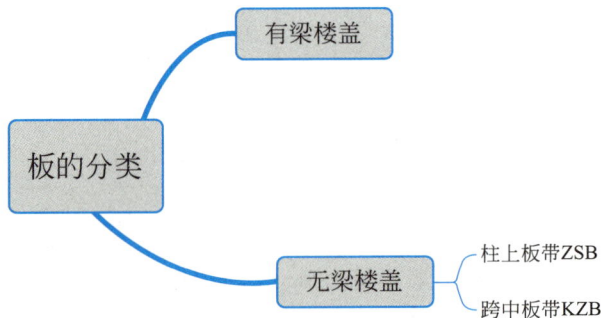

图 4-1　有梁楼盖

图 4-2　无梁楼盖

板按所在位置分类可分为屋面板 WB、楼面板 LB、悬挑板 XB。如图 4-3 所示。

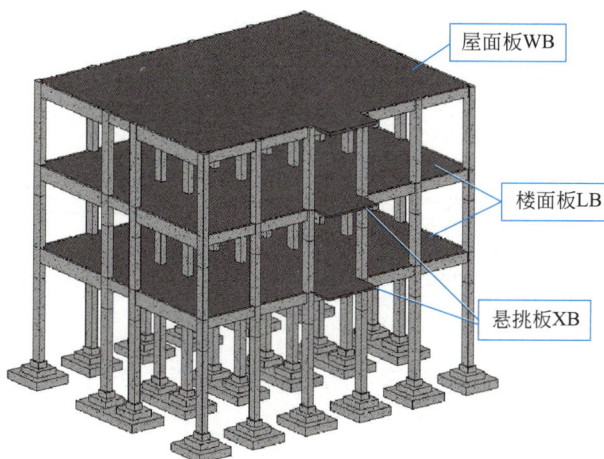

图 4-3　有梁楼盖的板类型

子任务 4.1.2　板中钢筋（图 4-4、图 4-5）

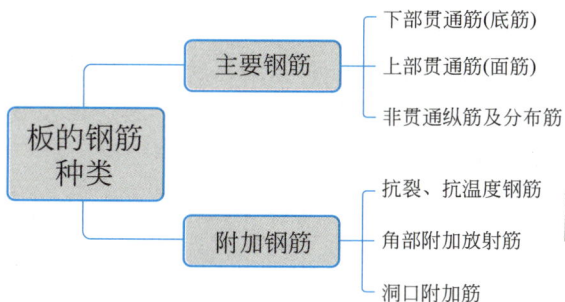

图 4-4　板中钢筋

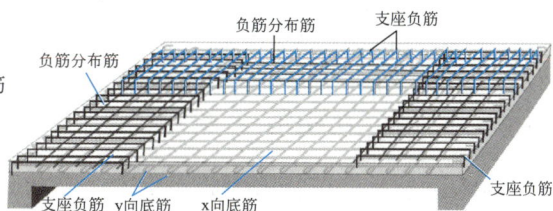

图 4-5　板中钢筋三维图

任务 4.2　有梁楼盖平法施工图制图规则认知

子任务 4.2.1　有梁楼盖平法施工图的表示方法

1. 有梁楼盖的制图规则适用于以梁（墙）为支座的楼面与屋面板平法施工图设计。有梁楼盖平法施工图，系在楼面板和屋面板布置图上，采用平面注写的表达方式。板平面注写主要包括**板块集中标注**和**板支座原位标注**。如图 4-6 所示。

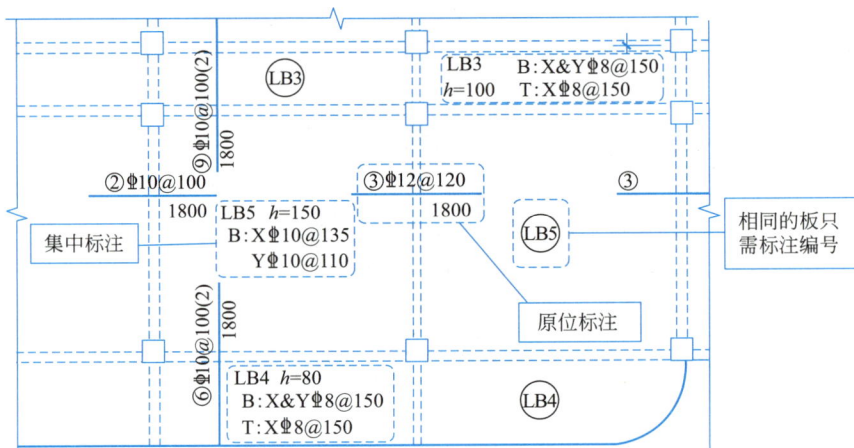

图 4-6　板平面注写

2. 为方便设计表达和施工识图，规定结构平面的坐标方向为：

（1）当两向轴网正交布置时，图面从左至右为 x 向，从下至上为 y 向；

（2）当轴网转折时，局部坐标方向顺轴网转折角度作相应转折；

（3）当轴网向心布置时，切向为 x 向，径向为 y 向。

此外，对于平面布置比较复杂的区域，如轴网转折交界区域、向心布置的核心区域等，其平面坐标方向应由设计者另行规定并在图上明确表示。

3. 同一编号板块的类型、板厚和贯通纵筋均应相同，但板面标高、跨度、平面形状以及板支座上部非贯通纵筋可以不同，如同一编号板块的平面形状可为矩形、多边形及其他形状等。施工预算时，应根据其实际平面形状，分别计算各块板的混凝土与钢材用量。

子任务 4.2.2　板块集中标注

1. 板块集中标注的内容：板块编号、板厚、上部贯通纵筋、下部纵筋以及当板面标高不同时的标高高差。集中标注注写在板中空白处，如图 4-7 所示。

2. 对于普通楼面，两向均以一跨为一板块；对于密肋楼盖，两向主梁（框架梁）均以一跨为一板块（非主梁密肋不计）。所有板块应逐一编号，相同编号的板块可择其一作集中标注，其他仅注写置于圆圈内的板编号，以及当板面标高不同时的标高高差。

板块集中标注内容和规则见表4-1。

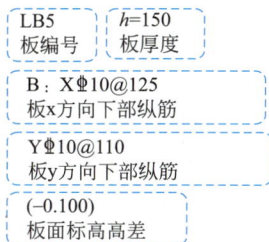

LB5 板编号	h=150 板厚度
B：X⚫10@125 板x方向下部纵筋	
Y⚫10@110 板y方向下部纵筋	
(−0.100) 板面标高高差	

4-2 板块集中标注

图4-7　板块集中标注

板块集中标注内容和规则　　　　　　　　　表4-1

标注内容	板块集中标注制图规则		
板编号	板类型	代号	序号
	楼面板	LB	××
	屋面板	WB	××
	悬挑板	XB	××
	【例4-1】LB1表示第1号楼面板。 【例4-2】WB2表示第2号屋面板。 【例4-3】XB3表示第3号悬挑板。		
截面尺寸	1. 板厚注写为 $h=×××$（为垂直于板面的厚度）。		
	【例4-4】$h=150$ 表示板厚为150mm。		
	2. 当悬挑板的端部改变截面厚度时，用斜线分隔根部与端部的高度值，注写为 $h=×××/×××$。		
	【例4-5】$h=150/100$ 表示悬挑板根部厚度150mm，端部厚度100mm，如图4-8所示。		
	图4-8　例4-5图		
	3. 当设计已在图注中统一注明板厚时，此项可不注。		
	【例4-6】图中有类似的说明："未注明板厚均为100mm"。		

标注内容	板块集中标注制图规则
板纵筋	1. 纵筋按板块的下部纵筋和上部贯通纵筋分别注写（当板块上部不设贯通纵筋时则不注），并以 B 代表下部纵筋，以 T 代表上部贯通纵筋，B&T 代表下部与上部；x 向纵筋以 X 打头，y 向纵筋以 Y 打头，两向纵筋配置相同时则以 X&Y 打头。
	【例 4-7】有一楼面板块注写为：LB5 $h=110$ 　　　　　　　　　B：XΦ12@125；YΦ10@110 表示 5 号楼面板，板厚 110mm，板下部配置的纵筋 x 向为Φ12@125，y 向为Φ10@110；板上部未配置贯通纵筋。
	2. 当纵筋采用两种规格钢筋"隔一布一"方式时，表达为 xx/yy@××，表示直径为 xx 的钢筋和直径为 yy 的钢筋间距相同，两者组合后的实际间距为×××。直径 xx 的钢筋的间距为×××的 2 倍，直径 yy 的钢筋的间距为×××的 2 倍。
	【例 4-8】有一楼面板块注写为：LB5 $h=110$ 　　　　　　　　　B：XΦ10/12@100；YΦ8@120 表示 5 号楼面板，板厚 110mm，板下部配置的纵筋 x 向为Φ10、Φ12 钢筋隔一布一，Φ10 与Φ12 之间间距为 100mm；y 向为Φ8@120；板上部未配置贯通纵筋。
	3. 当为单向板时，分布筋可不必注写，而在图中统一注明。当在某些板内（例如在悬挑板 XB 的下部）配置构造钢筋时，则 x 向以 Xc，y 向以 Yc 打头注写。 当 y 向采用放射配筋时（切向为 x 向，径向为 y 向），设计者应注明配筋间距的定位尺寸。
	【例 4-9】有一悬挑板注写为：XB2 $h=150/100$ 　　　　　　　　　B：Xc&YcΦ8@200 表示 2 号悬挑板，板根部厚 150mm，端部厚 100mm，板下部配置构造钢筋双向均为Φ8@200（上部受力钢筋见板支座原位标注）。

子任务 4.2.3　板支座原位标注

板支座原位标注的内容：**板支座上部非贯通纵筋和悬挑板上部受力钢筋。**

板支座原位标注内容和规则见表 4-2。

板支座原位标注内容和规则　　　　　　　　　　表 4-2

标注内容	板支座原位标注制图规则
板支座上部非贯通纵筋	1. 板支座原位标注的钢筋,应在配置相同跨的第一跨表达(当在梁悬挑部位单独配置时则在原位表达)。在配置相同跨的第一跨(或梁悬挑部位),垂直于板支座(梁或墙)绘制一段适宜长度的中粗实线(当该筋通长设置在悬挑板或短跨板上部时,实线段应画至对边或贯通短跨),以该线段代表支座上部非贯通纵筋,并在线段上方注写钢筋编号(如①、②等)、配筋值、横向连续布置的跨数(注写在括号内,当为一跨时可不注),以及是否横向布置到梁的悬挑端。 【例 4-10】(××)为连续布置的跨数,(××A)为连续布置的跨数及一端的悬挑梁部位,(××B)为连续布置的跨数及两端的悬挑梁部位。图 4-9 中⑨号非贯通筋"(2)"表示连续布置 2 跨梁范围。  **图 4-9　⑨号钢筋布置范围** 2. 板支座上部非贯通纵筋自支座边线向跨内的伸出长度,注写在线段的下方位置。当中间支座上部非贯通纵筋向支座两侧对称伸出时,可仅在支座一侧线段下方标注伸出长度,另一侧不注。如图 4-10 所示。 3. 当向支座两侧非对称伸出时,应分别在支座两侧线段下方注写伸出长度。如图 4-11 所示。

标注内容	板支座原位标注制图规则
	图 4-10　板支座上部非 贯通纵筋对称伸出　　图 4-11　板支座上部非 贯通纵筋非对称伸出
板支座上部非贯通纵筋	4. 对线段画至对边贯通全跨或贯通全悬挑长度的上部通长纵筋，贯通全跨或伸出至全悬挑一侧的长度值不注，只注明非贯通纵筋另一侧的伸出长度值。如图 4-12 所示。 图 4-12　板支座非贯通纵筋贯通全跨或伸出至悬挑端 5. 当板支座为弧形，支座上部非贯通纵筋呈放射状分布时，设计者应注明配筋间距的度量位置并加注"放射分布"四字，必要时应补绘平面配筋图。如图 4-13 所示。 图 4-13　弧形支座处放射配筋

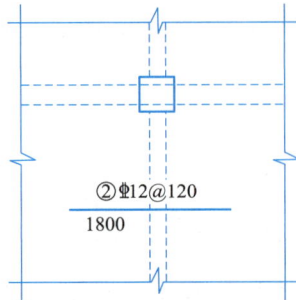

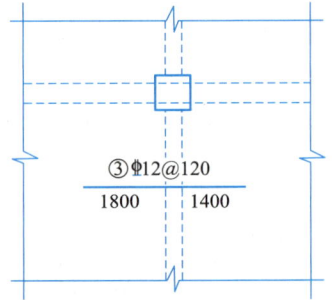

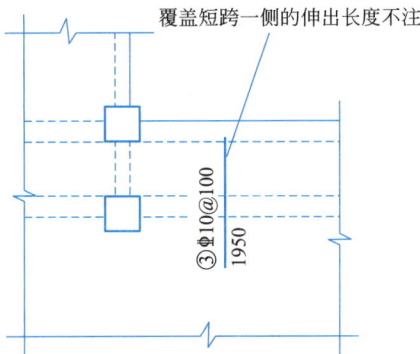

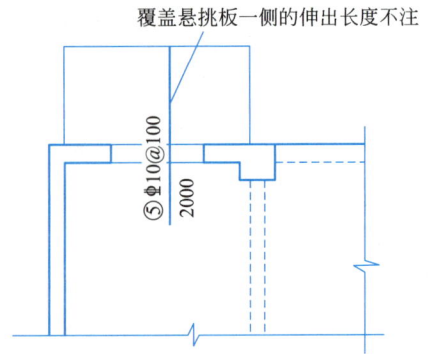

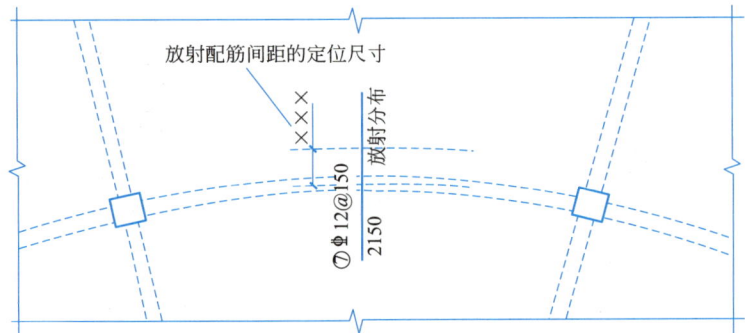

标注内容	板支座原位标注制图规则
悬挑板上部受力钢筋	6. 关于悬挑板的注写方式见图 4-14。 图 4-14 悬挑板支座非贯通纵筋

4-4 板上部钢筋构造

4-5 板下部钢筋构造

任务 4.3 板标准构造详图

子任务 4.3.1 有梁楼盖楼（屋）面板钢筋构造

有梁楼盖楼（屋）面板钢筋构造如图 4-15 所示。

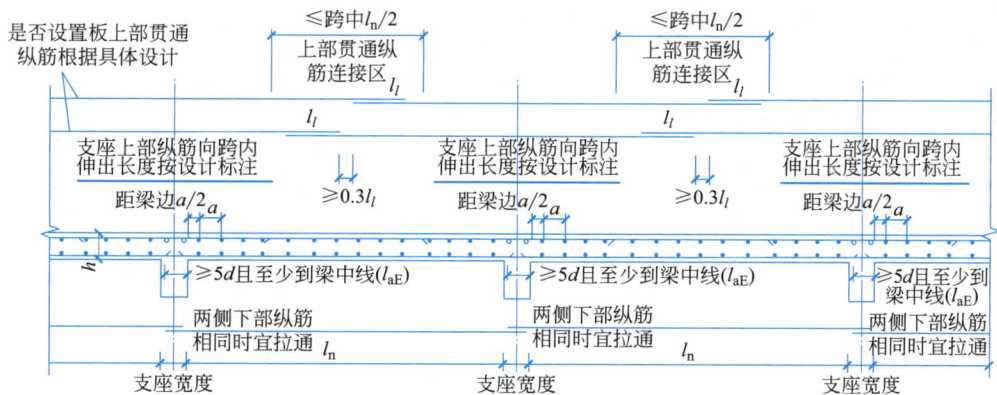

图 4-15 有梁楼盖楼（屋）面板钢筋构造

有梁楼盖楼面板 LB 和屋面板 WB 钢筋构造要点：

（1）板下部贯通纵筋支座内锚固≥5d，且至少到支座中线。连接位置宜在距支座 1/4 净跨内。

（2）板上部贯通纵筋连接位置宜在跨中 1/2 净跨内。

（3）支座负筋自支座边线向板跨内伸出的长度见原位标注，22G101 图集规定无需考虑板内弯折。

（4）纵筋平行于支座边缘放置的起步距离是板钢筋间距的 1/2，板钢筋必须布置到支座边。

（5）当相邻等跨或不等跨的上部贯通纵筋配置不同时，应将配置较大者越过其标注的跨数终点或起点伸出至相邻跨的跨中连接区域连接。

（6）除本图所示搭接外，板纵筋可采用机械连接或焊接。

子任务 4.3.2 板端锚固和纯悬挑板钢筋构造（表 4-3）

板端锚固和纯悬挑板钢筋构造   表 4-3

部位	构造要求	节点构造图
板在端部支座的锚固构造要点	端部支座为梁时普通楼（屋）面板： 1. 板底钢筋伸入支座长度≥5d，且至少伸到梁中线，锚固长度＝max（b/2,5d）。如图 4-16 所示。 2. 梁板式转换层的板中 l_{abE} 按抗震等级四级取值，设计也可根据实际工程情况另行指定。如图 4-17 所示。 3. 图中纵筋在端支座应伸至梁支座外侧纵筋内侧后弯折 15d，当平直段长度分别≥l_a、≥l_{aE} 时可不弯折。图 4-18 所示为钢筋三维图。	设计按铰接时：≥$0.35l_{ab}$ 充分利用钢筋抗拉强度时：≥$0.6l_{ab}$ 外侧梁角筋 15d 在梁角筋内侧弯钩 ≥5d且至少到圈梁中线 **图 4-16 普通楼（屋）面板** 外侧梁角筋 ≥$0.6l_{abE}$ 15d 15d 在梁角筋内侧弯钩 ≥$0.6l_{abE}$ **图 4-17 梁板式转换层的楼面板** **图 4-18 端部支座为梁钢筋三维图**

续表

部位	构造要求	节点构造图
板在端部支座的锚固构造要点	端部支座为剪力墙 （1）板下部纵筋伸入支座长度$\geq 5d$，且至少到梁中线，当板为转换层的板时，直锚长度需满足$\geq l_{aE}$。 （2）上部纵筋直锚长度不够时，可伸至支座内长度$\geq 0.4l_{abE}$，再弯折$15d$，如图 4-19 所示。	 （括号内的数值用于梁板式转换层的板。当板下部纵筋直锚长度不足时，可弯锚） **图 4-19　端部支座为剪力墙中间层**
悬挑板钢筋构造	1. 悬挑板上部受拉，受力钢筋配置在上部，下部配置构造钢筋。 2. 悬挑板下部钢筋伸入支座锚固长度大于等于$12d$且超过梁中线。另一端伸至悬挑尽头弯折。 3. 纵筋平行于支座边缘放置的起步距离是板钢筋间距的 1/2（图 4-20）。	 **图 4-20　悬挑板钢筋构造图**

识图训练——板平法施工图识读

一、板平法施工图知识点思维导图（图 4-21）

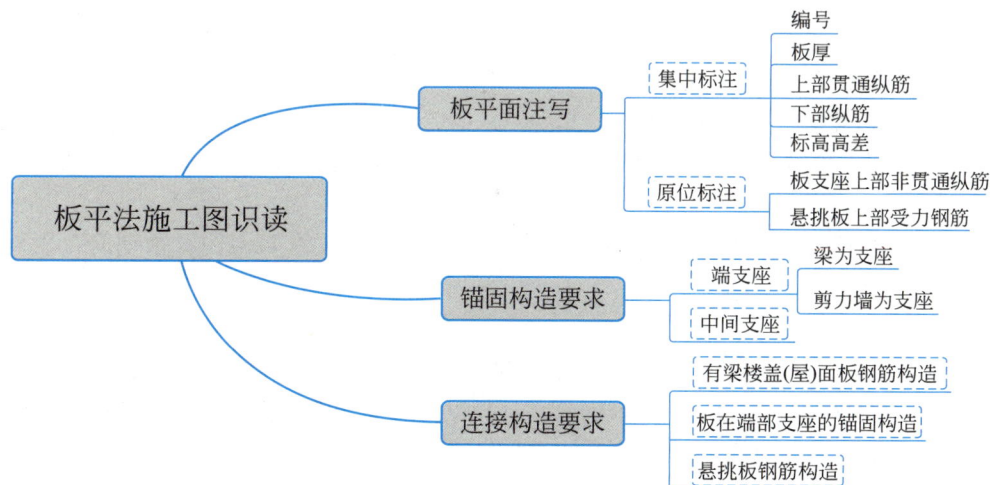

图 4-21　板平法施工图知识点思维导图

二、板平法施工图识图步骤

1. 查看图号、图名和比例。

2. 阅读设计总说明，查阅板的混凝土强度等级和其他板有关的说明。

3. 结构层楼面标高、结构层高和层号。

4. 结合建筑施工图，查看图纸定位轴线、编号和尺寸。

5. 板施工图平法识读：编号、板厚和配筋情况等。

6. 图纸中其他必要的详图和说明。

三、板平面注写方式图例（图 4-22）

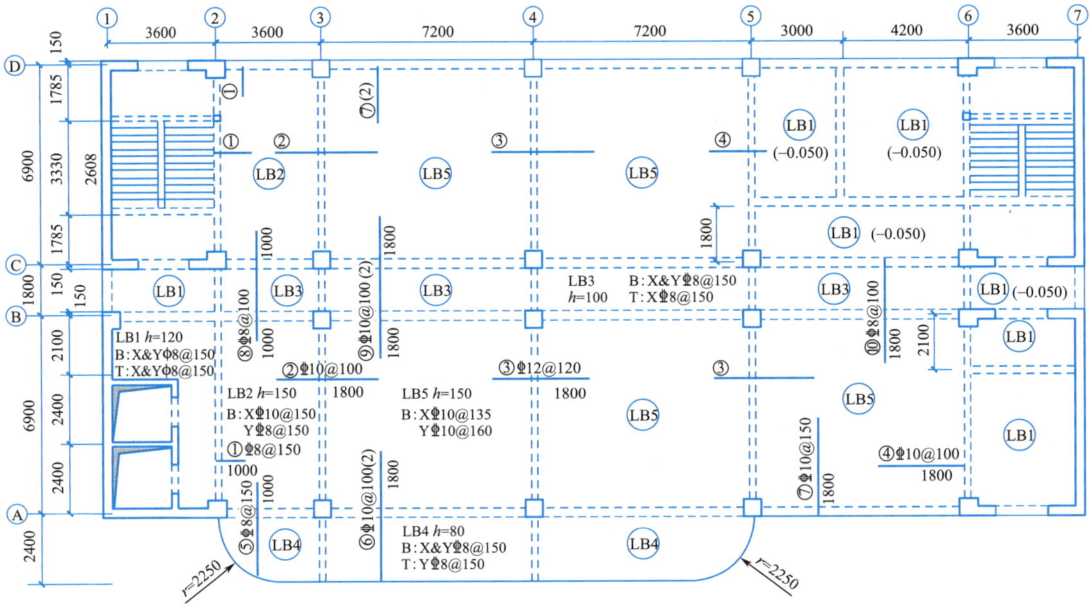

图 4-22 板平法施工图示意

15.870～26.670 板平法施工图
注：未说明分布筋为 Φ8@250。

【例】识读：

集中标注：

LB3：楼面板 3 号；

h=100：板厚为 100mm。

B：X&Y Φ8@150：板下部纵筋 x 向和 y 向配置直径为 8mm 的 HRB400 级钢筋，钢筋间距 150mm。

T：X Φ8@150：板上部贯通纵筋 x 向配置直径为 8mm 的 HRB400 级钢筋，钢筋间距 150mm。

原位标注：

② Φ10@100（下标数字 1800）：2 号上部非贯通纵筋，沿③交Ⓐ～Ⓑ轴的梁每 100mm 布置一根直径为 10mm 的 HRB400 级钢筋，其长度自支座边线向左右两侧均伸出 1800mm。

⑥ Φ10@100（2）（下标数字 1800）：6 号上部非贯通纵筋，沿Ⓐ交③～⑤轴的梁每 100mm 布置一根直径为 10mm 的 HRB400 级钢筋，其一端伸至悬挑尽头锚固，一端从Ⓐ交③～⑤轴的梁支座边向 LB5 伸至 1800mm。

四、识图训练

图 4-22 所示板平法施工图，采用 C25 混凝土，请以土建施工技术员身份识读图中所有板。

姓名		学号		日期		成绩	

| 1 板编号 | 2 材料 | | 3 截面尺寸 | 4 位置 | 5 贯通纵筋配筋 | | 6 非贯通纵筋 | | | | 7 备注 |
	混凝土	板上部贯通纵筋	板下部贯通纵筋	板厚	板面标高（m）	板上部贯通纵筋	板下部贯通纵筋	上边	下边	左边	右边	其他钢筋
LB1												
LB2												
LB3												
LB4												
LB5												

板钢筋绑扎和质量验收训练

4-6
板钢筋
绑扎示范

（一）请识读图 4-22 中⑤～⑥轴间 LB1，进行板贯通钢筋绑扎。

☆板钢筋施工步骤：

1. 模板安装→2. 钢筋绑扎→3. 检查验收→4. 混凝土浇筑与振捣→5. 模板拆除

（二）板钢筋质量验收表

鉴定日期：　　　年　　月　　日

序号	测定项目		允许偏差（mm）	评分标准	标准分	检测点			得分
						1	2	3	
1	纵向受力钢筋	纵筋的摆放位置和数量		每错误 1 处扣 5 分	30				
		纵筋间距	±10	每超出 1 处扣 3 分	10				
		上下排间距	±10	每超出 1 处扣 3 分	10				
		相互垂直度		每超出 1 处扣 3 分	10				
2	模板安装			不合规范视操作质量酌情扣分，截面尺寸不对不得分	10				
3	工艺操作符合规范			不合规范视操作质量酌情扣分，要求操作方法、程序正确，全错无分，局部错 1 处扣 2 分，扣完为止（如扎丝的绑扎）	10				
4	安全技术交底			没有安全技术交底或者有事故不得分	10				
5	工完场清			工完场不清不得分	5				
6	整体观感			查看整体感觉酌情扣分	5				
					100	总分			

验收人员签名：

评价总结

班级：_____　　小组：_____　　姓名：_____

评价项目	评价标准	评价依据	分值	自我评价	小组互评	教师评价
岗位核心素质（40%）	具有安全施工意识	具有安全第一的意识	10			
	具有良好的工作质量	完成任务时有严谨的工作态度，按规范绑扎和验收，正确率高	10			
	具有爱岗敬业的精神	在完成岗位任务时有责任心，无迟到早退现象	10			
	具有合作精神	与成员间合作互助，沟通协调能力好	10			
专业能力（60%）	板的类别和板中钢筋	能正确分辨板的类型和钢筋类别	5			
	板集中标注的识读规则	能快速正确识读板的集中标注	5			
	板原位标注的识读规则	能快速正确识读板的原位标注	5			
	板的标准构造详图	能快速正确识读板构造详图	5			
	板施工图纸识读练习	板平法施工图识读正确率达到90%	15			
	板钢筋绑扎	能熟知钢筋绑扎的步骤并进行钢筋绑扎	10			
	板钢筋验收	会进行钢筋验收和简单问题的处理	15			

总分：

Chapter 05

项目五

基础平法施工图识读

学习目标

知识目标

1. 了解基础的基本知识。
2. 掌握独立基础、条形基础平法施工图的制图规则。
3. 熟悉独立基础、条形基础构件的标准钢筋构造详图。

能力目标

1. 能正确运用 22G101-3 图集中独立基础、条形基础平法施工图制图规则,准确识读独立基础、条形基础平法施工图中包含的信息。
2. 熟练识读独立基础、条形基础平法施工图中的各种钢筋种类和钢筋构造详图。

素质目标

1. 培养学生的规范意识。
2. 培养学生科学严谨的态度,认真细致的工作作风。
3. 培养学生空间思维能力。

课程思政要点

思政元素	思政切入点	思政目标
担当意识	筑基建业,说的是只有打好基础,才能建功立业,说明基础的重要性就如同人的底蕴一样,是非常重要的承重构件。引出我们每个人也要有一定的技能来承担任务。	引导学生树立担当意识。
规范意识	精选工程事故案例,从而帮助学生认识规范识图、按图施工的重要性。	培养学生规范和严谨认真的工作态度。

学习任务工单

1. 任务描述

　　小张是某项目的施工技术员,今天他的工作是要看懂基础的平法施工图,并按照图纸现场检查独立基础钢筋的选用,施工放置的位置、钢筋长度等是否正确。

　　本任务要求学生能识读基础结构平法施工图,进行独立基础钢筋绑扎和质量验收。本任务知识与技能要求有:

任务内容	板平法施工图识读	学习程度		
		识记	理解	应用
学习任务	基础的分类及基础知识	★		
	独立基础的平法识读规则		★	
	独立基础的标准构造详图		★	
	条形基础的平法识读规则		★	
实训任务	独立基础施工图纸识读练习			★
	独立基础钢筋绑扎			★
	独立基础钢筋验收			★
自我勉励				

2. 寻找队友

以 3～5 人为一组，选出组长并进行任务分工，将小组成员及分工情况填入表中。

班级		组号		指导老师	
姓名		学号		任务分工	
组长					
组员					

3. 小组作业

基础的类别和基础中钢筋

（1）基础基本知识

引导问题 1：钢筋混凝土结构常用的五种基础类型有：_____、_____、_____、_____、_____。

引导问题 2：独立基础分为_____独立基础和_____独立基础。

引导问题 3：条形基础包括_____、_____类型。

引导问题 4：梁板式条形基础的组成有：_____、_____。

引导问题 5：筏形基础分为_____和_____。

引导问题 6：桩基础由_____和_____组成，常见的独立承台有：_____、_____、_____。

（2）独立基础平法施工图制图规则

引导问题7：独立基础平法施工图表达方式分为_____注写方式、_____注写方式和_____注写方式。

引导问题8：独立基础的平面注写方式分为_____和_____。

引导问题9：普通独立基础和杯口独立基础的集中标注是：_____、_____、_____。

引导问题10：DJj05、DJz03分别表示_____、_____。

引导问题11：DJj09 400/400/300表示_____。

引导问题12：B：Xϕ16@150表示_____，Yϕ16@200表示_____

引导问题13：T：9ϕ18@100/ϕ10@200表示_____。

引导问题14：基础标注中DJj1和DJj2独立基础的集中标注"－1.500"表示_____。

引导问题15：双柱独立基础或者四柱独立基础设置的基础梁集中标注的内容有：JL01(1B)600×900表示_____；ϕ10@100(4)表示_____；B：4ϕ25；T：4ϕ20表示_____；G6ϕ16表示_____。

引导问题16：当四柱独立基础已设置两道平行的基础梁时，根据内力需要可在双梁之间及梁的长度范围内配置基础底板顶部钢筋，T：ϕ16@120/ϕ10@200表示_____。

（3）独立基础钢筋构造

引导问题17：单柱独立基础，通常仅配置_____，底板钢筋长向_____，短向_____。

引导问题18：当独立基础底板长度_____时，除_____外，底板配筋长度可取相应方向底板长度的_____倍。

引导问题19：当非对称独立基础底板长度_____时，当<1250mm时，_____。

任务 5.1　基础的基本知识

基础是指建筑物地面以下的承重结构，是建筑物的墙或柱子在地下的扩大部分，其作用是承受建筑物上部结构传下来的荷载，并把它们连同自重一起传给地基。

子任务 5.1.1　基础的分类

钢筋混凝土结构常用的基础形式有：独立基础、条形基础、筏形基础（包括梁板式筏形基础、平板式筏形基础）和桩基础（图5-1）。

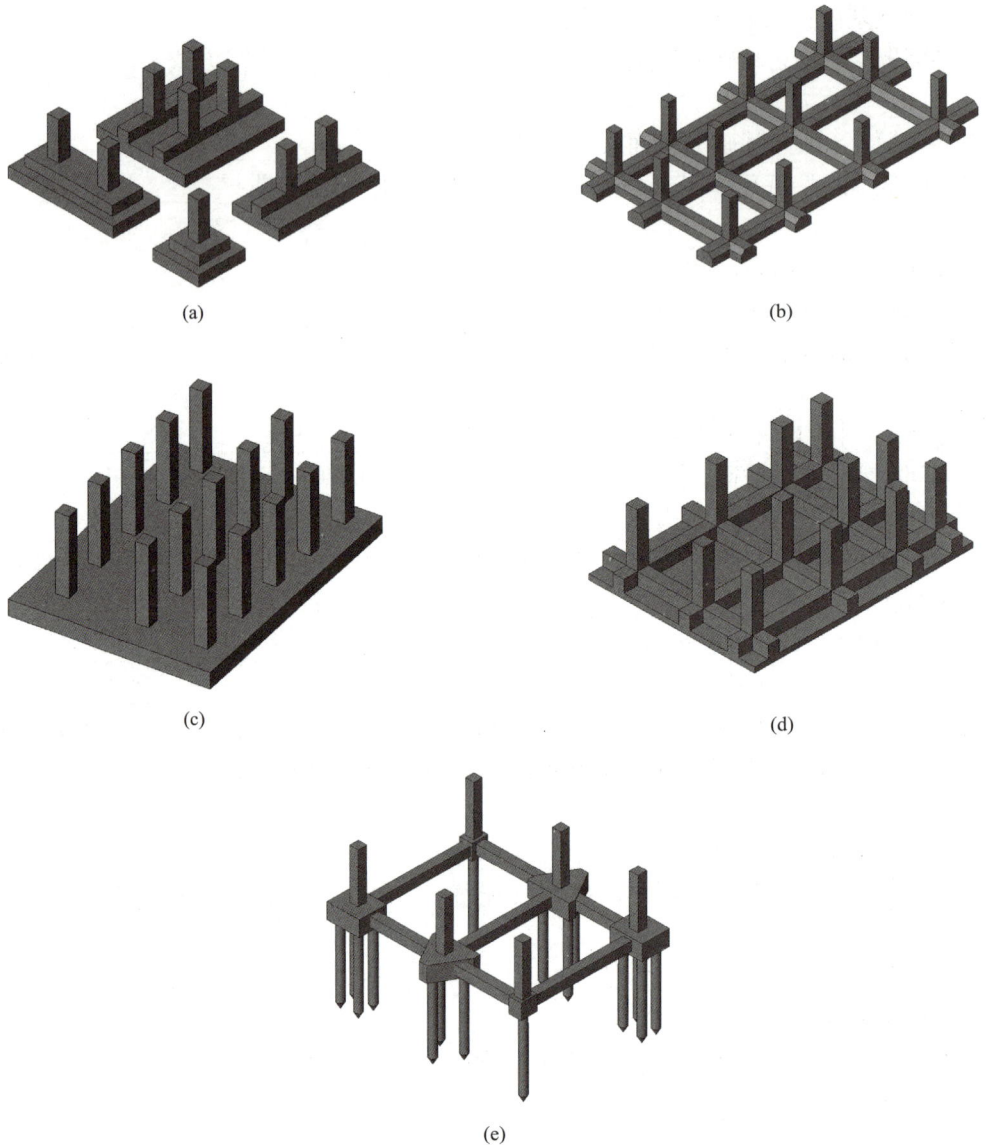

(a)

(b)

(c)

(d)

(e)

图 5-1　基础类型三维图

（a）独立基础；（b）条形基础；（c）平板式筏形基础；（d）梁板式筏形基础；（e）桩基础

子任务 5.1.2　独立基础

　　当建筑物上部结构采用框架结构或单层排架结构承重时，常采用正方形、矩形等形式的独立式基础，这种基础称为独立基础。

　　独立基础的类型分为普通独立基础和杯口独立基础，其基础底板的截面形式分为阶形和锥形。普通独立基础由若干级台阶组成，杯口独立基础由台阶和杯口组成。独立基础的类型与组成见表 5-1。

独立基础的类型与组成　　　　　　　　表 5-1

独立基础类型	基础底板截面形式	截面示意图	三维图
普通独立基础	阶形	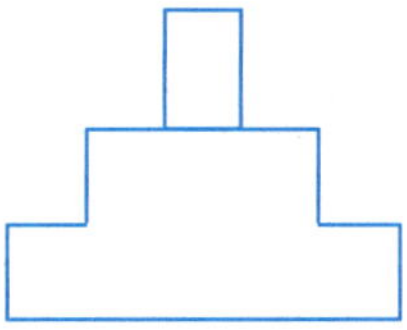	
	锥形	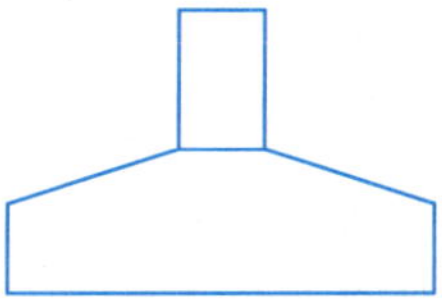	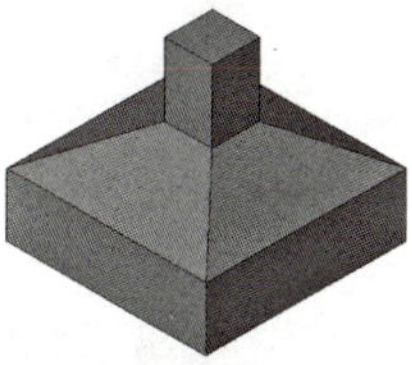
杯口独立基础	阶形	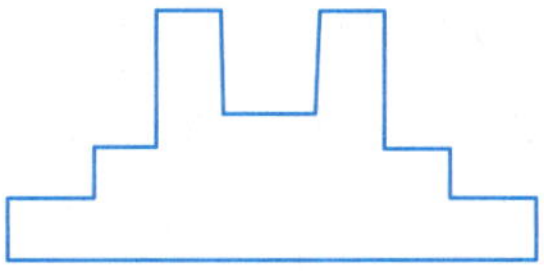	
	锥形	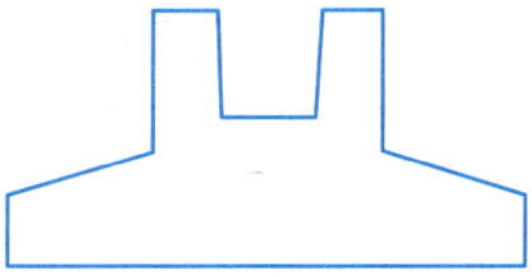	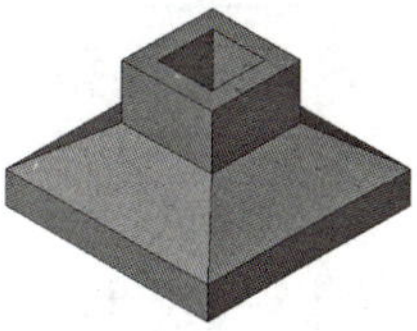

子任务 5.1.3　条形基础

　　当建筑物上部结构采用墙体或密集的柱子承重时，常采用基础长度比基础宽度大 10 倍及以上的长条形基础，称为条形基础。条形基础整体上可分为梁板式条形基础和板式（无梁式）条形基础两类。梁板式条形基础由基础梁和基础底板组成，基础底板的截面形式分为阶形和坡形。梁板式条形基础的组成见表 5-2。

梁板式条形基础的组成　　　　　　　　表 5-2

条形基础类型	基础底板截面形式	截面示意图	三维图
梁板式条形基础	阶形	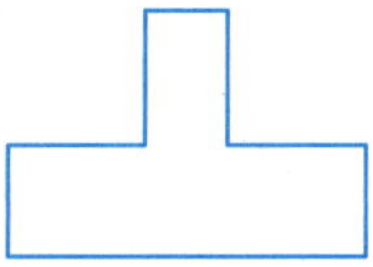	

续表

条形基础类型	基础底板截面形式	截面示意图	三维图
梁板式 条形基础	坡形	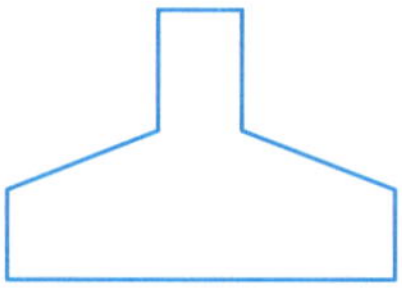	

子任务 5.1.4　筏形基础

筏形基础亦称为筏板基础或片筏基础。当建筑物上部荷载较大而地基承载力较弱时，采用简单的独立基础或者条形基础不能适应地基变形的需要，通常将墙或柱下的基础连成一片，使整个建筑物的荷载作用在一块整板上，这种满堂式的基础称为筏形基础。

筏形基础分为梁板式筏形基础和平板式（无梁式）筏形基础。梁板式筏形基础由基础主梁（柱下梁）、基础次梁和基础平板组成，平板式筏形基础由柱下板带、跨中板带或由普通基础平板组成。筏形基础的类型与组成见表5-3。

筏形基础的类型与组成　　　　表 5-3

筏形基础类型	截面示意图	三维图
梁板式筏形 基础	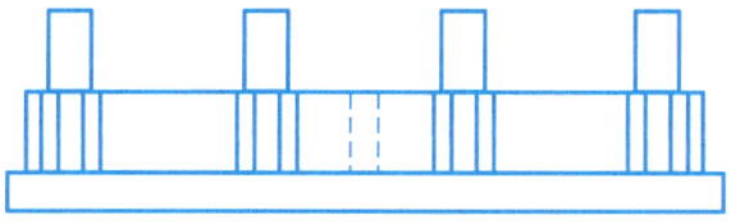	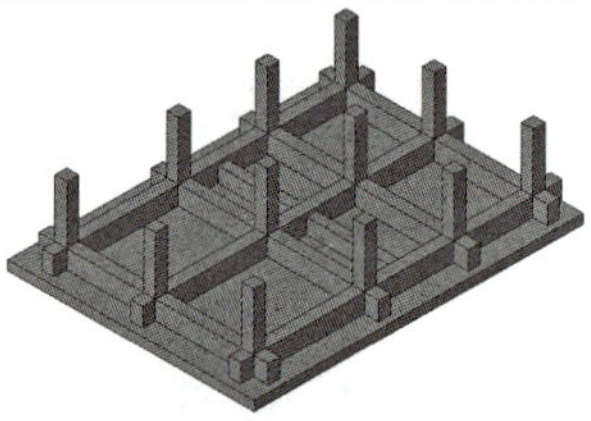
平板式筏形 基础	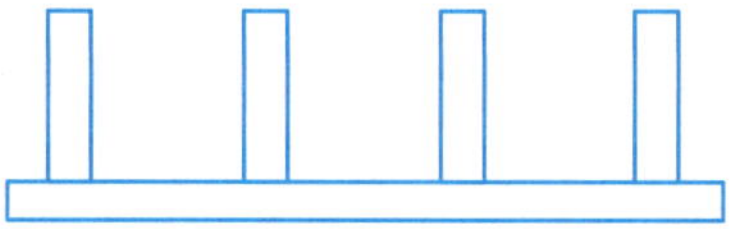	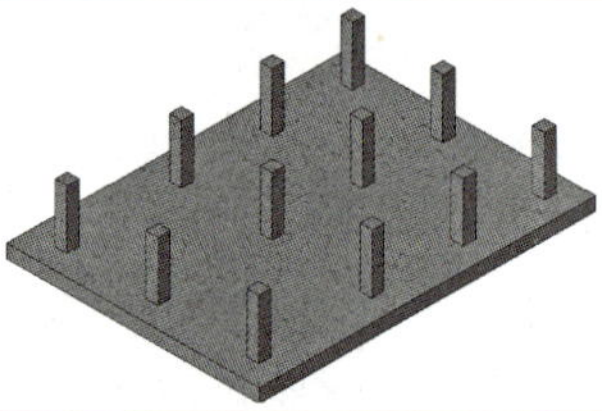

子任务 5.1.5　桩基础

当建筑物上部荷载较大而地基上部土层较弱，适宜的地基持力层位置较深，浅基础不能满足承载力要求时，常采用桩基础。

桩基础由桩身和连接于桩顶的桩基承台组成，桩基承台分为独立承台和承台梁，其中独立承台的截面形式分为阶形和锥形。工程中常用的独立承台为单阶正方形、单阶矩形与三角形承台。工程中常用的独立承台桩基础见表5-4。

独立承台桩基础的类型与组成　　　　　　　表 5-4

独立承台桩基础类型	截面示意图	三维图
单阶正方形 独立承台桩基础	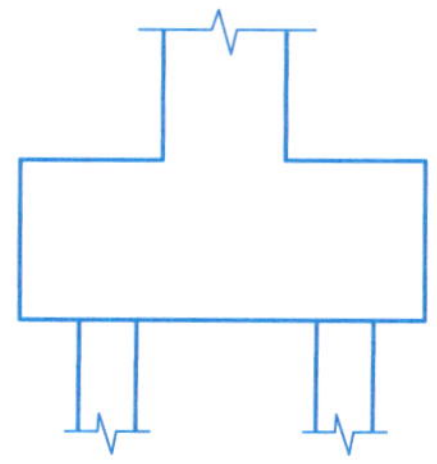	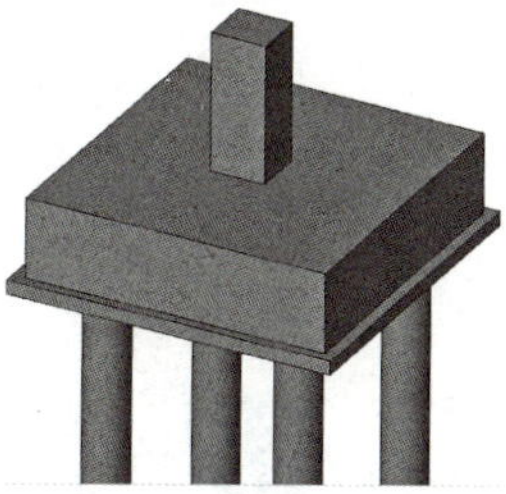
单阶矩形 独立承台桩基础	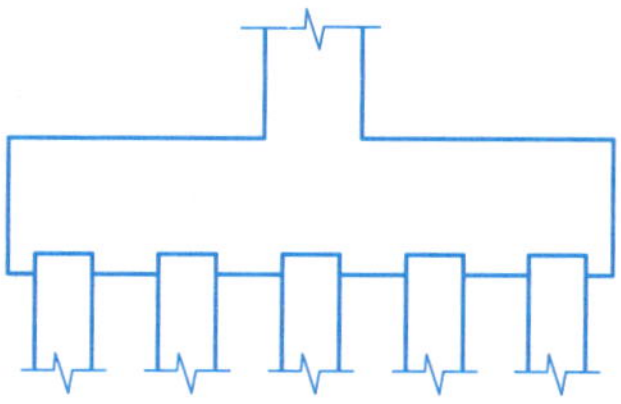	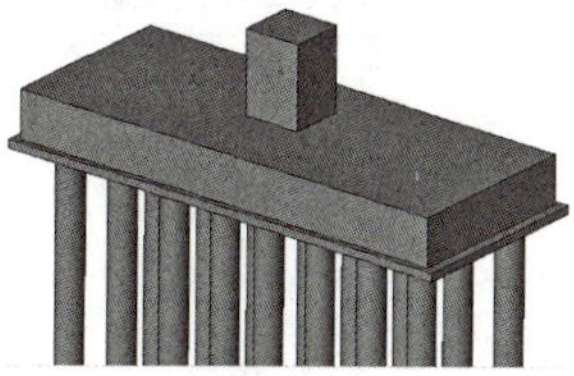
单阶等边三桩 独立承台桩基础	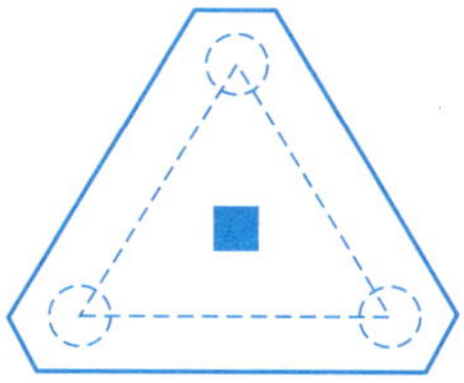	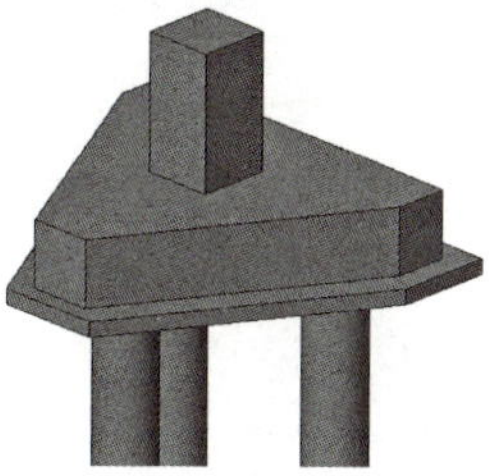

任务 5.2　独立基础平法施工图规则认知

子任务 5.2.1　独立基础平法施工图的表示方法

1. 独立基础平法施工图，有**平面注写**、**截面注写**和**列表注写**三种表达方式，设计者可根据具体工程情况选择一种，或将两种方式相结合进行独立基础的施工图设计。平面注写方式在实际工程中应用比较广，本教材重点介绍平面注写方式（图 5-2）。

2. 独立基础的平面注写方式主要是在独立基础平面布置图上表示基础尺寸信息及配筋信息的一种绘图方法。独立基础平面布置图一般将独立基础平面与基础所支承的柱一起绘制。当设置基础联系梁时，可根据图面的疏密情况，将基础联系梁与基础平面布置图一起绘制，或将基础联系梁布置图单独绘制。

3. 在独立基础平面布置图上应标注基础定位尺寸；当独立基础的柱中心线或杯口中心线与建筑轴线不重合时，应标注其定位尺寸。编号相同且定位尺寸相同的基础，可仅选择一个进行标注。

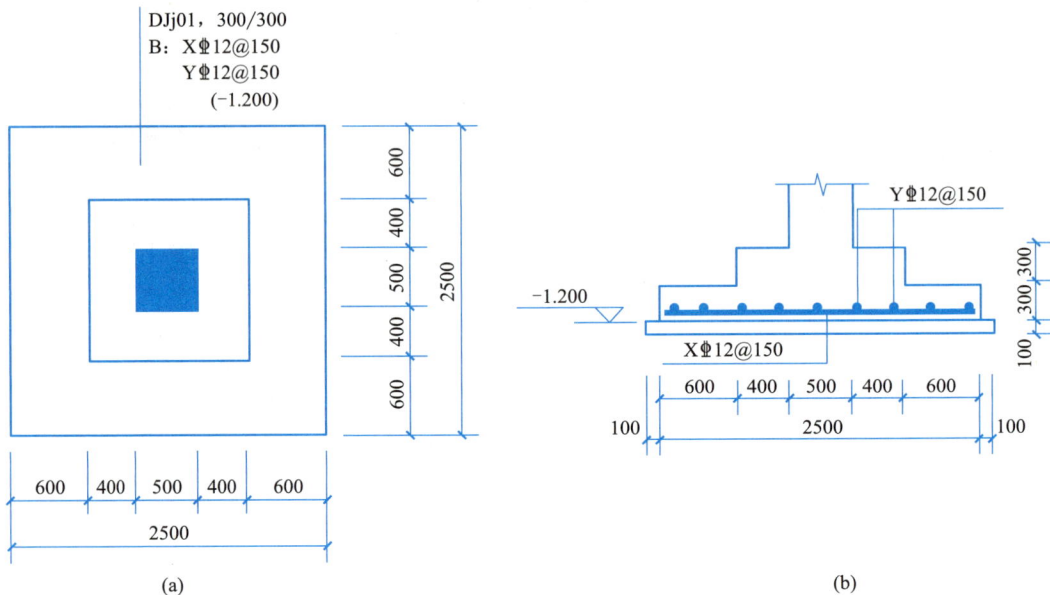

图 5-2　独立基础的平面注写与截面注写方式

（a）平面注写；（b）截面注写

子任务 5.2.2　独立基础的平面注写方式

独立基础的平面注写方式分为**集中标注**和**原位标注**两部分内容。

（1）集中标注

普通独立基础和杯口独立基础的集中标注，是在基础平面图上集中引注**基础编号、截面竖向尺寸、配筋**三项必注内容，以及**基础底面标高**（与基础底面基准标高不同时）和**必要的文字注解**两项选注内容。如图 5-3 所示，具体规则见表 5-5。

图 5-3　普通独立基础集中标注

独立基础的平面注写具体规则 表 5-5

标注内容	独立基础集中标注制图规则			
	类型	基础底板截面形状	代号	序号
独立基础 编号 （必注内容）	普通独立基础	阶形	DJj	××
		锥形	DJz	××
	杯口 独立基础	阶形	BJj	××
		锥形	BJz	××

识读：

【例 5-1】 图 5-4 中，DJj01，表示 1 号普通阶形独立基础。

DJj01，300/300
B：Xϕ12@150
 Yϕ12@200
 (−1.200)

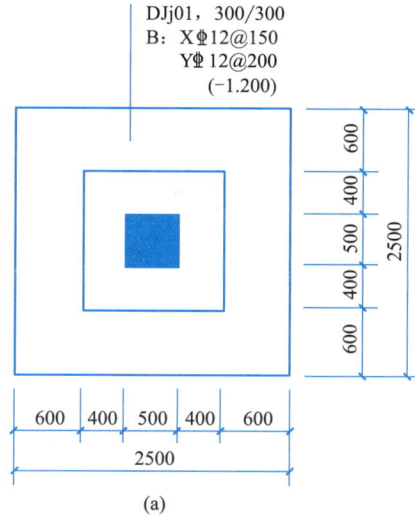

(a)

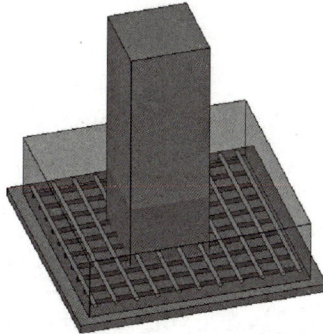

(b)

图 5-4 独立基础集中标注

标注内容	独立基础集中标注制图规则			
独立基础 截面竖向 尺寸(必注 内容)	独立基础 类型	截面形式	注写内容	示意图
	普通独立 基础	阶形	$h_1/h_2/\cdots$	
		锥形	h_1/h_2	
	杯口独立 基础	阶形	a_0/a_1, $h_1/h_2/\cdots$	
		锥形	a_0/a_1, $h_1/h_2/\cdots$	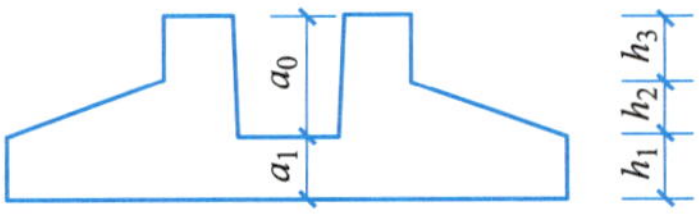

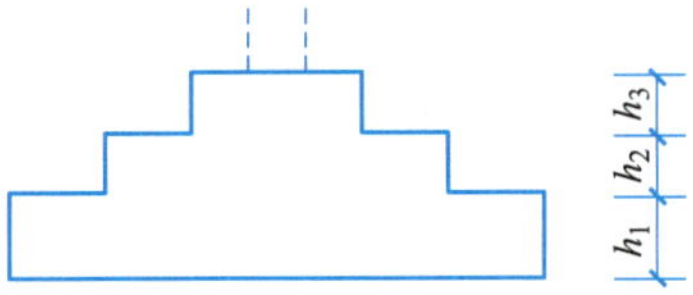

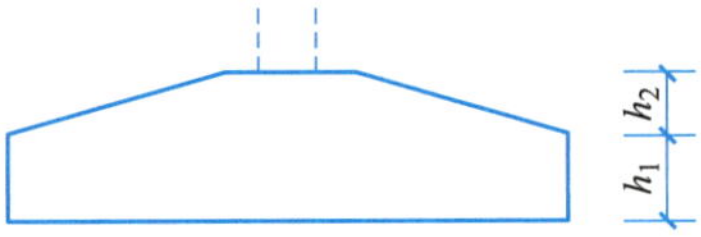

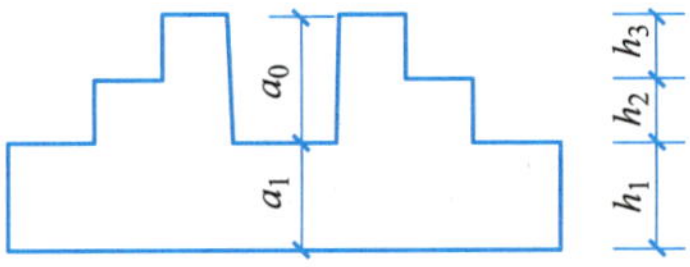

识读：

【例 5-2】 DJj01，400/300/300，表示 1 号普通阶形独立基础，$h_1=$ 400mm，$h_2=300$mm，$h_3=300$mm，基础底板总高度为 1000mm。

【例 5-3】 DJz01，400/300，表示 1 号普通锥形独立基础，$h_1=$ 400mm，$h_2=300$mm，基础底板总高度为 700mm。

【例 5-4】 BJj01，600/400，400/300/300，表示 1 号杯口阶形独立基础，$a_0=600$mm，$a_1=400$mm，$h_1=400$mm，$h_2=300$mm，$h_3=$ 300mm，底板总高度 1000mm。

标注内容	独立基础集中标注制图规则
独立基础配筋（必注内容）	1. 注写独立基础底板配筋。普通独立基础和杯口独立基础的底部双向配筋注写规定如下： （1）以 B 代表各种独立基础底板的底部配筋。 （2）x 向配筋以 X 打头、y 向配筋以 Y 打头注写；当两向配筋相同时，则以 X&Y 打头注写。 【例 5-5】图 5-4（a）中，独立基础底板配筋标注为 B：X Φ 12@150，Y Φ 12@200；表示基础底板底部配置 HRB400 级钢筋，x 向钢筋直径为 12mm，间距 150mm；y 向钢筋直径为 12mm，间距 200mm。 2. 注写双柱独立基础底板顶部配筋。当独立基础为双柱独立基础且柱距较大时，除基础底板底部配筋外，尚需在两柱间配置基础顶部钢筋，顶部钢筋通常对称分布在双柱中心线两侧，以大写字母"T"打头，注写为：双柱间纵向受力钢筋/分布钢筋。当纵向受力钢筋在基础底板顶面非满布时，应注明其总根数。 【例 5-6】如图 5-5 所示，T：9 Φ 18@100/Φ 10@200，表示双柱独立基础底板顶部配置 HRB400 级纵向受力钢筋，直径为 18mm 设置 11 根，间距 100mm；分布筋为 HPB300 级钢筋，直径为 10mm，间距 200mm。

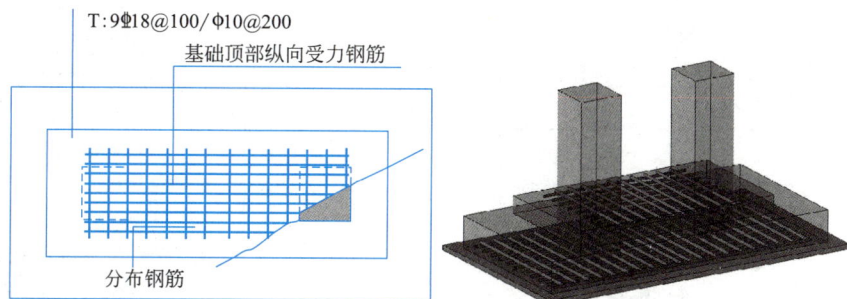

T:9Φ18@100/Φ10@200

基础顶部纵向受力钢筋

分布钢筋

图 5-5　双柱独立基础底板顶部配筋示意

标注内容	独立基础集中标注制图规则
注写基础底面标高（选注内容）	当独立基础的底面标高与基础底面基准标高不同时，应将独立基础底面标高直接注写在"（ ）"内。 【例5-7】如图5-4（a）所示，标注"（－1.200）"，表示阶形普通独立基础DJj01的基础底面标高为－1.200m，与基础底面基准标高不同，此时需要在集中标注注明（－1.200）。
必要的文字注解（选注内容）	当独立基础的设计有特殊要求时，宜增加必要的文字注解。例如，基础底板配筋长度是否采用减短方式等，可在该项内注明。

（2）原位标注

普通独立基础的原位标注，是在基础平面布置图上标注独立基础的平面尺寸，对相同编号的基础，可选择一个进行原位标注，当平面图形较小时，可将所选定进行原位标注的基础按比例适当放大，其他相同编号者仅注编号。

普通独立基础原位标注的具体内容规定如下：

原位标注 x、y、x_i、y_i，$i=1$，2，3…。其中，x、y 为普通独立基础两向边长，x_i、y_i 为阶宽或锥形平面尺寸（当设置短柱时，尚应标注短柱的截面尺寸）。

对称阶形截面普通独立基础的原位标注，如图5-6所示；对称锥形截面普通独立基础的原位标注，如图5-7所示。

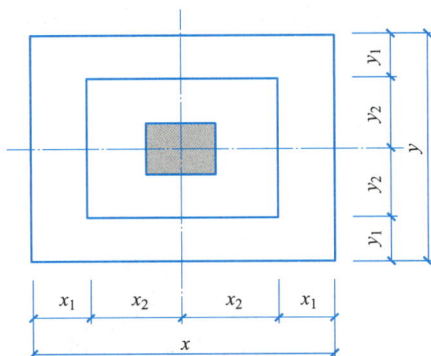

图5-6　对称阶形截面普通独立基础的原位标注

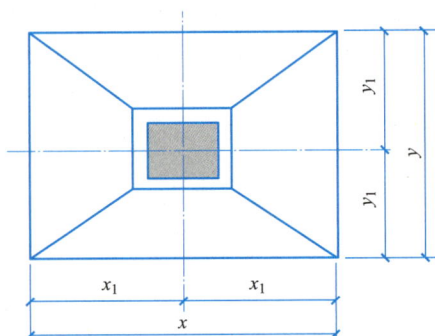

图5-7　对称锥形截面普通独立基础的原位标注

【例5-8】识读图5-8中③轴交Ⓐ轴的DJj01标注的内容。

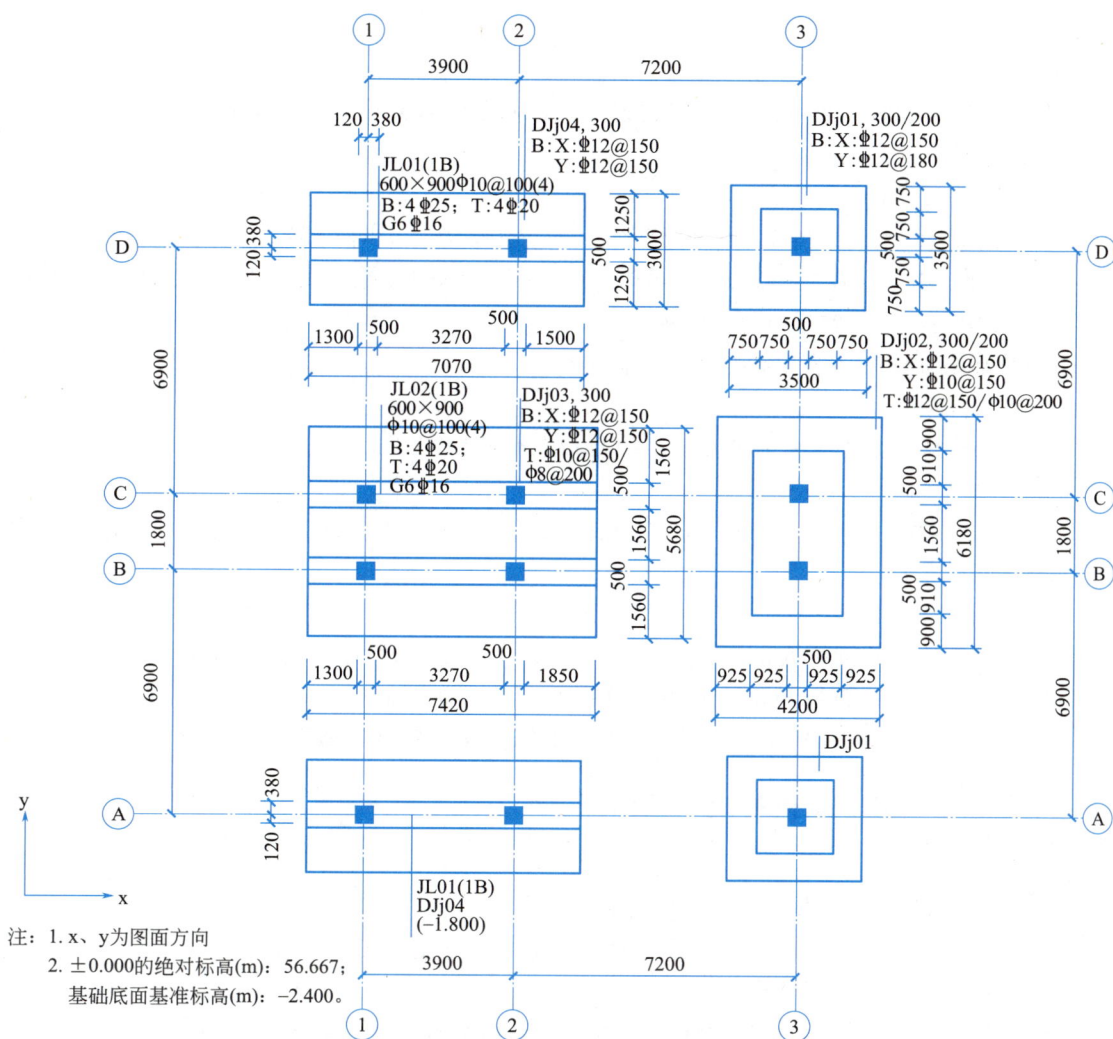

图 5-8　独立基础平法施工图平面注写方式示例

【解析】

DJj01，300/200

表示 1 号普通阶形独立基础，基础为二阶，基础各阶的高度自下而上为 $h_1 = 300\text{mm}$、$h_2 = 200\text{mm}$，基础底板总高度为 500mm。

B：X：$\phi 12@150$

　　　Y：$\phi 12@180$

表示独立基础底板配置受力钢筋为 HRB400 级，x 向钢筋直径为 12mm，间距 150mm；y 向钢筋直径为 12mm，间距 180mm。基础底面标高与基础底面基准标高 −2.400m 相同，不需要集中标注注明。

【例 5-9】 识读图 5-8 中①～②轴交Ⓓ轴的 DJj04 及 JL01 标注的内容。

【解析】

1. 该基础为基础底板与基础梁相结合的双柱独立基础，其中基础底板标注的内容解析如下：

DJj04，300

表示 4 号普通阶形独立基础，基础为一阶，基础底板高度为 300mm。

B：X：ϕ12@150

　　　Y：ϕ12@150

表示独立基础底板配置受力钢筋为 HRB400 级，x 向钢筋直径为 12mm，间距 150mm；y 向钢筋直径为 12mm，间距 150mm。基础底面标高与基础底面基准标高－2.400m 相同，不需要集中标注注明。

2. 基础梁标注的内容解析如下：

JL01（1B）

表示双柱独立基础 1 号基础梁，1 跨，两端有外伸。

600×900 ϕ10@100（4）

表示基础梁截面宽 600mm，高 900mm；箍筋为 HPB300 级，直径为 10mm，间距为 100mm，四肢箍。

B：4ϕ25；T：4ϕ20

表示双柱独立基础梁底部配置纵向受力钢筋为 HRB400 级，直径 25mm，设置 4 根；顶部配置纵向受力钢筋为 HRB400 级，直径 20mm，设置 4 根。

G6ϕ16 表示梁的两个侧面共配置 6ϕ16 的纵向构造钢筋，每侧各配置 3ϕ16。

子任务 5.2.3　独立基础标准构造详图

1. 独立基础 DJj、DJz、BJj、BJz 底板配筋构造

（1）独立基础 DJj、DJz、BJj、BJz 底板配筋标准构造详图（图 5-9）

（2）独立基础底板配筋构造要点

1）独立基础底板配筋构造适用于普通独立基础和杯口独立基础。

2）单柱独立基础，通常仅配置基础底板双向钢筋，施工时，基础底板双向交叉钢筋长向设置在下，短向设置在上。

5-2
独立基础
底板配筋
构造

3）第一根板底钢筋距基础边缘的距离取 75mm 与 $s/2$ 两者之间的较小值，s 为板底筋间距。例如：独立基础集中标注配筋项注写为 B：X：ϕ18@200；Y：ϕ18@100。对于 x 向底板钢筋，其第一根钢筋距离基础边缘为 75mm（$s=200$mm，$s/2=100$mm，75＜100，故取 75mm）。对于 y 向底板钢筋，其第一根钢筋距离基础边缘为 50mm（$s=100$mm，$s/2=50$mm，50＜75，故取 50mm）。

4）独立基础钢筋长度＝基础长度－2×保护层。

2. 独立基础底板配筋长度减短 10% 的构造

（1）独立基础底板配筋长度减短 10% 的标准构造详图（图 5-10）

（2）独立基础底板配筋长度减短 10% 的构造要点

1）当对称独立基础底板长度≥2500mm 时，除外侧钢筋外，底板配筋长度可取相应

(a)

(b)

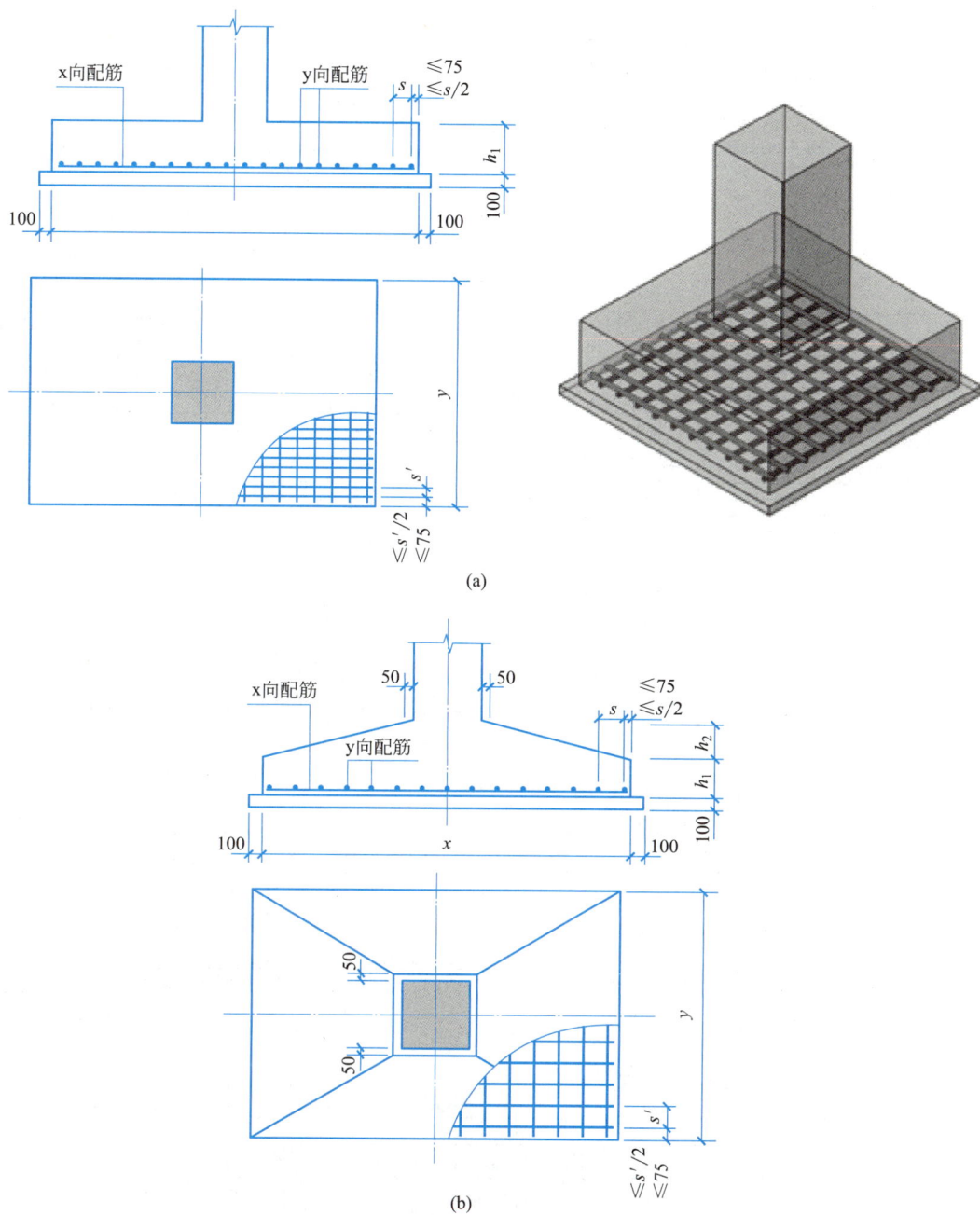

图 5-9　独立基础

（a）阶形独立基础底板配筋构造；（b）锥形独立基础底板配筋构造

方向底板长度的 0.9 倍，交错放置，如图 5-10（a）所示。

2）当非对称独立基础底板长度≥2500mm，但该基础某侧从柱中心至基础底板边缘的距离＜1250mm 时，钢筋在该侧不应减短，如图 5-10（b）所示。

3. 双柱普通独立基础底部与顶部配筋构造

（1）双柱普通独立基础底部与顶部配筋的标准构造详图（图 5-11）

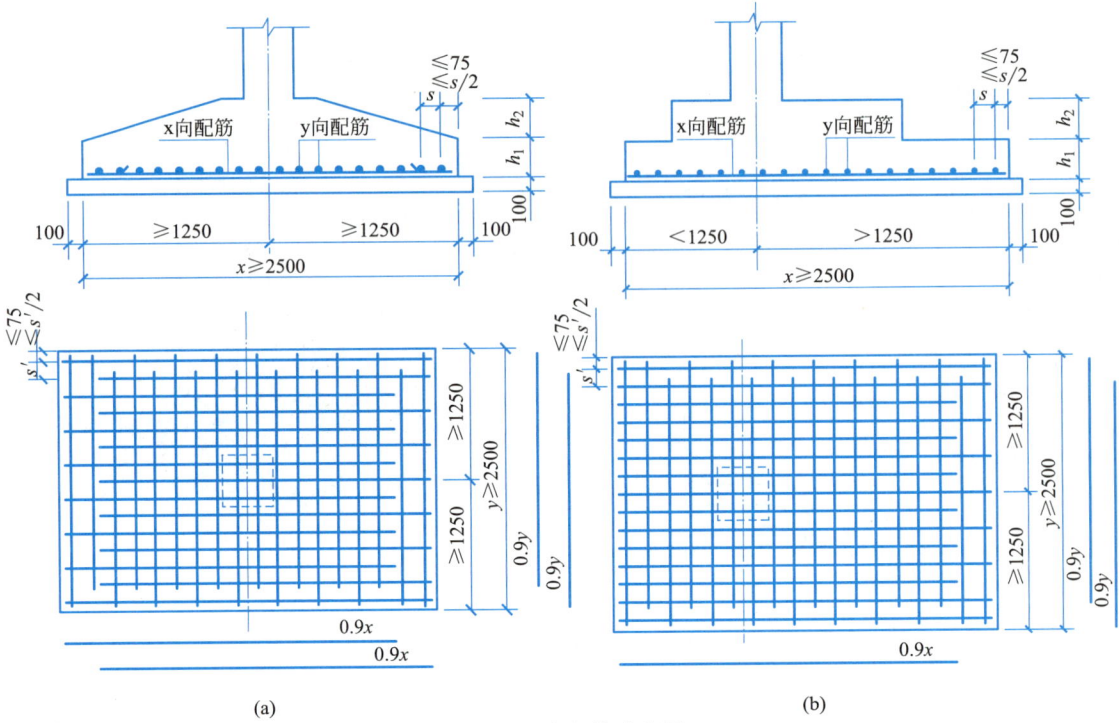

(a)   (b)

图 5-10　独立基础底板

（a）独立基础底板配筋长度减短 10％构造；（b）非对称独立基础底板配筋长度减短 10％构造

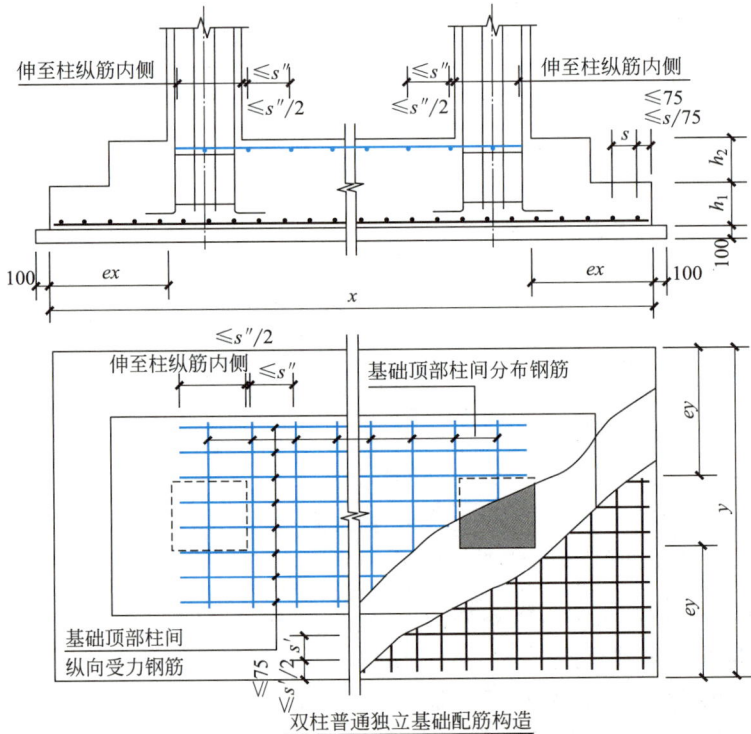

图 5-11　双柱普通独立基础底部与顶部配筋构造

图 5-11　双柱普通独立基础底部与顶部配筋三维图

（2）双柱普通独立基础底部与顶部配筋构造要点

1）双柱普通独立基础底板的截面形状，可为阶形截面 DJj 或锥形截面 DJz。

2）双柱普通独立基础底部双向交叉钢筋，根据基础两个方向从柱外缘至基础外缘的伸出长度 ex 和 ey 的大小，较大者方向的钢筋设置在下，较小者方向的钢筋设置在上。

3）第一根板底钢筋距基础边缘的距离取 75mm 与 $s/2$ 两者之间的较小值，s 为板底筋间距。

4）当配置顶部钢筋时，分布筋放置在受力钢筋之上，顶部柱间纵筋伸至柱纵筋内侧。

任务 5.3　条形基础平法施工图的识读

子任务 5.3.1　条形基础平法施工图的表示方法

1. 条形基础平法施工图，有平面注写、列表注写两种表达方式，设计者可根据具体工程情况选择一种，或将两种方式相结合进行独立基础的施工图设计。

2. 条形基础的平面注写方式主要是在条形基础平面布置图上表示基础尺寸信息及配筋信息的一种绘图方法。当绘制条形基础平面布置图时，应将条形基础平面与基础所支承的上部结构的柱、墙一起绘制。当基础底面标高不同时，需注明与基础底面基准标高不同之处的范围和标高。

3. 当梁板式基础梁中心或板式条形基础板中心与建筑定位轴线不重合时，应标注其定位尺寸；对于编号相同的条形基础，可仅选择一个进行标注。

4. 条形基础整体上可分为两类：

（1）梁板式条形基础：适用于钢筋混凝土框架结构、框架-剪力墙结构、部分框支剪力墙结构和钢结构。平法施工图将梁板式条形基础分解为基础梁和条形基础底板分别进行表达。

（2）板式条形基础：适用于钢筋混凝土剪力墙结构和砌体结构。平法施工图仅表达条形基础底板。

子任务 5.3.2　条形基础的编号

条形基础编号分为基础梁和条形基础底板编号，按表 5-6 的规定。

条形基础梁及底板编号　　　　　　　　　　　表 5-6

类型		代号	序号	跨数及有无外伸
基础梁		JL	××	（××）端部无外伸 （××A）一端有外伸 （××B）两端有外伸
条形基础底板	阶形	TJBj	××	
	坡形	TJBp	××	

子任务 5.3.3　条形基础梁的平面注写方式

基础梁 JL 的平面注写方式，分**集中标注**和**原位标注**两部分内容，当集中标注的某项数值不适用于基础梁的某部位时，则将该项数值采用原位标注，**施工时，原位标注优先。**

1. 集中标注

基础梁的**集中标注**内容为：**基础梁编号、截面尺寸、配筋**三项必注内容，以及**基础梁底面标高**（与基础底面基准标高不同时）和**必要的文字注解**两项选注内容。具体规定见表 5-7。

基础梁集中标注内容和规则　　　　　　　　　表 5-7

标注内容	基础梁集中标注制图规则			
基础梁编号	梁类型	代号	序号	跨数及是否带有外伸
	基础梁	JL	××	（××）、（××A）或（××B）
	注：（××A）为一端有外伸，（××B）为两端有外伸，外伸不计入跨数。			

标注内容	基础梁集中标注制图规则
基础梁 编号	识读:【例 5-11】JL01(6B)表示第 1 号基础梁,6 跨,两端有外伸(图 5-12)。 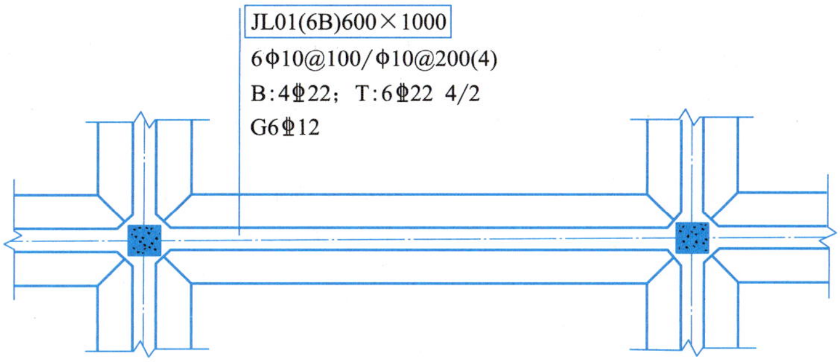 JL01(6B)600×1000 6φ10@100/φ10@200(4) B:4Φ22；T:6Φ22 4/2 G6Φ12 图 5-12　条形基础梁集中标注(一)
截面尺寸	1. 当基础梁为等截面时,用"梁截面宽 b×梁截面高 h"表示。 【例 5-12】　如图 5-13 所示,600 × 1000 表示梁宽 600mm,梁高 1000mm。 2. 当为竖向加腋梁时,一侧加腋时用 $b×h$　$Yc_1×c_2$ 表示,其中 c_1 为腋长,c_2 为腋高。 【例 5-13】　如图 5-13 所示,竖向加腋,腋长 500mm,腋高 300mm。 图 5-13　条形基础梁集中标注(二)
基础梁 箍筋	1. 当具体设计仅采用一种箍筋间距时,注写钢筋种类、直径、间距与肢数(箍筋肢数写在括号内,下同)。 2. 当具体设计采用两种箍筋时,用"/"分隔不同箍筋,按照从基础梁两端向跨中的顺序注写。先注写第 1 段箍筋(在前面加注箍筋道数),在斜线后再注写第 2 段箍筋(不再加注箍筋道数)。

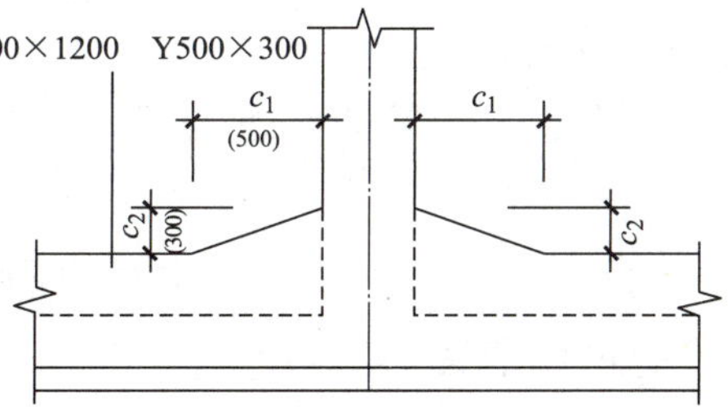

标注内容	基础梁集中标注制图规则
基础梁箍筋	【例5-14】图5-14中,6φ10@100/φ10@200(4),表示配置两种间距的HPB300箍筋,直径为10mm,从梁两端起向跨内按箍筋间距100mm每端各设置6道,梁其余部位的箍筋间距为200mm,均为4肢箍。 JL01(6B)600×1000 6φ10@100/φ10@200(4) B:4φ22; T:6φ22 4/2 G6φ12 **图5-14 条形基础梁集中标注(三)**
基础梁底部、顶部及侧面纵向钢筋	1. 以B打头,注写梁底部贯通纵筋(不应少于梁底部受力钢筋总截面面积的1/3)。当跨中所注根数少于箍筋肢数时,需要在跨中增设梁底部架立筋以固定箍筋,采用"+"将贯通纵筋与架立筋相联,架立筋注写在加号后面的括号内。 2. 以T打头,注写梁顶部贯通纵筋。注写时用分号";"将底部与顶部贯通纵筋分隔开。 3. 当梁底部或顶部贯通纵筋多于一排时,用"/"将各排纵筋自上而下分开。 4. 大写字母G打头注写梁两侧面对称设置的纵向构造钢筋的总配筋值(当梁腹板高度 h_w 不小于450mm时,根据需要配置)。当需要配置抗扭纵向钢筋时,梁两个侧面设置的抗扭纵向钢筋以N打头。 【例5-15】图5-15中,B:4φ22;T:6φ22 4/2表示梁底部配置4根直径22mm的HRB400级贯通纵筋;梁顶部配置6根直径22mm的HRB400级贯通纵筋,共分两排,上排4根,下排2根。 【例5-16】图5-15中,"G6φ12"表示梁每个侧面配置纵向构造钢筋3φ12,共配置6φ12。

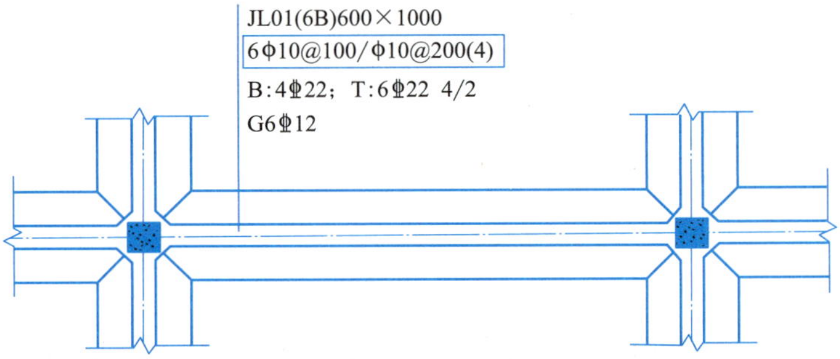

标注内容	基础梁集中标注制图规则
基础梁底部、顶部及侧面纵向钢筋	JL01(6B)600×1000 6φ10@100/φ10@200(4) B:4Φ22；T:6Φ22 4/2 G6Φ12 图 5-15　条形基础梁集中标注（四）
基础梁底面标高和必要的文字注解	1. 注写基础梁底面标高（选注内容）。当条形基础的底面标高与基础底面基准标高不同时，将条形基础底面标高注写在"（　）"内。 2. 必要的文字注解（选注内容）。当基础梁的设计有特殊要求时，宜增加必要的文字注解。

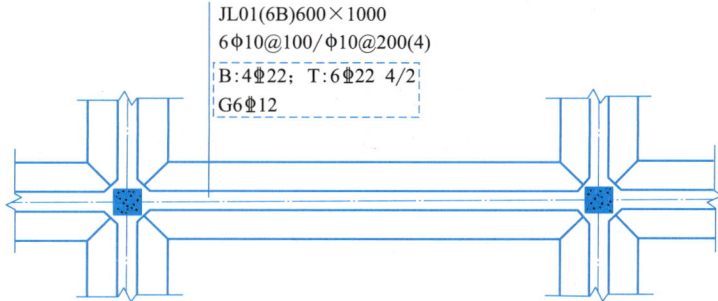

2. 原位标注

基础梁 JL 的原位标注内容和规则见表 5-8。

基础梁 JL 的原位标注内容和规则　　　　表 5-8

标注内容	基础梁原位标注制图规则
	基础梁支座的底部纵筋，是指包含贯通筋与非贯通筋在内的所有纵筋（图 5-16）。
基础梁支座底部纵筋	JL02(3B)400×900 10Φ14@100/Φ12@200(4) B:4Φ25；T:8Φ20 4/4 G2Φ14 6Φ25 2/4　　　6Φ25 2/4 图 5-16　条形基础梁原位标注

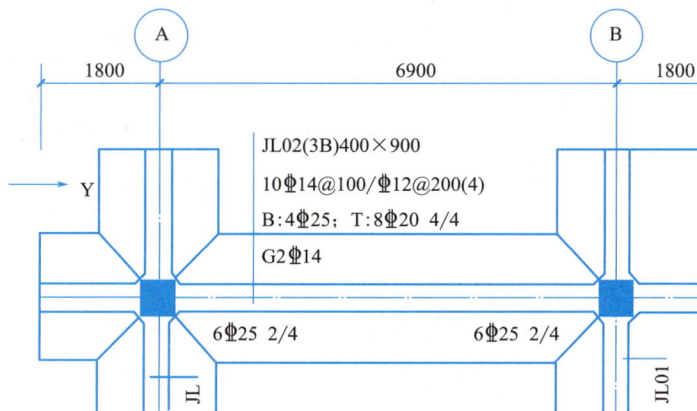

121

标注内容	基础梁原位标注制图规则
基础梁支座底部纵筋	1. 当底部纵筋多于一排时，用"/"将各排纵筋自上而下分开。
	【例 5-17】基础梁支座底部纵筋注写为 6Φ25 2/4。 表示：上一排纵筋为 2Φ25，下一排纵筋为 4Φ25。
	2. 当同排纵筋有两种直径时，用"+"将两种直径的纵筋相联。
	【例 5-18】基础梁支座底部纵筋注写为 2Φ25+2Φ22。 表示：基础梁支座底部有 4 根纵筋，2Φ25 放在角部，2Φ22 放在中部。
	3. 当梁支座两边的底部纵筋配置不同时，需在支座两边分别标注；当梁支座两边的底部纵筋相同时，可仅在支座的一边标注配筋值。 4. 当梁支座底部全部纵筋与集中注写过的底部贯通纵筋相同时，可不再重复做原位标注。 5. 竖向加腋梁加腋部位钢筋，需在设置加腋的支座处以 Y 打头注写在括号内。
附加箍筋或（反扣）吊筋	1. 当两向基础梁十字交叉，但交叉位置无柱时，应根据需要设置附加箍筋或（反扣）吊筋。 2. 将附加箍筋或（反扣）吊筋直接画在平面图中条形基础主梁上，原位直接引注总配筋值（附加箍筋的肢数注在括号内）。当多数附加箍筋或（反扣）吊筋相同时，可在条形基础平法施工图上统一注明。少数与统一注明值不同时，在原位直接引注。 3. 施工时应注意：附加箍筋或（反扣）吊筋的几何尺寸应按照标准构造详图，结合其所在位置的主梁和次梁的截面尺寸而定。
基础梁外伸部位的变截面高度尺寸	当基础梁外伸部位采用变截面高度时，在该部位原位注写 $b \times h_1/h_2$，h_1 为根部截面高度、h_2 为尽端截面高度（图 5-17）。

标注内容	基础梁原位标注制图规则
基础梁外伸部位的变截面高度尺寸	$b \times h_1/h_2$如：$400 \times 1000/700$ 图 5-17　基础梁外伸部位变截面高度注写
基础梁原位注写修正内容	当在基础梁上集中标注的某项内容（如截面尺寸、箍筋、底部与顶部贯通纵筋或架立筋、梁侧面纵向构造钢筋、梁底面标高等）不适用于某跨或某外伸部位时，将其修正内容原位标注在该跨或该外伸部位，施工时原位标注取值优先。 当在多跨基础梁的集中标注中已注明竖向加腋，而该梁某跨根部不需要竖向加腋时，则应在该跨原位标注截面尺寸 $b \times h$，以修正集中标注中的竖向加腋要求。

子任务 5.3.4　条形基础梁底部非贯通纵筋的长度规定

为方便施工，对于基础梁柱下区域**底部非贯通纵筋**的伸出长度 a_0 值：当配置不多于两排时，在标准构造详图中统一取值为自柱边向跨内伸出至 $l_n/3$ 位置；当非贯通纵筋配置多于两排时，从第三排起向跨内的伸出长度值应由设计者注明。l_n 的取值规定为：对于边跨边支座的底部非贯通纵筋，l_n 取本边跨的净跨长度值；对于中间支座的底部非贯通纵筋，l_n 取支座两边较大一跨的净跨长度值。

子任务 5.3.5　条形基础底板的平面注写方式

条形基础底板 TJBp、TJBj 的平面注写方式，分**集中标注**和**原位标注**两部分内容。

1. 集中标注

条形基础底板的**集中标注**内容为：**条形基础底板编号、截面竖向尺寸、配筋**三项必注内容，以及**条形基础底板底面标高**（与基础底面基准标高不同时）、**必要的文字注解**两项选注内容（表 5-9）。

条形基础底板的集中标注内容和规则　　　　表 5-9

标注内容	底板集中标注制图规则
底板编号	<table><tr><td>类型</td><td>代号</td><td>序号</td><td>跨数及是否带有外伸</td></tr><tr><td>坡形</td><td>TJBp</td><td>××</td><td>(××)、(××A)或(××B)</td></tr><tr><td>阶形</td><td>TJBj</td><td>××</td><td>(××)、(××A)或(××B)</td></tr></table> 注：(××A)为一端有外伸，(××B)为两端有外伸，外伸不计入跨数。 识读：【例 5-19】TJBp02(2B)表示第 2 号条形基础坡形底板 2 跨，两端有外伸（图 5-18）。 图 5-18　条形基础底板集中标注
底板截面竖向尺寸	1. 当条形基础底板为坡形截面时，注写为 h_1/h_2，如图 5-19 所示。 【例 5-20】当条形基础底板为坡形截面 TJBp01，其截面竖向尺寸注写为"350/300"时，表示 $h_1=350\text{mm}$，$h_2=300\text{mm}$，基础底板根部总高度为 650mm。

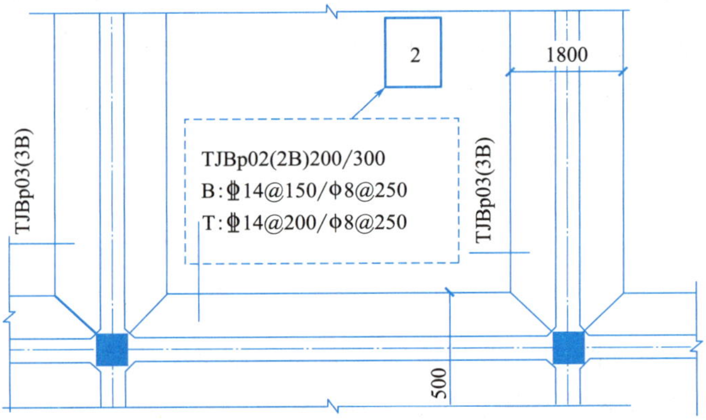

标注内容	底板集中标注制图规则
底板截面竖向尺寸	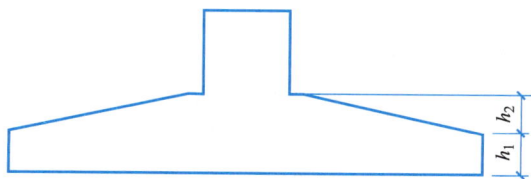图 5-19　条形基础坡形截面尺寸 2. 当条形基础底板为阶形截面时,如图 5-20 所示,当为多阶时各阶尺寸自下而上以"/"分隔顺写。 **【例 5-21】**当条形基础底板为阶形截面 TJBj02,其截面竖向尺寸注写为"350"时,表示 $h_1=350$mm,基础底板根部总高度为 350mm。 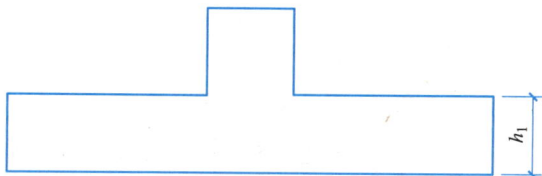图 5-20　条形基础阶形截面尺寸
基础底板底部及顶部配筋	以 B 打头,注写条形基础底板**底部**的横向受力钢筋;以 T 打头,注写条形基础底板**顶部**的横向受力钢筋。注写时,用"/"分隔条形基础底板的横向受力钢筋与纵向分布钢筋。 **【例 5-22】**图 5-21 中,当条形基础底板配筋标注为"B:ϕ14@150/ϕ8@250"表示条形基础底板底部配置 HRB400 级横向受力钢筋,直径为 14mm,间距 150mm;配置 HPB300 级纵向分布钢筋,直径为8mm,间距 250mm。

标注内容	底板集中标注制图规则
基础底板底部及顶部配筋	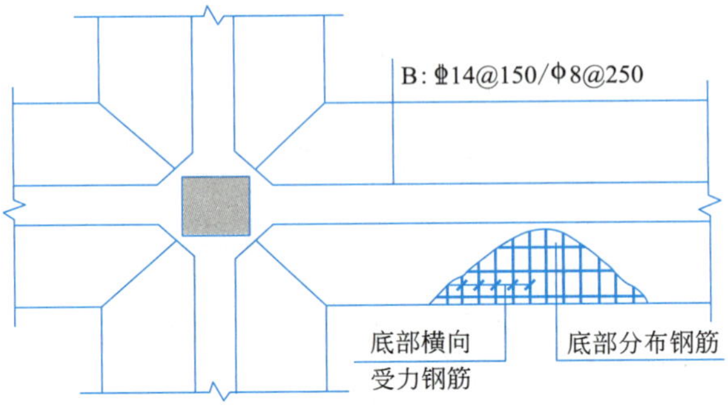 图 5-21　条形基础底板集中标注
基础底板底面标高、必要的文字注解	1. 注写条形基础底板底面标高（选注内容）。当条形基础底板的底面标高与条形基础底面基准标高不同时，应将条形基础底板底面标高注写在"（　）"内。 2. 必要的文字注解（选注内容）。当条形基础底板有特殊要求时，应增加必要的文字注解。

2. 原位标注

条形基础底板的原位标注内容和规则见表 5-10。

条形基础底板的原位标注内容和规则　　　　　　　　表 5-10

标注内容	底板原位标注制图规则
基础底板平面尺寸定位	1. 原位注写条形基础底板的平面定位尺寸。原位标注 b、b_i，$i=1,2,\cdots$。其中，b 为基础底板总宽度，b_i 为基础底板台阶的宽度。当基础底板采用对称于基础梁的坡形截面或单阶形截面时，b_i 可不注。 2. 素混凝土条形基础底板的原位标注与钢筋混凝土条形基础底板相同。 3. 对于相同编号的条形基础底板，可仅选择一个进行标注。 4. 条形基础存在双梁或双墙共用同一基础底板的情况，当为双梁或为双墙且梁或墙荷载差别较大时，条形基础两侧可取不同的宽度，实际宽度以原位标注的基础底板两侧非对称的不同台阶宽度 b_i 进行表达。

标注内容	底板原位标注制图规则
基础底板平面尺寸定位	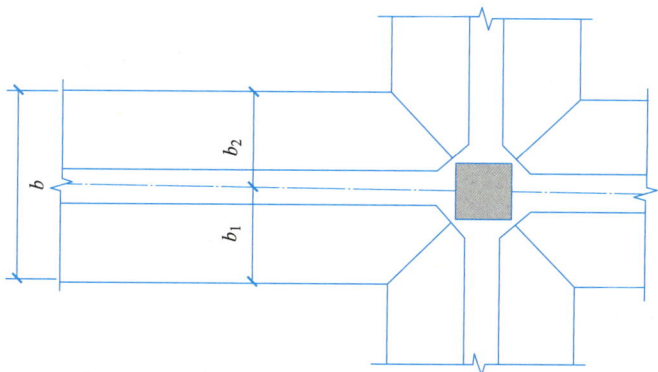 图 5-22　条形基础底板平面尺寸原位标注

【例 5-23】图 5-22 中,当基础底板标注为 $b=1500\text{mm}$,$b_1=750\text{mm}$,$b_2=750\text{mm}$。

表示:条形基础底板总宽度为 1500mm,底板左侧宽 750mm,右侧宽 750mm。

基础底板原位注写修正内容	当在条形基础底板上集中标注的某项内容,如底板截面竖向尺寸、底板配筋、底板底面标高等,不适用于条形基础底板的某跨或某外伸部分时,可将其修正内容原位标注在该跨或该外伸部位,施工时原位标注取值优先。

识图训练——独立基础平法施工图识读

一、独立基础平法施工图知识点思维导图

独立基础平法识图知识点,如图 5-23 所示。

二、独立基础平法施工图识图步骤

独立基础平法施工图(以平面注写方式为例)识读步骤如下:

1. 查看图名、比例。

2. 阅读结构设计总说明或有关说明,明确独立基础的混凝土强度等级。

3. 明确独立基础的类型、编号、数量和位置。

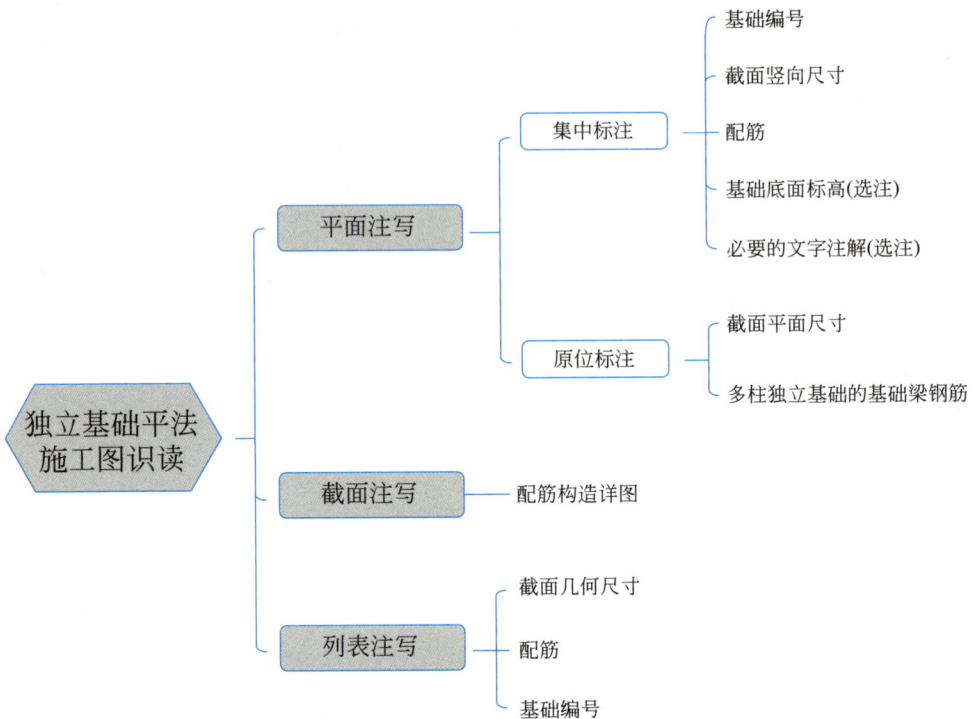

图 5-23　独立基础平法识图知识点思维导图

4. 通过集中标注读取截面竖向尺寸、基础底板配筋、基础底面标高等信息；通过原位标注读取独立基础平面尺寸等信息；结合建筑施工图，校核建筑基础做法。

5. 根据独立基础边长，确定基础底板长度是否缩减 10% 以及如何排布。

6. 图纸说明中的其他有关要求。

三、独立基础平面注写方式图例（图 5-24）

【例 5-24】DJj01，600/600

　　　　　B：X：Φ 14@100

　　　　　　　Y：Φ 14@100

1. 表示编号为 DJj01 的单柱独立基础，底板截面形状为阶形，基础竖向尺寸为自下而上第一阶 $h_1 = 600mm$，第二阶 $h_2 = 600mm$，基础底板总高度为 1200mm。

2. 基础底板底部配置 HRB400 级钢筋，x 向钢筋直径为 14mm，间距 100mm；y 向钢筋直径为 14mm，间距 100mm。

3. 由原位标注可知，基础两向边长 x 为 3500mm，y 为 3500mm；柱截面尺寸为 500mm×500mm，阶宽 x_1 为 750mm，x_2 为 750mm，y_1 为 750mm，y_2 为 750mm。

4. 因基础两向边长为 3500mm 大于 2500mm，故除基础外侧第一根钢筋外，其余钢筋缩减 10%，钢筋长度为：3500×0.9＝3150mm。

四、识图训练

图 5-24 所示独立基础和基础梁，采用 C30 混凝土，请以土建施工员身份识读该独立基础平法施工图。

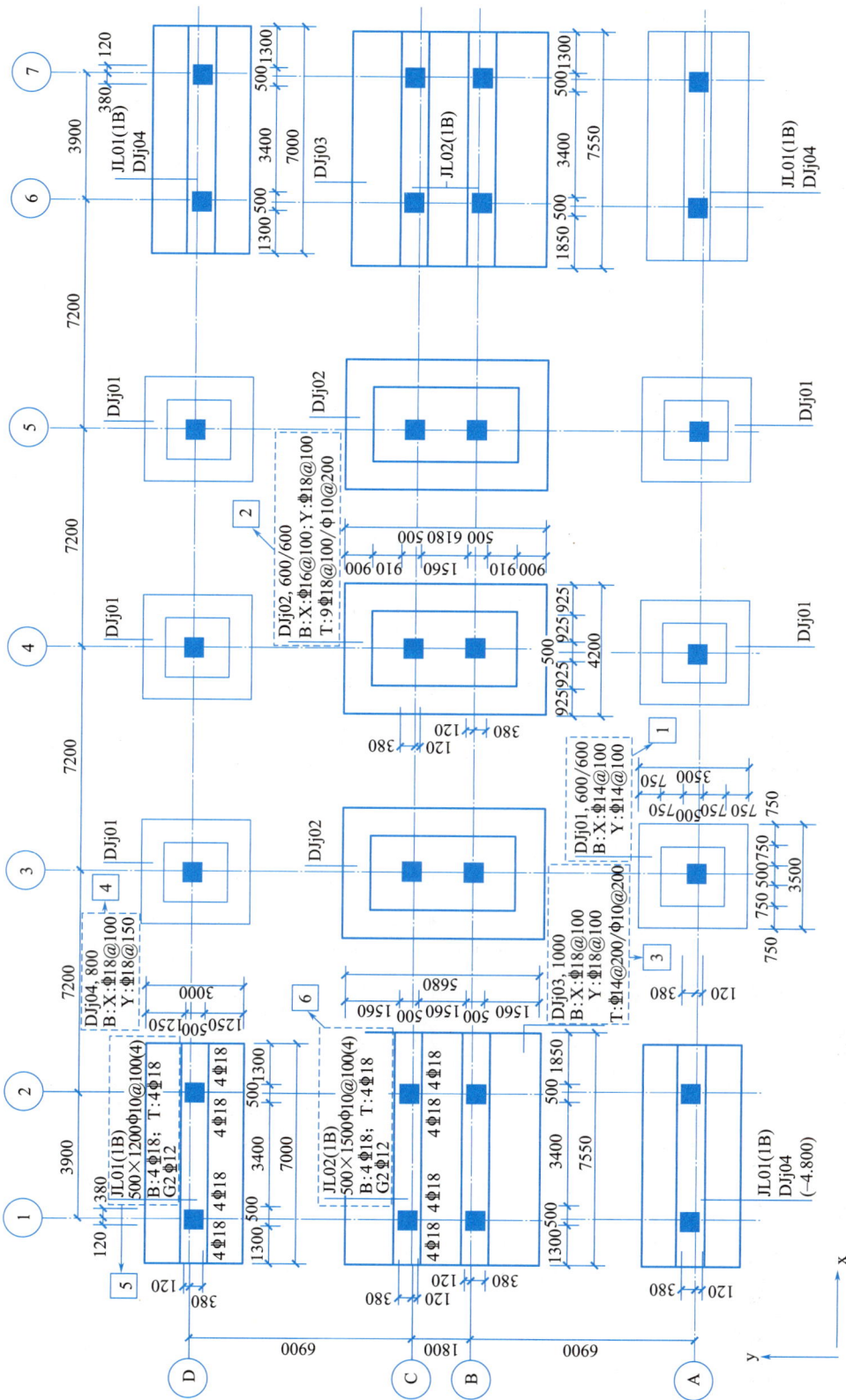

图 5-24　独立基础平法施工图

独立基础识图工作页

姓名　　　　学号　　　　日期　　　　成绩

1 基础编号	2 轴线号	3 材料			4 基础高度		5 原位标注					6 底部钢筋		7 顶部钢筋		8 箍筋						其他钢筋
		混凝土	受力筋	分布筋	h_1	h_2	基础边长 x、y	柱截面尺寸 x_c、y_c	阶宽 x_1/y_1	阶宽 x_2/y_2	基底标高 (m)	x 向筋	y 向筋	受力筋	分布筋	直径 (mm)	肢数	加密区间距 (mm)	非加密区间距 (mm)	加密区长度 (mm)	非加密区长度 (mm)	
DJj01	3	C30	HRB400	HRB400	600	600	3500/3500	500/500	750/750	750/750	无	Φ14@100	Φ14@100	无	无	无	无	无	无	无	无	无

独立基础钢筋绑扎和质量验收训练

（一）请识读 DJ$_Z$01 和 KZ1 图纸信息，进行基础钢筋绑扎。

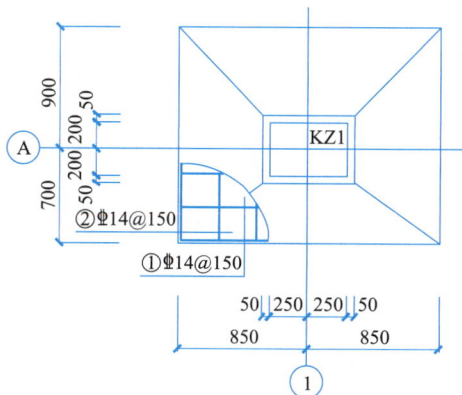

5-4
基础钢筋
绑扎示范

DJ$_Z$01配筋图1:30

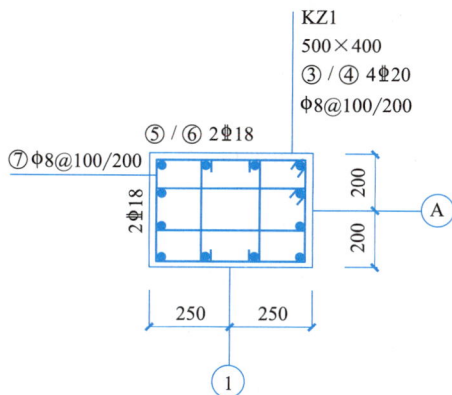

KZ1
500×400
③/④ 4Φ20
Φ8@100/200

⑤/⑥ 2Φ18
⑦Φ8@100/200

KZ1配筋图1:30

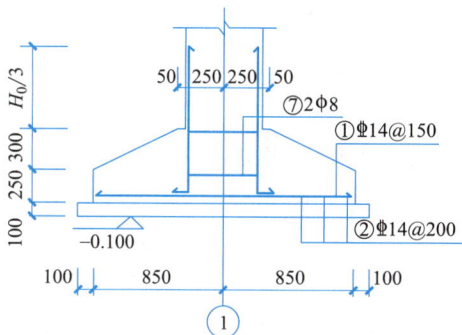

DJ$_Z$01剖面图1:30

☆独立基础钢筋施工步骤：

1. 测量放线→2. 安装基础底板钢筋→3. 安装柱钢筋→4. 安装基础模板→5. 混凝土浇筑与振捣→6. 养护与拆模

（二）独立基础钢筋质量验收表

鉴定日期：　　　年　　月　　日

序号	测定项目		允许偏差（mm）	评分标准	标准分	检测点			得分
						1	2	3	
1	底板钢筋	底板钢筋的长度和数量		纵筋摆放和数量有错误不得分	10				

续表

序号	测定项目		允许偏差（mm）	评分标准	标准分	检测点			得分
						1	2	3	
1	底板钢筋	底板钢筋的位置和垂直度		每错误 1 处扣 3 分	10				
2	柱纵向受力钢筋	锚固长度	±20	每超出 1 处扣 2 分，1 处超出 ±20mm 不得分	10				
		纵筋间距	±10	每超出 1 处扣 2 分	5				
		纵筋的摆放位置和数量		纵筋摆放和数量有错误不得分	10				
3	箍筋	间距	±20	每超出 1 处扣 2 分，1 处超出 ±20mm 不得分	5				
		箍筋摆放方向		绑扎不规范、与主筋不垂直酌情扣 1～3 分，箍筋开口方向错酌情扣分	5				
		箍筋起步位置和数量	±20	每超出 1 处扣 3 分，1 处超出 ±20mm 不得分	5				
4	模板安装			不合规范视操作质量酌情扣分，截面尺寸不对不得分	10				

续表

序号	测定项目	允许偏差（mm）	评分标准	标准分	检测点			得分
					1	2	3	
5	工艺操作符合规范		不合规范视操作质量酌情扣分，要求操作方法、程序正确，全错无分，局部错1处扣2分，扣完为止（如扎丝的绑扎）	10				
6	安全技术交底		没有安全技术交底或者有事故不得分	10				
7	工完场清		工完场不清不得分	5				
8	整体观感		查看整体感觉酌情扣分	5				
				100	总分			

验收人员签名：

📚 评价总结

班级：_____　　　　小组：_____　　　　姓名：_____

评价项目	评价标准	评价依据	分值	自我评价	小组互评	教师评价
岗位核心素质（40%）	具有安全文明施工意识	具有安全第一、文明施工的意识	10			
	具有良好的工作质量	完成任务时有严谨的工作态度,按规范绑扎验收,正确率高	10			
	具有爱岗敬业的精神	在完成岗位任务时有责任心,无迟到早退现象	10			
	具有合作精神	能为小组提供信息、出主意、阐明观点	10			
专业能力（60%）	基础的分类及基础知识	能正确识读基础的类型和钢筋类别	5			
	独立基础的平法识读规则	能快速正确识读独立基础的集中标注	5			
	独立基础的标准构造详图	能快速正确识读独立基础的原位标注	5			
	条形基础的平法识读规则	能快速正确识读条形基础	5			
	独立基础施工图纸识读练习	独立基础平法施工图识读正确率达到90%	15			
	独立基础钢筋绑扎	能熟知钢筋绑扎的步骤并进行钢筋绑扎	10			
	独立基础钢筋验收	会进行钢筋验收和简单问题的处理	15			

总分：

项目六

剪力墙平法施工图识读

Chapter 06

学习目标

知识目标

1. 了解钢筋混凝土墙的基本知识。
2. 掌握剪力墙的平法制图规则。
3. 熟悉剪力墙各个部分的钢筋构造详图。

能力目标

1. 能正确运用剪力墙平法制图规则，准确识读剪力墙的墙身、墙柱、墙梁的位置、尺寸和配筋信息。
2. 熟练识图剪力墙平法施工图中的钢筋配置情况。

素质目标

1. 培养学生细致认真的工作态度。
2. 培养团队合作和沟通的意识。

课程思政要点

思政元素	思政切入点	思政目标
按图施工规范意识 团队合作意识	剪力墙是使建筑直立于大地的腿，是建筑中非常重要的承重构件，具有抵抗地震或其他冲击破坏的能力。 剪力墙由墙柱、墙身和墙梁组成，不同构件相互配合、团结协作承受建筑物的荷载，保证建筑物坚固、稳定、长久。	引导学生认知建筑质量的重要性，必须规范施工保证质量。 培养学生团结协作，有合作精神。

学习任务工单

1. 任务描述

小梁是某项目的施工技术员，今天他的工作是按照结构施工图检查管理区域内剪力墙钢筋的绑扎是否正确。

本任务要求学生能识读剪力墙平法施工图，进行剪力墙钢筋质量验收。本任务知识与技能要求有：

任务内容	剪力墙平法施工图识读	学习程度		
		识记	理解	应用
学习任务	剪力墙中构件组成和分类	★		
	剪力墙列表注写方式（墙身、墙柱、墙梁）平法规则		★	
	剪力墙截面注写方式平法规则		★	
	剪力墙洞口和外墙标注识读		★	
	剪力墙钢筋构造		★	

续表

任务内容	剪力墙平法施工图识读	学习程度		
		识记	理解	应用
实训任务	剪力墙施工图纸识读练习			★
	剪力墙钢筋三维模型绘制			★
自我勉励				

2. 寻找队友

以 3～5 人为一组，选出组长并进行任务分工，将小组成员及分工情况填入表中。

班级		组号		指导老师	
姓名		学号		任务分工	
组长					
组员					

3. 小组作业

剪力墙的类别和剪力墙中钢筋

（1）剪力墙的类别和钢筋

引导问题 1：剪力墙分为：_____、_____和_____三类构件。

引导问题 2：剪力墙柱分为：_____、_____、_____和_____四种类型。

引导问题 3：剪力墙柱中，约束边缘构件 YBZ 分为：_____、_____、_____和_____四种类型。

引导问题 4：剪力墙梁分为：_____、_____、_____三种类型。

引导问题 5：剪力墙钢筋种类分为：_____、_____和_____。

引导问题 6：剪力墙柱钢筋分为：_____和_____。

引导问题 7：剪力墙身钢筋分为：_____、_____和_____。

引导问题 8：剪力墙梁钢筋分为：_____和_____。

（2）剪力墙平法施工图制图规则

引导问题 9：剪力墙平法施工图系在剪力墙平面布置图上采用_____和_____注写方式表达剪力墙的截面及配筋数值。

引导问题 10：剪力墙墙肢两端和洞口两侧应设置边缘构件，包括_____和_____。

引导问题 11：剪力墙柱编号由_____和_____组成。

引导问题 12：约束边缘构件代号为：_____，构造边缘构件代号为：_____，非边缘暗柱代号为：_____，扶壁柱代号为：_____。

引导问题 13：YBZ1 表示_____。

YBZ2 表示_____。

　　　　GBZ3 表示＿＿＿＿＿＿＿＿＿＿＿＿＿＿＿＿＿＿＿＿。

　　　　GBZ5 表示＿＿＿＿＿＿＿＿＿＿＿＿＿＿＿＿＿＿＿＿。

　　　　AZ4 表示＿＿＿＿＿＿＿＿＿＿＿＿＿＿＿＿＿＿＿＿。

　　引导问题 14：剪力墙身编号由＿＿＿＿＿＿、＿＿＿＿＿和＿＿＿＿＿＿＿＿＿＿＿＿组成；Q1（4 排）表示＿＿＿＿＿＿＿＿＿＿＿＿＿＿＿＿＿＿＿＿＿；Q2（3 排）表示＿＿＿＿＿＿＿＿＿＿＿＿＿＿＿＿＿＿；Q3 表示＿＿＿＿＿＿＿＿＿＿＿＿＿＿＿＿＿。

　　引导问题 15：剪力墙梁编号是由＿＿＿＿＿和＿＿＿＿＿组成。

　　引导问题 16：墙梁代号 LL 表示＿＿＿＿＿＿＿＿＿＿＿＿＿＿＿＿＿＿＿，LL（JC）表示＿＿＿＿＿＿＿＿＿＿＿＿，LL（JX）表示＿＿＿＿＿＿＿＿＿＿＿＿＿＿＿＿＿，LL（DX）表示＿＿＿＿＿＿＿＿＿＿＿＿＿＿＿，LLK 表示＿＿＿＿＿＿＿＿＿＿＿＿＿，AL 表示＿＿＿＿＿＿＿＿＿＿＿＿＿，BKL 表示＿＿＿＿＿＿＿＿＿＿＿。

　　引导问题 17：剪力墙列表注写方式，是指分别在＿＿＿＿＿＿＿＿＿、＿＿＿＿＿＿＿＿和＿＿＿＿＿＿＿＿中，对应于剪力墙平面布置图上的编号，用绘制截面配筋图并注写几何尺寸与配筋具体数值的方式，来表达剪力墙平法施工图。

　　引导问题 18：在剪力墙柱表中 YBZ1 纵筋为 24Φ20 表示＿＿＿＿＿＿＿＿＿＿＿＿，箍筋ϕ10@100 表示＿＿＿＿＿＿＿＿＿＿＿＿＿＿＿＿＿＿。

　　引导问题 19：在剪力墙柱表中 YBZ3 纵筋为 18Φ22 表示＿＿＿＿＿＿＿＿＿＿＿＿，箍筋ϕ10@100 表示＿＿＿＿＿＿＿＿＿＿＿＿＿＿＿＿＿＿。

　　引导问题 20：在剪力墙柱表中 YBZ6 纵筋为 28Φ20 表示＿＿＿＿＿＿＿＿＿＿＿＿，箍筋ϕ10@100 表示＿＿＿＿＿＿＿＿＿＿＿＿＿＿＿＿＿＿。

　　引导问题 21：在墙身表中 Q1 在标高 30.270～59.070 处墙厚 b_w 为＿＿＿＿＿＿，水平分布钢筋为Φ12@200 表示＿＿＿＿＿＿＿＿＿＿＿＿＿＿＿＿＿，垂直分布钢筋为Φ12@200 表示＿＿＿＿＿＿＿＿＿＿＿＿＿＿＿＿＿，拉筋（矩形）为ϕ6@600@600 表示＿＿＿＿＿＿＿＿＿＿＿＿＿＿＿＿＿＿＿＿＿＿＿＿＿＿。

　　引导问题 22：在墙梁表中 LL1 所在楼层号为 10～16 层处梁截面 $b \times h = 250 \times 2000$ 表示＿＿＿＿＿＿＿＿＿＿＿＿＿＿＿＿，上部纵筋为 4Φ25 表示＿＿＿＿＿＿＿＿＿＿＿＿＿＿＿＿，下部纵筋为 4Φ25 表示＿＿＿＿＿＿＿＿＿＿＿＿＿＿＿，箍筋为ϕ10@100（2）表示＿＿＿＿＿＿＿＿＿＿＿＿＿＿＿＿＿＿＿＿＿。

　　引导问题 23：在墙梁表中 LL3 所在楼层号为 3 时，梁截面 $b \times h = 300 \times 1770$ 表示＿＿＿＿＿＿＿＿＿＿＿＿＿＿＿＿＿＿，上部纵筋为 4Φ25 表示＿＿＿＿＿＿＿＿＿＿＿＿＿＿，下部纵筋为 4Φ25 表示＿＿＿＿＿＿＿＿＿＿＿＿＿＿＿，侧面纵筋为 16Φ12 表示＿＿＿＿＿＿＿，箍筋为ϕ10@100（2）表示＿＿＿＿＿＿＿＿＿＿＿＿＿＿＿＿＿＿。

　　引导问题 24：在剪力墙截面注写方式中，墙柱截面编号为 GBZ2 表示＿＿＿＿＿＿＿＿＿＿＿＿＿＿＿＿，纵筋为 22Φ20 表示＿＿＿＿＿＿＿＿＿＿＿＿＿＿＿＿，箍筋ϕ10@100/150 表示＿＿＿＿＿＿＿＿＿＿＿＿＿＿＿＿＿＿＿＿。

　　（3）剪力墙标准构造识读

　　引导问题 25：在剪力墙水平钢筋构造中水平钢筋在端部弯钩锚，弯钩长为＿＿＿＿＿＿＿。

　　引导问题 26：在剪力墙竖向钢筋顶部构造中，当顶部竖向钢筋采用弯锚方式时，弯钩长度为＿＿＿＿＿＿；当顶部竖向钢筋采用直锚方式时，直锚长度为＿＿＿＿＿＿＿。

引导问题27：当在剪力墙上起边缘构件时，边缘构件纵筋的锚固长度为_____。

引导问题28：剪力墙竖向分布钢筋锚入连梁的锚固长度为_____。

引导问题29：剪力墙变截面处上部竖向分布钢筋锚入下部墙身或边缘构件时的锚固长度为_____。

引导问题30：剪力墙连梁钢筋构造中，当连梁端部采用弯钩锚固时，弯钩长为_____；当连梁采用直锚时，直锚长度为_____且_____。

引导问题31：剪力墙连梁侧面钢筋构造中，连梁、暗梁及边框梁拉筋直径规定：当梁宽≤_____时，直径采用_____；当梁宽＞_____时，直径采用_____。

任务6.1 剪力墙的类别和剪力墙中钢筋

剪力墙是指承受竖向和水平荷载的钢筋混凝土墙，又称抗风墙、抗震墙或结构墙。剪力墙不是一个单一的构件，而是由墙身、墙柱、墙梁共同组成。

子任务6.1.1 剪力墙的分类

剪力墙按建筑功能和建筑构件名词可分为以下类型，其构造如图6-1所示。

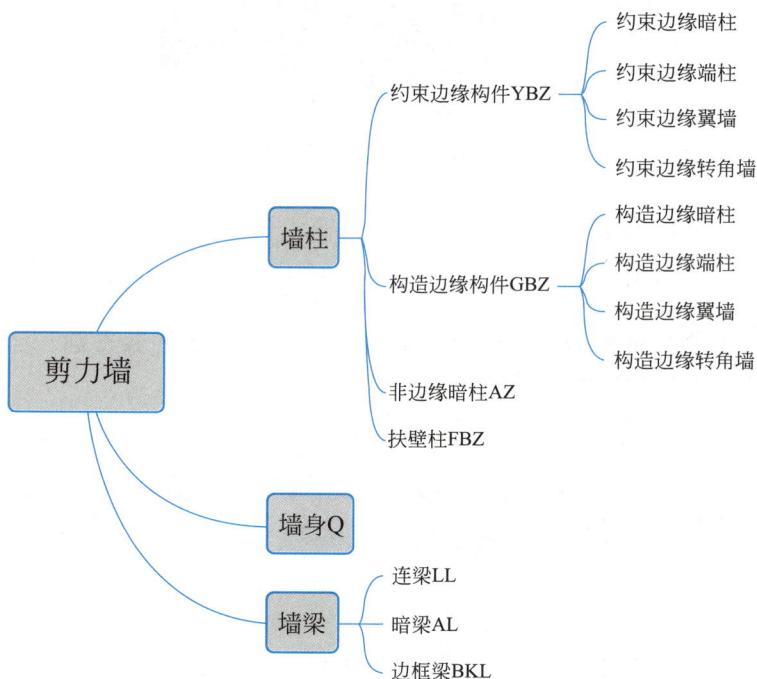

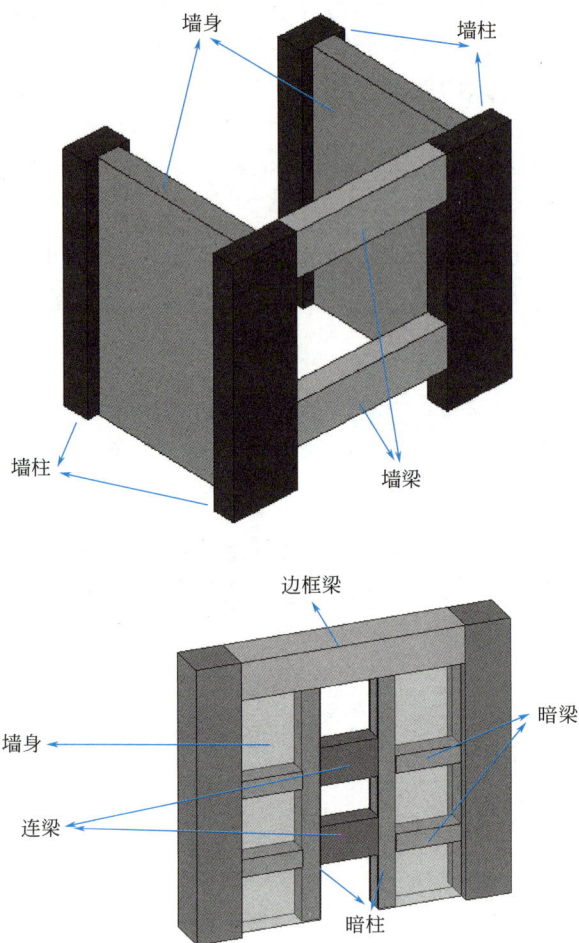

图 6-1 剪力墙的三维图

子任务 6.1.2 剪力墙中钢筋

剪力墙柱内钢筋有**纵向钢筋**和**箍筋**；剪力墙身钢筋有**水平分布筋**、**竖向分布筋**和**拉筋**；剪力墙梁钢筋有**纵向钢筋**和**箍筋**。

任务 6.2 剪力墙平法施工图制图规则认知

子任务 6.2.1 剪力墙平法施工图的表示方法

1. 剪力墙平法施工图系在剪力墙平面布置图上采用**列表注写方式**或**截面注写方式**表

达剪力墙的截面尺寸及配筋数值。列表注写方式在实际工程中应用比较广。

2. 剪力墙平面布置图可采用适当比例单独绘制，也可与柱或梁平面布置图合并绘制。当剪力墙较复杂或采用截面注写方式时，应按标准层分别绘制剪力墙平面布置图。

3. 对于轴线未居中的剪力墙（包括端柱），应标注其偏心定位尺寸。

子任务 6.2.2　剪力墙构件的组成

1. 剪力墙柱

剪力墙墙肢两端和洞口两侧应设置边缘构件，包括约束边缘构件和构造边缘构件，即剪力墙柱。剪力墙柱编号规定：由墙柱类型代号和序号组成，见表 6-1。

墙柱编号内容和规则 表 6-1

墙柱类型	代号	序号
约束边缘构件	YBZ	××
构造边缘构件	GBZ	××
非边缘暗柱	AZ	××
扶壁柱	FBZ	××

其中构造边缘构件包括：构造边缘暗柱、构造边缘端柱、构造边缘翼墙、构造边缘转角墙四种。见图 6-2。

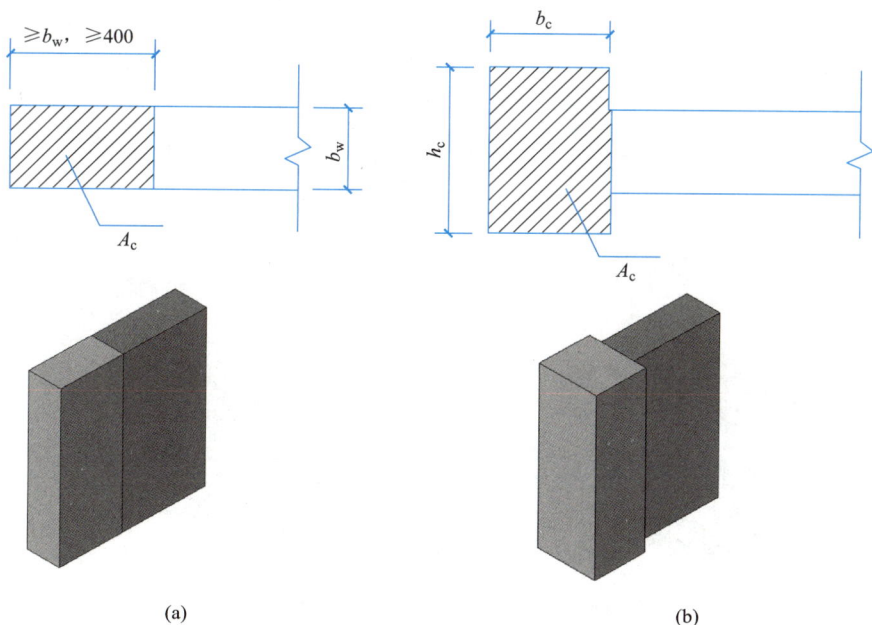

图 6-2　构造边缘构件（一）

（a）构造边缘暗柱；（b）构造边缘端柱

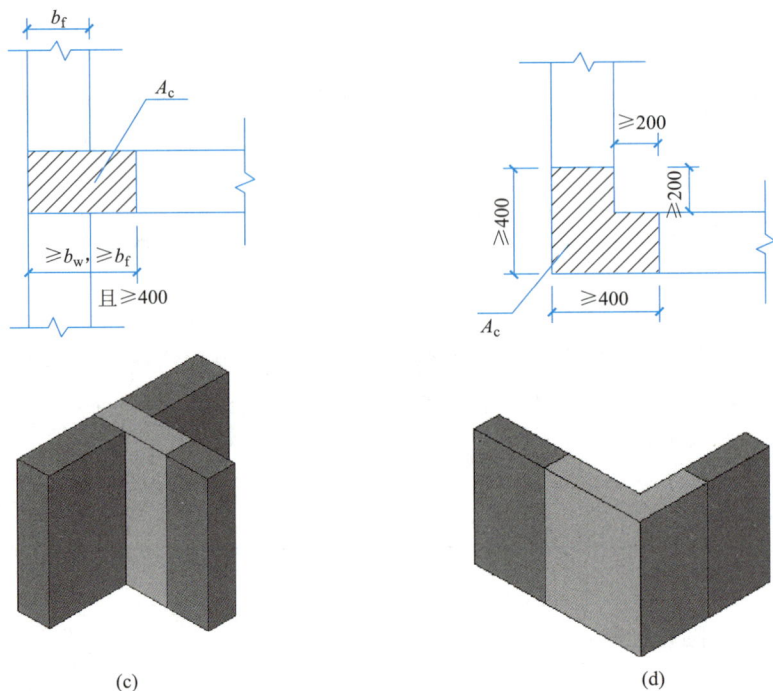

图 6-2　构造边缘构件（二）

（c）构造边缘翼墙；（d）构造边缘转角墙

约束边缘构件包括：约束边缘暗柱、约束边缘端柱、约束边缘翼墙、约束边缘转角墙四种。见图 6-3。

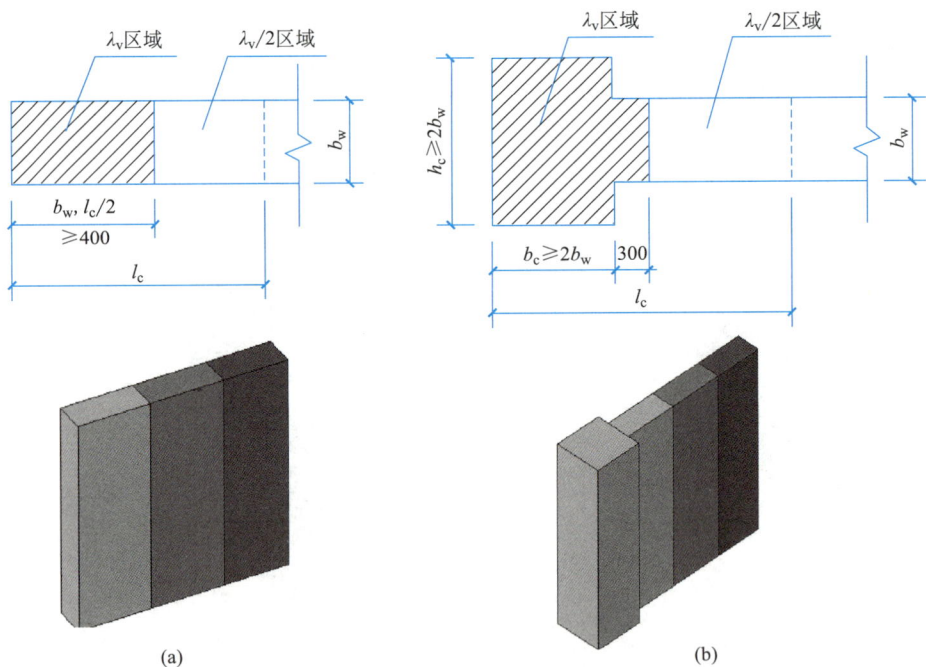

图 6-3　约束边缘构件（一）

（a）约束边缘暗柱；（b）约束边缘端柱

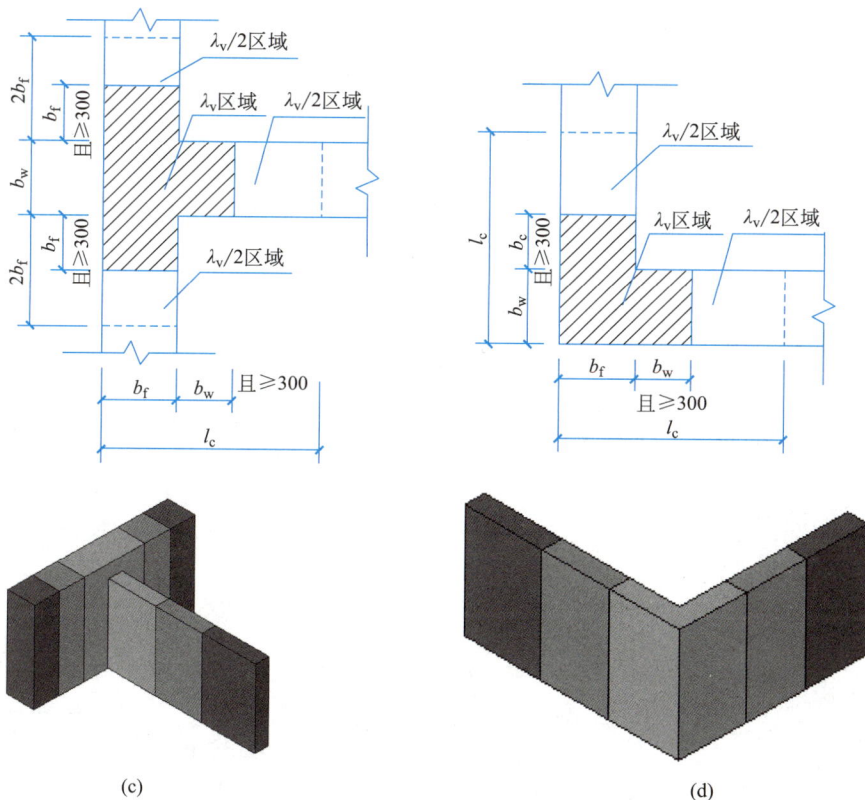

图 6-3　约束边缘构件（二）

（c）约束边缘翼墙；（d）约束边缘转角墙

2. 剪力墙身

（1）剪力墙身编号由墙身代号、序号及墙身所配置的水平与竖向分布钢筋的排数组成，其中排数注写在括号内；

（2）当墙身所设置的水平与竖向分布钢筋排数为 2 时可不注；

（3）表达形式：Q××（××排），例：Q1（4 排），表示 1 号剪力墙，4 排钢筋，布置钢筋时，把水平分布筋放在外侧，垂直分布筋放在内侧（图 6-4、图 6-5）。

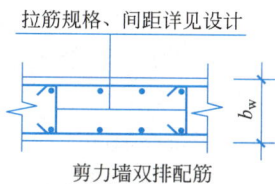

图 6-4　剪力墙身双排配筋

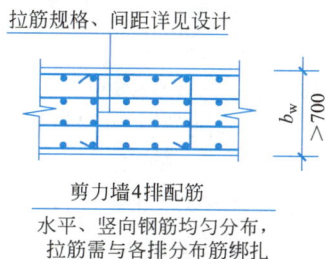

图 6-5　剪力墙身四排配筋

3. 剪力墙梁

剪力墙梁编号由墙梁类型代号和序号组成，墙梁类型包括连梁（LL）、暗梁（AL）和边框梁（BKL）。

墙梁编号内容和规则见表 6-2。

墙梁编号内容和规则 　　　　　　　表 6-2

墙梁类型	代号	序号	特征
连梁	LL	××	设置在剪力墙洞口上方，宽度与墙厚相同
连梁（对角暗撑配筋）	LL(JC)	××	在一、二级抗震墙跨高比≤2 且墙厚≥300mm 的连梁中设置
连梁（交叉斜筋配筋）	LL(JX)	××	在一、二级抗震墙跨高比≤2 且墙厚≥200mm 的连梁中设置
连梁（集中对角斜筋配筋）	LL(DX)	××	在一、二级抗震墙跨高比≤2 且墙厚≥200mm 的连梁中设置
连梁（跨高比不小于5）	LLk	××	跨高比不小于 5 的连梁按框架梁设计
暗梁	AL	××	设置在剪力墙楼面和屋面位置并嵌入墙身内
边框梁	BKL	××	设置在剪力墙楼面和屋面位置且部分凸出墙身

子任务 6.2.3　列表注写方式

剪力墙列表注写方式，是指分别在**剪力墙柱表、剪力墙身表**和**剪力墙梁表**中，对应于剪力墙平面布置图上的编号，用绘制截面配筋图并注写几何尺寸与配筋具体数值的方式，来表达剪力墙平法施工图。

1. 剪力墙柱表中表达的内容

（1）墙柱编号。若干墙柱的截面尺寸与配筋均相同，仅截面与轴线的位置关系不同时，可将其编为同一墙柱编号。

（2）墙柱截面配筋图，标注墙柱几何尺寸（平面图中阴影部分尺寸）。

（3）注写各段墙柱的起止标高，自墙柱根部往上以变截面位置或截面未变但配筋改变处为界分段注写。

（4）各段墙柱的纵向钢筋和箍筋，注写值应与在表中绘制的截面配筋图对应一致。墙柱纵向钢筋注总配筋值，墙柱箍筋的注写方式与框架柱箍筋相同。

6-1 剪力墙柱列表注写方式

剪力墙柱表注写内容和规则见表 6-3。

剪力墙柱表注写内容和规则 表 6-3

标注内容	识读剪力墙柱表中 **YBZ1** 的含义	
剪力墙 柱表	截面	
	编号	YBZ1
	标高	−0.030～12.270
	纵筋	24 ⚌ 20
	箍筋	φ10@100

1. YBZ1：表示 1 号约束边缘转角墙柱。

2. −0.030～12.270：表示本图形尺寸及配筋用于标高 −0.030m 至 12.270m 的楼层。

3. 24 ⚌ 20：表示纵筋配置 24 根直径为 20mm 的 HRB400 级钢筋，位置如图所示。

4. φ10@100：表示箍筋为直径 10mm 的 HPB300 级钢筋，间距为 100mm，箍筋形式如图所示。

5. 墙厚均为 300mm，x 方向墙柱长 1050mm，y 方向墙柱长 600mm。

2. 剪力墙身表中表达的内容

（1）墙身编号。

（2）各段墙身的起止标高。自墙身根部向上以变截面位置或截面未变但配筋改变处为界分段注写。

（3）墙厚。

（4）水平分布钢筋、竖向分布钢筋的具体数值。注写数值为一排水平分布与竖向分布钢筋的规格与间距。

（5）拉结筋具体数值及布置方式，拉结筋布置方式有"矩形"和"梅花"两种。

剪力墙身表注写内容和规则见表 6-4。

6-2
剪力墙身
列表注写
方式

剪力墙身表注写内容和规则　　　　　　　　表 6-4

标注内容	识读剪力墙身表中 Q1 的含义

编号	标高	墙厚	水平分布筋	垂直分布筋	拉结筋（矩形）
Q1	−0.030～30.270	300	⚇12@200	⚇12@200	φ6@600@600
	30.270～59.070	250	⚇10@200	⚇10@200	φ6@600@600

剪力墙身表

1. Q1 表示 1 号剪力墙，配置双排钢筋网。

2. 剪力墙从标高−0.030m 到 30.270m（即 1～8 层）的墙厚是 300mm，水平分布筋和垂直分布筋均配置直径为 12mm 的 HRB400 级钢筋，间距为 200mm；拉结筋为直径 6mm 的 HPB300 级钢筋，间距为 600mm，双向布置。

3. 剪力墙从标高 30.270m 到 59.070m（即 9～16 层）的墙厚是 250mm，水平分布筋和垂直分布筋均配置直径为 10mm 的 HRB400 级钢筋，间距为 200mm；拉结筋为直径 6mm 的 HPB300 级钢筋，间距为 600mm，双向布置。

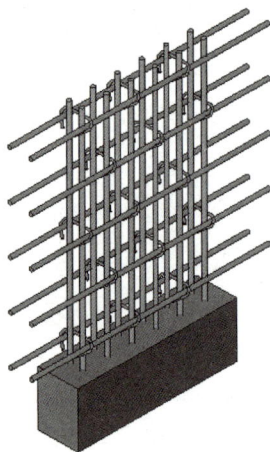

3. 剪力墙梁表中表达的内容

（1）墙梁编号。

（2）墙梁所在楼层号。

（3）注写墙梁顶面标高高差，系指相对于墙梁所在结构层楼面标高的高差值，高于者为正值，低于者为负值，无高差时不注。

（4）注写墙梁截面尺寸 $b×h$、上部纵筋、下部纵筋和箍筋的具体数值。剪力墙梁表注写内容和规则见表 6-5。

6-3 剪力墙梁表列表注写方式

剪力墙梁表注写内容和规则　　　表 6-5

标注内容	识读剪力墙梁表中 LL1 的含义						
	编号	所在楼层号	梁顶相对标高高差	梁截面 $b \times h$	上部纵筋	下部纵筋	箍筋
剪力墙梁表内容	LL1	2～9	0.800	300×2000	4Φ22	4Φ22	φ10@100(2)
		10～16	0.600	250×1800	4Φ20	4Φ20	φ8@100(2)
		屋面1		250×1200	4Φ20	4Φ20	φ10@100(2)

1. LL1 表示 1 号剪力墙连梁。

2. LL1 设置在 2～9 层时,

1)梁顶面标高高出所在结构层楼面标高 0.8m。

2)LL1 截面尺寸 $b \times h$=300×2000:表示梁宽 300mm、高 2000mm。

3)梁上部纵筋 4Φ22、下部纵筋 4Φ22:表示 LL1 上下部纵筋均配置 4 根直径为 22mm 的 HRB400 级钢筋。

4)梁箍筋为 φ10@100(2):表示 LL1 箍筋为直径 10mm 的 HPB300 级钢筋,间距为 100mm,双肢箍。

3. LL1 设置在 10～16 层时,

1)梁顶面标高高出所在结构层楼面标高 0.6m。

2)LL1 截面尺寸 $b \times h$=250×1800:表示梁宽 250mm、高 1800mm。

3)梁上部纵筋 4Φ20 、下部纵筋 4Φ20:表示 LL1 上下部纵筋均配置 4 根直径为 20mm 的 HRB400 级钢筋。

4)梁箍筋为 φ8@100(2):表示 LL1 箍筋为直径 8mm 的 HPB300 级钢筋,间距为 100mm,双肢箍。

4. LL1 设置在屋面 1 时,

1)梁顶面标高与该结构层楼面标高相同。

2)LL1 截面尺寸 $b \times h$=250×1200:表示梁宽 250mm、高 1200mm。

3)梁上部纵筋 4Φ20 、下部纵筋 4Φ20:表示 LL1 上下部纵筋均配置 4 根直径为 20mm 的 HRB400 级钢筋。

4)梁箍筋为 φ10@100(2):表示 LL1 箍筋为直径 10mm 的 HPB300 级钢筋,间距为 100mm,双肢箍。

5. 墙梁侧面纵筋的配置同墙身(Q1)水平分布钢筋,表中不注。

标注内容	识读剪力墙梁表中 LL1 的含义
剪力墙 梁表 内容	

子任务 6.2.4　截面注写方式

　　截面注写方式，是在分标准层绘制的剪力墙平面布置图上，直接在墙柱、墙身、墙梁上注写截面尺寸和配筋具体数值的方式来表达剪力墙平法施工图（图 6-6）。

　　选用适当比例原位放大绘制剪力墙平面布置图，其中对墙柱绘制配筋截面图；对所有墙柱、墙身、墙梁分别按制图规则规定进行编号，并分别在相同编号的墙柱、墙身、墙梁中选择一根墙柱、一道墙身、一根墙梁注写具体尺寸和配筋值。

　　1. 剪力墙柱截面注写内容。

　　从相同编号的墙柱中选择一个截面，标注全部纵筋及箍筋的具体数值（表 6-6）。

　　2. 从相同编号的墙身中选择一道墙身，按顺序引注的内容为：墙身编号（应包括注写在括号内墙身所配置的水平与竖向分布钢筋的排数）、墙厚尺寸，水平分布钢筋、竖向分布钢筋和拉结筋的具体数值（表 6-7）。

　　3. 从相同编号的墙梁中选择一根墙梁，按顺序引注的内容为：注写墙梁编号、墙梁截面尺寸 $b \times h$、墙梁箍筋、上部纵筋、下部纵筋和墙梁顶面标高高差的具体数值（表 6-8）。

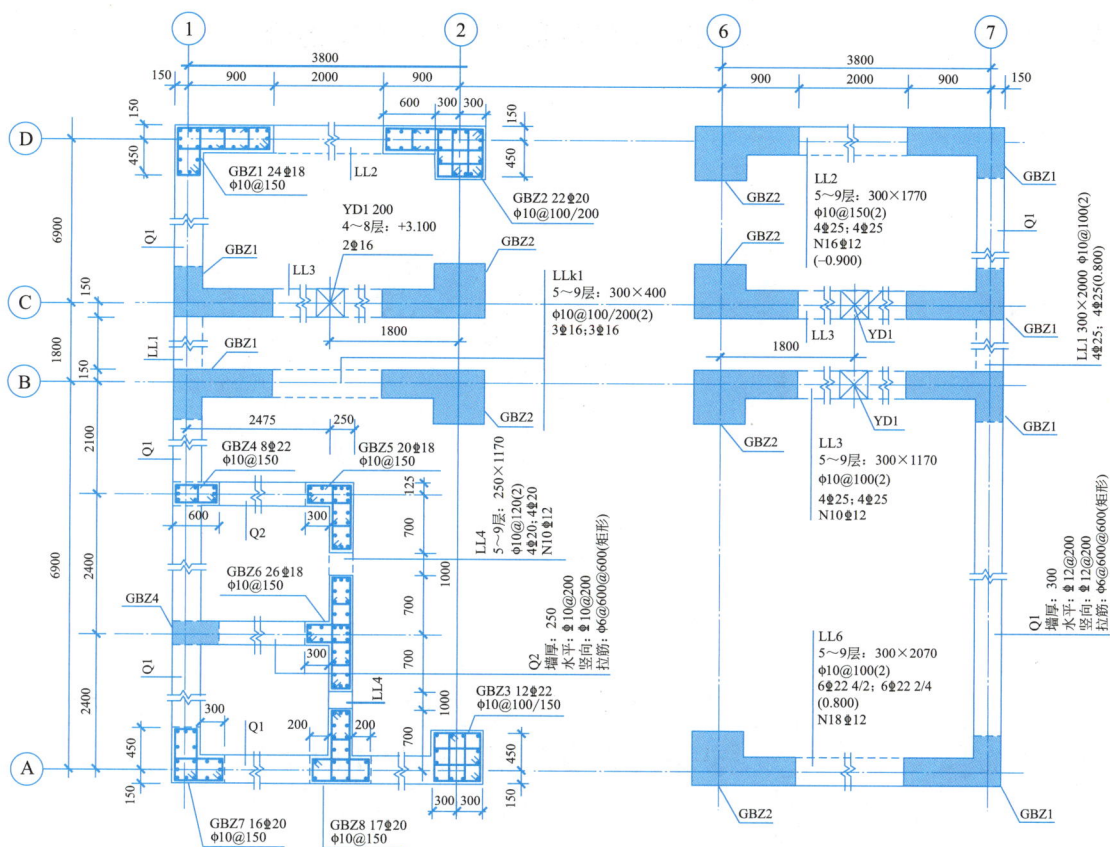

图 6-6　剪力墙平法施工图截面注写方式示例

剪力墙柱截面注写内容和规则　　　　　　　　　　　　　　表 6-6

标注内容	识读剪力墙柱截面注写 GBZ1 的含义
剪力墙柱截面注写内容	1. GBZ1：表示 1 号构造边缘转角墙柱。 2. 24⌀18：表示全部纵筋配置 24 根直径为 18mm 的 HRB400 级钢筋。 3. φ10@150：表示箍筋为直径 10mm 的 HPB300 级钢筋，间距为 150mm，箍筋形式如图 6-6 所示。 4. 截面图中表示墙厚均为 300mm，x 方向墙柱长 1050mm，y 方向墙柱长 600mm。

标注内容	识读剪力墙柱截面注写 GBZ1 的含义
剪力墙柱 截面注 写内容	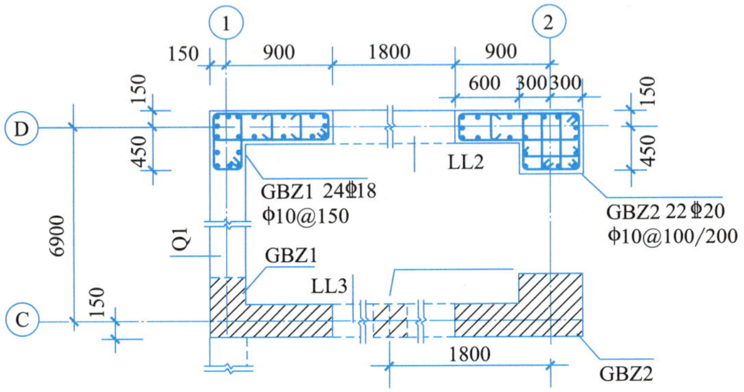

剪力墙身截面注写内容和规则　　　　　　　　表 6-7

标注内容	识读剪力墙身截面注写 Q1 的含义
剪力墙身 截面注 写内容	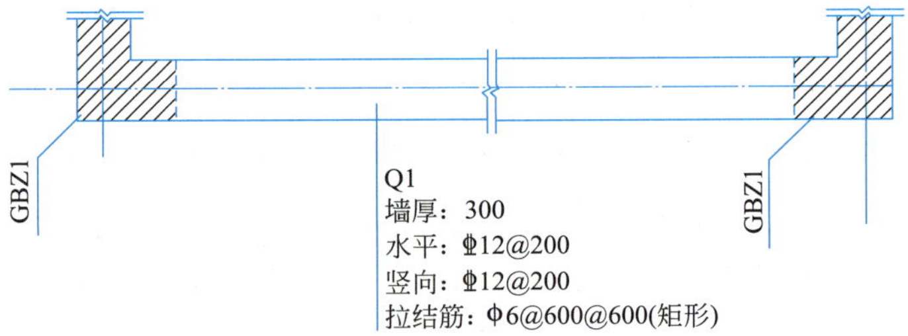

1. Q1 表示 1 号剪力墙身，配置双排钢筋网。

2. 墙厚 300mm。

3. 水平分布筋和竖向分布筋均为 HRB400 级钢筋，直径 12mm，间距为 200mm。

4. 拉结筋为 HPB300 级钢筋，直径 6mm，在竖向分布钢筋的间距为 600mm；在水平分布钢筋的间距为 600mm，矩形布置。

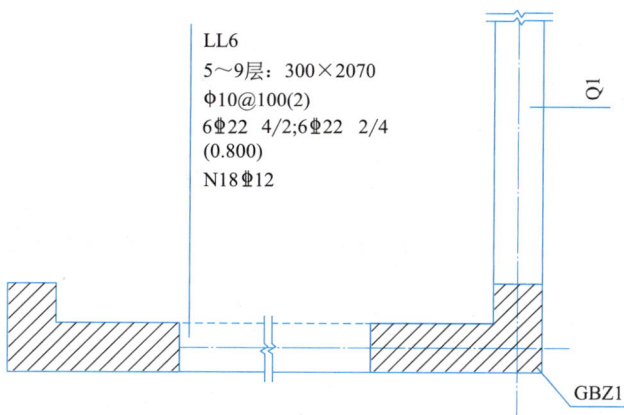

剪力墙梁截面注写内容和规则　　　　　表 6-8

标注内容	识读剪力墙梁截面注写 LL6 的含义
剪力墙梁截面注写内容	LL6 5~9层：300×2070 Φ10@100(2) 6Φ22 4/2;6Φ22 2/4 (0.800) N18Φ12 Q1 GBZ1 1. 墙梁编号 LL6：表示 6 号剪力墙连梁。 2. 墙梁截面尺寸，LL6 在 5~9 层时，截面 300×2070：表示连梁宽 300mm、高 2070mm。 3. 连梁箍筋为 Φ10@100（2）：表示箍筋为 HPB300 级钢筋，直径 10mm 间距为 100mm，双肢箍。 4. 连梁上下部纵筋为 6Φ22 4/2;6Φ22 2/4：表示连梁上部纵筋为 6 根直径为 22mm 的 HRB400 级钢筋，双排设置，上排放 4 根、下排放 2 根；连梁下部纵筋为 6 根直径为 22mm 的 HRB400 级钢筋，双排设置，上排放 2 根、下排放 4 根。 5. 各层梁顶面标高都高出所在结构层楼面标高 0.8m。 6. 墙梁侧面纵筋的配置同墙身（Q1）水平分布钢筋，图中不注。

子任务 6.2.5　剪力墙洞口的表示方法

无论采用列表注写方式还是截面注写方式，剪力墙上的洞口均可在剪力墙平面布置图上原位表达。

洞口的具体表示方法：

1. 在剪力墙平面布置图上绘制洞口示意，并标注洞口中心的平面定位尺寸（图 6-6）。

2. 在洞口中心位置引注内容有：洞口编号、洞口几何尺寸、洞口中心相对标高、洞口每边补强钢筋，共四项内容。具体规定如下：

1）洞口编号：矩形洞口为 JD×× （×× 为序号），圆形洞口为 YD×× （×× 为序号）。

2）洞口几何尺寸：矩形洞口为洞宽×洞高（$b \times h$），圆形洞口为洞口直径 D。

3）洞口中心相对标高，系相对于结构层楼（地）面标高的洞口中心高度。当其高于结构层楼面时为正值，低于结构层楼面时为负值。

4）洞口每边补强钢筋，根据洞口形式和尺寸大小注写补强筋具体数值。

剪力墙洞口标注内容和规则见表 6-9。

剪力墙洞口标注内容和规则   表 6-9

标注内容	剪力墙洞口标注规则和补强筋要求
剪力墙洞口表示方法	1. 当矩形洞口的洞宽、洞高均不大于 800mm 时，此项注写为洞口每边补强钢筋的具体数值。当洞宽、洞高方向补强钢筋不一致时，分别注写洞宽方向、洞高方向补强钢筋，以"/"分割。
	【例 6-1】 JD4 800×300 6 层 ＋3.100 3 Φ18/3 Φ14 表示：6 层设置 4 号矩形洞口，洞宽 800mm，洞高 300mm，洞口中心高出本结构层楼面 3100mm，洞宽方向补强钢筋为 3 Φ18，洞高方向补强钢筋为 3 Φ14。
	2. 当矩形洞口的洞宽（或圆形洞口的直径）大于 800mm 时，需在洞口的上、下设置补强暗梁（在标准构造详图中，补强暗梁梁高一律为 400mm，设计不注），此项注写为洞口上、下每边暗梁的纵筋与箍筋具体数值。圆形洞口尚需注明环向加强筋的具体数值。
	【例 6-2】 YD3 1000 2～6 层 ＋2.100 6 Φ20 Φ8@150(2) 2 Φ16 表示：2～6 层设置 3 号圆形洞口，直径 1000mm，洞口中心高出本结构层楼面 2100mm，洞口上下设补强暗梁，每边暗梁纵筋为 6 Φ20，箍筋为 Φ8@150 双肢箍，环向加强钢筋 2 Φ16。
	3. 当圆形洞口设置在连梁中部 1/3 范围（且圆洞直径不应大于 1/3 梁高）时，需注写在圆洞上下水平设置的每边补强纵筋与箍筋。
	【例 6-3】 YD1 500 3 层 －0.500 2 Φ18 Φ10@100(2) 表示：3 层设置 1 号圆形洞口，直径 500mm，洞口中心低于本结构层楼面 500mm，洞口上下每边补强纵筋为 2 Φ18，补强箍筋为 Φ10@100 双肢箍。

续表

标注内容	剪力墙洞口标注规则和补强筋要求
剪力墙洞口表示方法	4. 当圆形洞口设置在墙身或暗梁、边框梁位置，且洞口直径不大于 300mm 时，此项注写为洞口上下左右每边布置的补强纵筋的具体数值。 5. 当圆形洞口直径大于 300mm，但不大于 800mm 时，此项注写为洞口上下左右布置的补强纵筋具体数值，以及环向加强钢筋具体数值。 【例 6-4】 YD5　600　5 层　+2.100　2⏀20　2⏀16 表示：5 层设置 5 号圆形洞口，直径 600mm，洞口中心距本结构层楼面 2100mm，洞口上下左右每边补强钢筋为 2⏀20，环向加强钢筋 2⏀16。

子任务 6.2.6　地下室外墙的表示方法

地下室外墙施工图示例如图 6-7 所示。

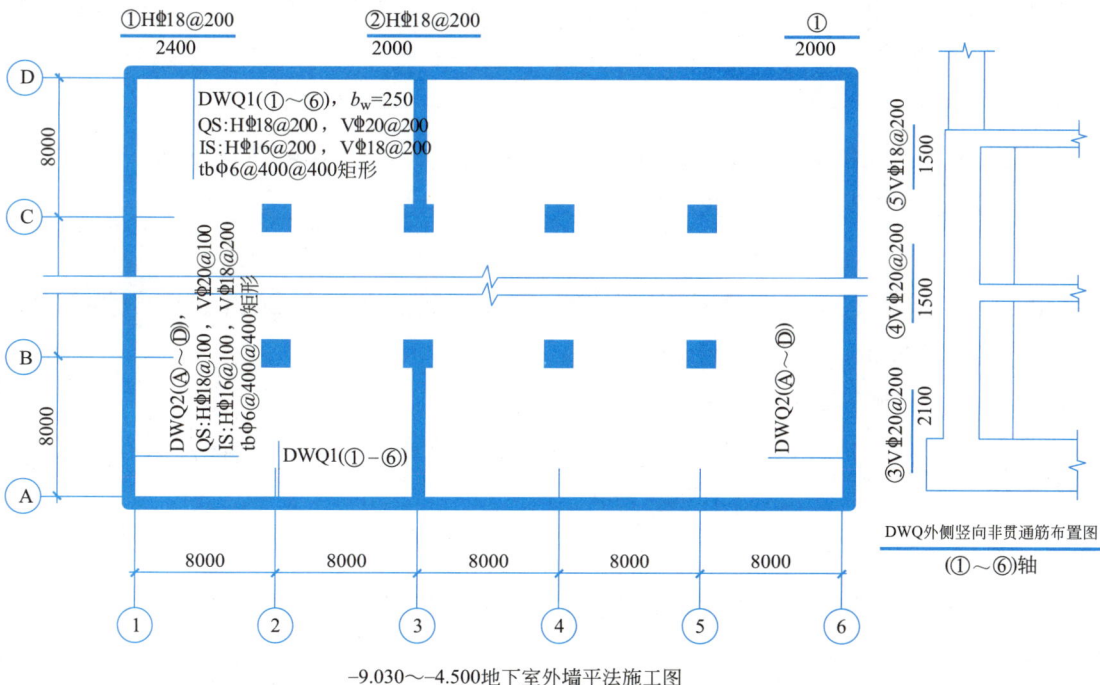

图 6-7　地下室外墙施工图示例

1. 地下室外墙仅适用于起挡土作用的地下室外围护墙。地下室外墙中墙柱、连梁及洞口等的表示方法同地上剪力墙。

2. 地下室外墙编号，由墙身代号、序号组成。表达为 DWQ××。

3. 地下室外墙平面注写方式，包括**集中标注**墙体编号、厚度、贯通钢筋、拉结筋等和**原位标注**附加非贯通钢筋等两部分内容。当仅设置贯通钢筋，未设置附加非贯通钢筋时，则仅做集中标注。

4. 地下室外墙的**集中标注**，规定如下：

（1）注写地下室外墙编号，包括代号、序号、墙身长度（注为××～××轴）。

（2）注写地下室外墙厚度如 b_w＝×××。

（3）注写地下室外墙的**外侧、内侧贯通钢筋和拉结筋。**

1）以 OS 代表外墙外侧贯通钢筋。其中，外侧水平贯通钢筋以 H 打头注写，外侧竖向贯通钢筋以 V 打头注写。

2）以 IS 代表外墙内侧贯通钢筋。其中，内侧水平贯通钢筋以 H 打头注写，内侧竖向贯通钢筋以 V 打头注写。

3）以 tb 打头注写拉结筋直径、钢筋级别及间距，并注明"矩形"或"梅花"。

地下室外墙集中标注制图规则见表 6-10。

地下室外墙集中标注制图规则 表 6-10

标注内容	地下室外墙集中标注制图规则
DWQ2(①～⑥)，b_w＝300	表示 2 号地下室外墙，长度范围为①～⑥轴之间，墙厚为 300mm。
OS：H Φ 18@200，V Φ 20@200	表示外侧水平贯通钢筋为 Φ 18@200，竖向贯通钢筋为 Φ 20@200。
IS：H Φ 16@200，V Φ 18@200	表示内侧水平贯通钢筋为 Φ 16@200，竖向贯通钢筋为 Φ 18@200。
tb ϕ 6@400@400 矩形	表示拉结筋为 ϕ 6，矩形布置，水平间距为 400mm，竖向间距为 400mm。

5. 地下室外墙的**原位标注**，主要表示在外墙外侧配置的水平非贯通钢筋或竖向非贯通钢筋。

当配置水平非贯通钢筋时，在地下室墙体平面图上原位标注。在地下室外墙外侧绘制粗实线段代表水平非贯通钢筋，在其上注写钢筋编号并以 H 打头注写钢筋种类、直径、分布间距以及自支座中线向跨内的伸出长度值。

任务 6.3　剪力墙标准构造详图识读

由于剪力墙柱钢筋构造与框架柱基本相同，下面主要介绍剪力墙身与墙梁钢筋构造要求。

子任务 6.3.1　剪力墙身钢筋构造

1. 剪力墙身钢筋种类

剪力墙身钢筋包括水平分布钢筋、竖向分布钢筋及拉结筋。

2. 墙身水平分布钢筋的构造

墙身水平分布钢筋的构造主要包括水平钢筋在端部的构造和在转角处的构造（表 6-11）。

6-4
剪力墙水
平钢筋构
造要求

剪力墙水平分布钢筋构造　　　　　　表 6-11

端部类型	钢筋构造图
剪力墙多排钢筋构造	 拉结筋规格、间距详见设计　剪力墙双排配筋（$b_w \leqslant 400$） 拉结筋规格、间距详见设计　剪力墙三排配筋（$400 < b_w \leqslant 700$） 拉结筋规格、间距详见设计　剪力墙四排配筋（$b_w > 700$） 1. 墙厚 $b_w \leqslant 400$mm 时，双排配筋；400mm$< b_w \leqslant 700$mm 时，三排配筋；$b_w > 700$mm 时，四排配筋。 2. 水平分布筋放置于竖向分布筋外侧。
端部无暗柱	 每道水平分布钢筋均设双列拉结筋（$10d$） 1. 在剪力墙端部布置双列拉结筋。 2. 水平分布筋伸到端部，弯直钩 $10d$。

端部类型	钢筋构造图
端部有暗柱	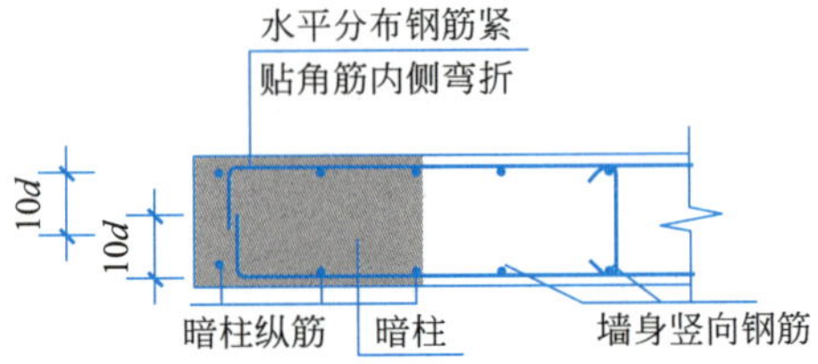 水平分布筋伸到暗柱角筋内侧，弯直钩 $10d$ 。
端部有 L 形暗柱时水平分布筋端部构造	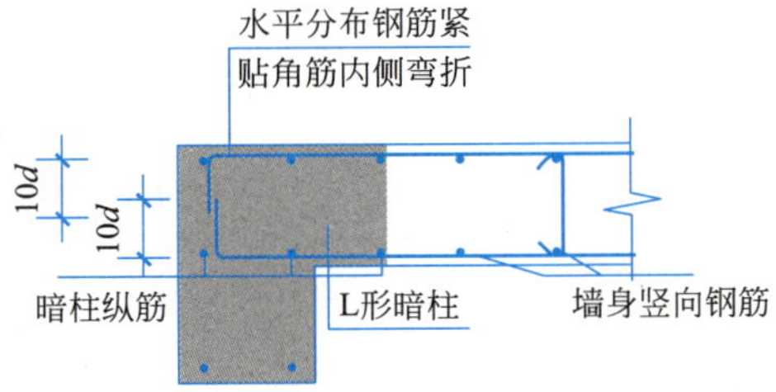 水平分布筋伸到暗柱角筋内侧，弯直钩 $10d$ 。
水平分布筋在斜交转角墙柱的构造	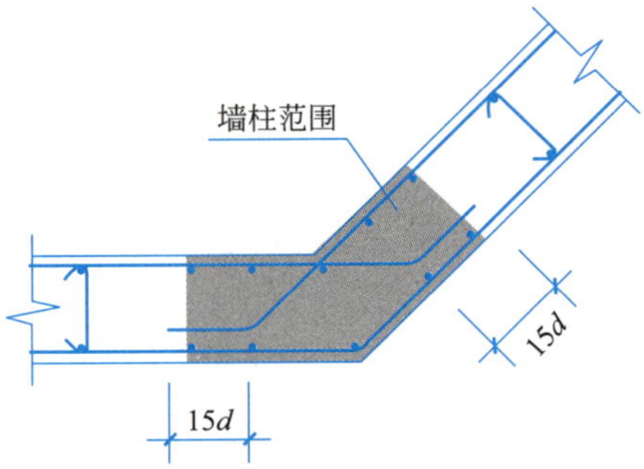 外侧水平分布筋连续通过阳角，内侧水平分布筋伸至暗柱对边竖向钢筋内侧后弯 $15d$ 。

续表

端部类型	钢筋构造图
水平分布筋在端柱翼墙的构造	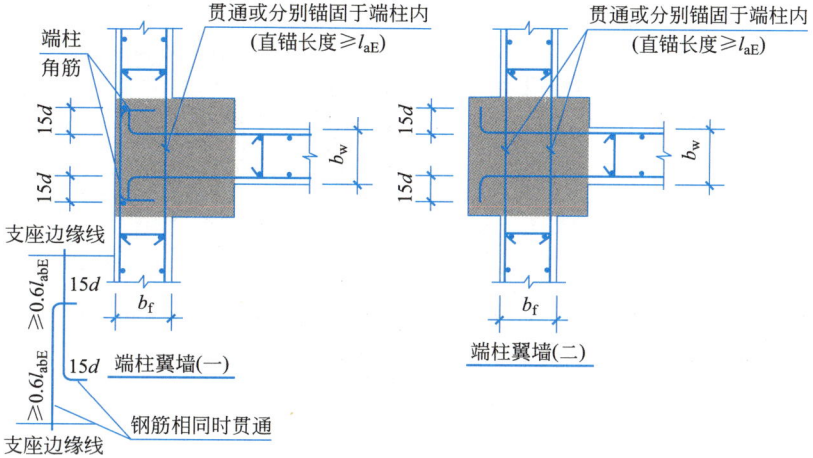端柱翼墙(一)　　　端柱翼墙(二)

1. 两翼的水平分布筋贯通或分别锚固于端柱内（直锚长度≥l_{aE}）。

2. 肢部的水平分布筋伸至端柱对边纵筋的内侧，弯直钩 $15d$（弯锚）；若伸入端柱的长度≥l_{aE} 时，可直锚。

3. 墙身竖向分布钢筋的构造

墙身竖向分布钢筋的构造主要包括竖向钢筋连接构造和在顶部的构造（表 6-12）。

剪力墙竖向钢筋构造　　　　　　　　　　　　　　表 6-12

构造类型	钢筋构造图
剪力墙竖向钢筋连接构造	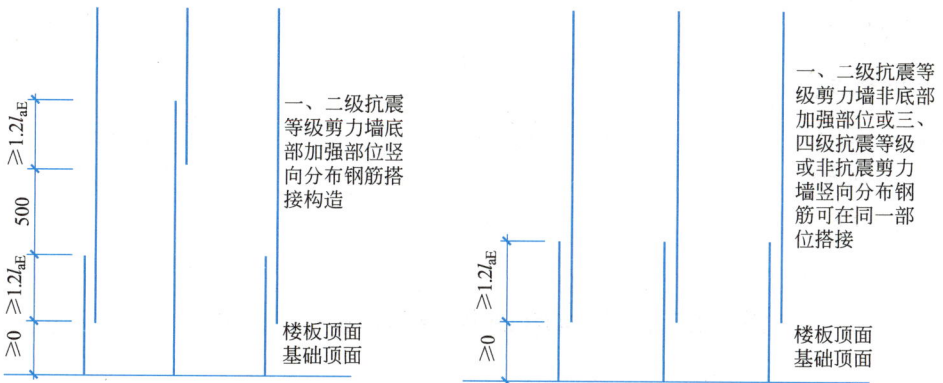一、二级抗震等级剪力墙底部加强部位竖向分布钢筋搭接构造　　一、二级抗震等级剪力墙非底部加强部位或三、四级抗震等级或非抗震剪力墙竖向分布钢筋可在同一部位搭接

构造类型	钢筋构造图
剪力墙竖向钢筋连接构造	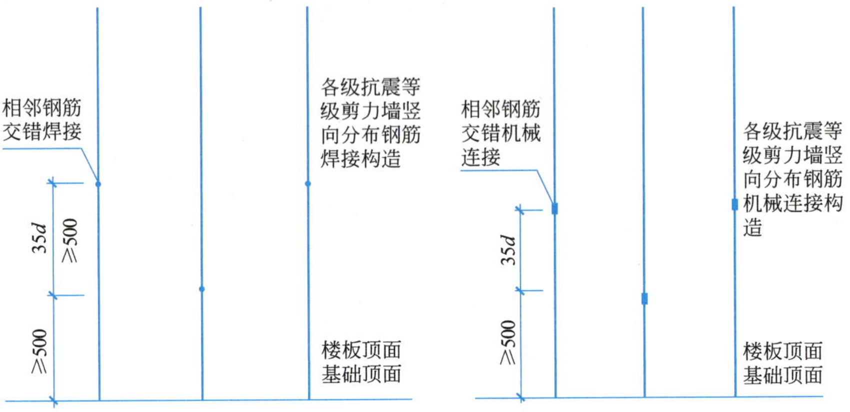

1. 剪力墙竖向分布钢筋连接分为绑扎搭接、机械连接和焊接。
2. 一、二级抗震等级剪力墙底部加强部位竖向分布钢筋应错位搭接。
3. 一、二级抗震等级剪力墙非底部加强部位或三、四级抗震等级剪力墙竖向分布钢筋可在同一部位搭接。

| 剪力墙竖向钢筋在屋面板或楼面板或暗梁处时的构造 | 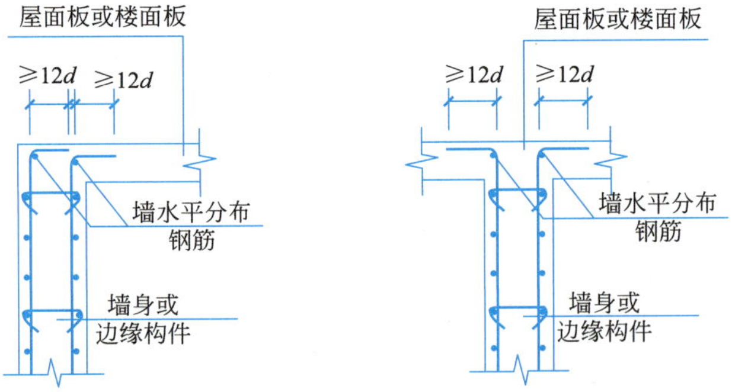 |

当剪力墙顶部为屋面板、楼面板时，竖向钢筋伸至板顶或梁顶弯折12d。

构造类型	钢筋构造图
剪力墙竖向钢筋在边框梁处时的构造	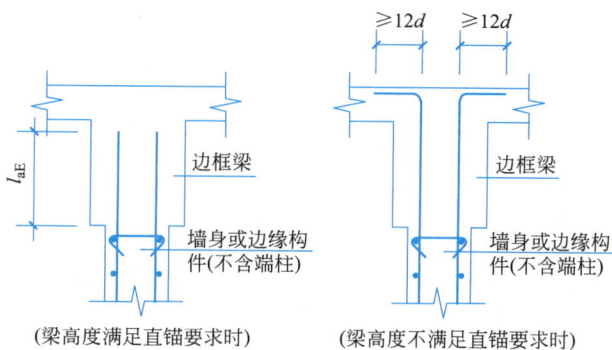（梁高度满足直锚要求时）　　　（梁高度不满足直锚要求时） 1. 当剪力墙顶部为边框梁时，纵向钢筋可伸入边框梁直锚，长度为 l_{aE}； 2. 如边框梁高度不满足直锚要求，则伸至梁顶弯折 $12d$。

子任务6.3.2　剪力墙梁钢筋构造

1. 剪力墙梁钢筋种类

剪力墙梁钢筋包括上部纵向钢筋、下部纵向钢筋、侧面构造钢筋、箍筋及梁柱筋。

2. 剪力墙梁钢筋的构造

剪力墙梁钢筋的构造主要包括剪力墙梁纵向钢筋构造、箍筋构造、侧面钢筋构造和拉筋构造（表6-13）。

剪力墙梁钢筋构造 　　　表 6-13

构造类型	钢筋构造图

a.小墙垛处洞口连梁（端部墙肢较短）　　b.单洞口边梁（单跨）

剪力墙连梁 LL 纵筋构造

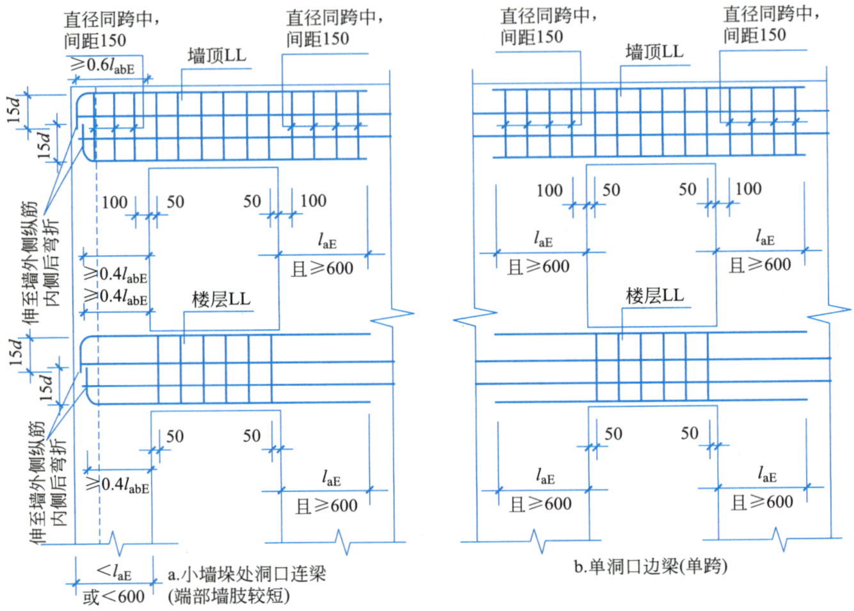

1. 当端部洞口连梁的纵向钢筋在端支座的直锚长度 $\geq l_{aE}$ 且 $\geq$ 600mm 时，可不必往上（下）弯折。

2. 当端部洞口连梁的纵向钢筋在端支座的直锚长度 $< l_{aE}$ 或 $<$ 600mm 时，连梁上下部纵向钢筋需往上（下）弯折 $15d$。

3. 当墙身水平分布钢筋满足连梁和暗梁侧面纵向构造钢筋的要求时，连梁侧面钢筋配置同墙身水平分布钢筋。

剪力墙连梁 LL 箍筋构造

1. 楼层连梁的箍筋仅在洞口范围内布置。第一个箍筋在距洞口（支座）边缘 50mm 处设置。

2. 顶层连梁的箍筋在全梁范围内布置。洞口范围内的第一个箍筋在距洞口（支座）边缘 50mm 处设置；支座范围内的第一个箍筋在距支座边缘 100mm 处设置。

3. 在"连梁表"中的箍筋间距指的是洞口范围内的间距，支座范围内箍筋间距是 150mm（设计不注）。

构造类型	钢筋构造图
连梁、暗梁、边框梁侧面纵筋和拉筋构造

直径同跨中,间距150   墙顶LL   直径同跨中,间距150

100 50 50   50 50 100

l_{aE} 且≥600 l_{aE} 且≥600

楼层LL

50 50   50 50

l_{aE} 且≥600 l_{aE} 且≥600

c.双洞口连梁(双跨)

LL   AL   BKL

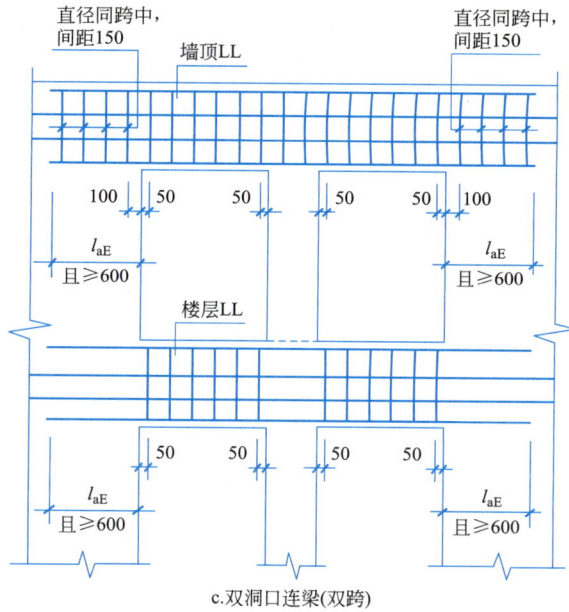

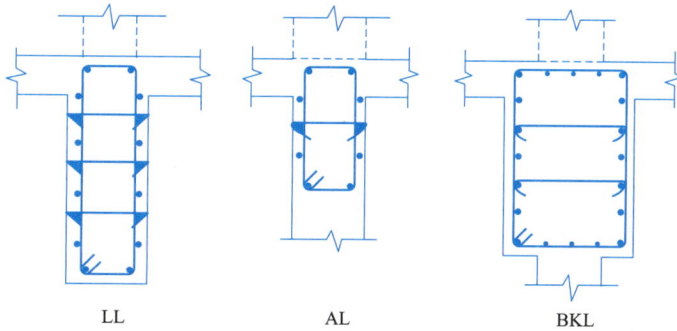

连梁、暗梁、边框梁
侧面纵筋和拉筋构造
(侧面纵筋详见具体工程设计) |

1. 当设计未注写侧面纵筋时,侧面纵筋同剪力墙水平分布筋。
2. 当梁宽≤350mm 时,拉筋直径为 6mm,梁宽>350mm 时,拉筋直径为 8mm,拉筋间距为 2 倍箍筋间距,竖向沿侧面水平筋隔一拉一。当设有多排拉筋时,上下两排拉筋竖向错开设置。

识图训练——剪力墙平法施工图识读

一、剪力墙平法施工图知识点思维导图（图 6-8）

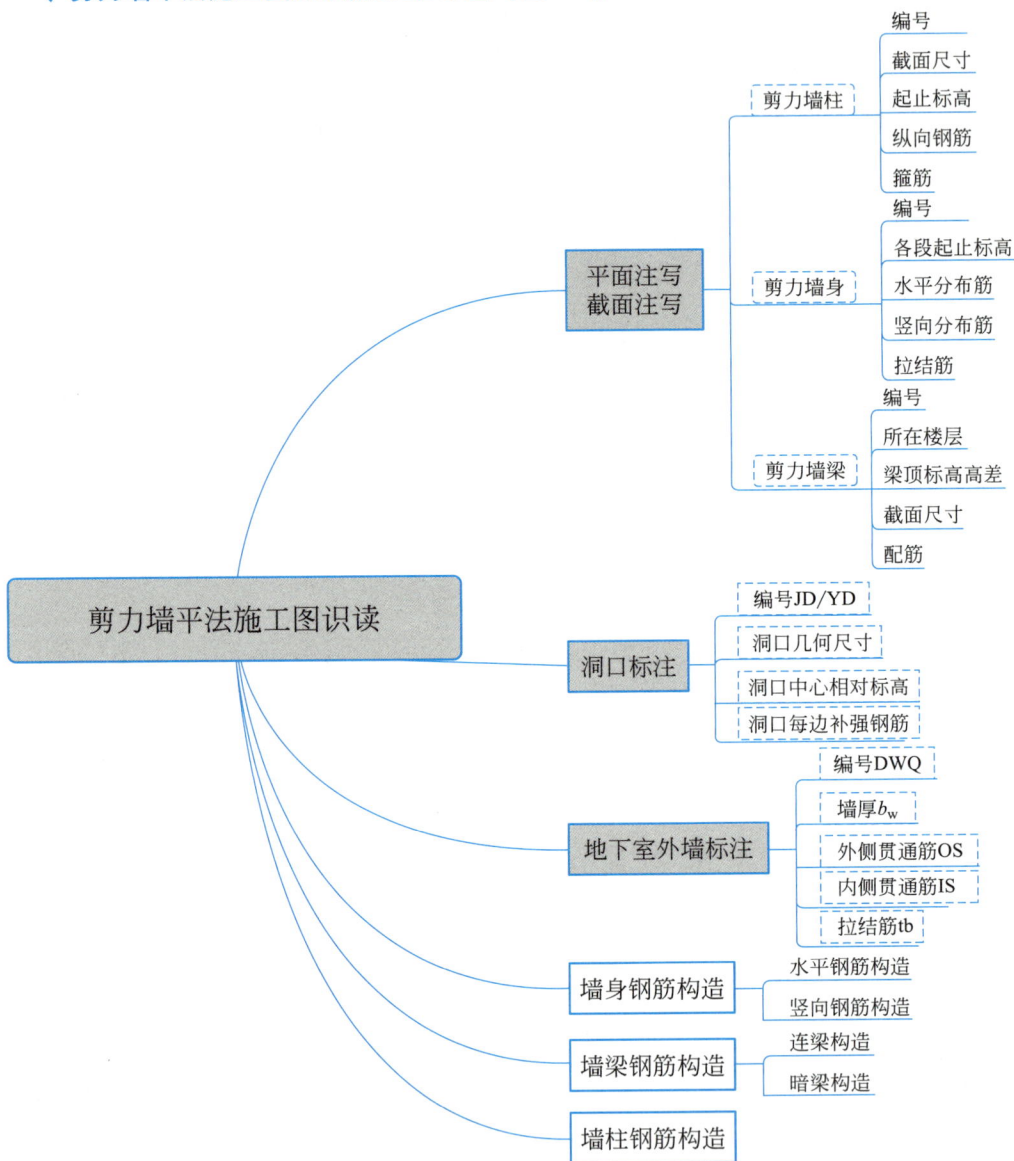

图 6-8　剪力墙平法施工图知识点思维导图

6-5
剪力墙平
面布置图

二、剪力墙平法施工图识图步骤

1. 查看图号、图名和比例。

2. 阅读设计总说明，查阅剪力墙的混凝土等级和其他有关的说明。

3. 明确结构层楼面标高、结构层高和层号。

4. 结合建筑施工图，查看图纸定位轴线、编号和尺寸。

5. 剪力墙施工图平法识读：平面布置图确定墙柱、墙身、墙梁位置，对应构件编号、截面尺寸查看配筋表确定构件配筋情况等。

6. 图纸中其他必要的详图和说明。

三、列表注写方式图例（图6-9）

结构层楼面标高表：

层号	标高(m)	层高(m)
屋面2	65.670	
塔层2	62.370	3.30
屋面1（塔层1）	59.070	3.30
16	55.470	3.60
15	51.870	3.60
14	48.270	3.60
13	44.670	3.60
12	41.070	3.60
16	37.470	3.60
10	33.870	3.60
9	30.270	3.60
8	26.670	3.60
7	23.070	3.60
6	19.470	3.60
5	15.870	3.60
4	12.270	3.60
3	8.670	3.60
2	4.470	3.60
1	-0.030	4.50
-1	-4.530	4.50
-2	-9.030	4.50

底部加强部位

结构层楼面标高
结构层高
上部结构嵌固部位：
-0.030m。

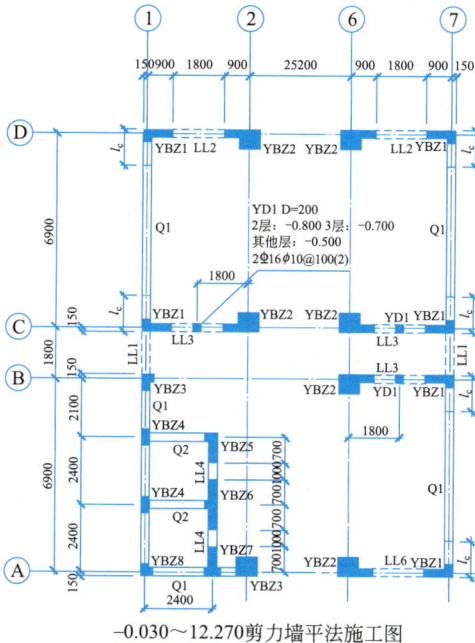

YD1 D=200
2层: -0.800 3层: -0.700
其他层: -0.500
2Φ16 Φ10@100(2)

非阴影区拉筋
Φ10@200@200双向

-0.030~12.270剪力墙平法施工图
（剪力墙柱表见下）

剪力墙梁表

编号	所在楼层号	梁顶相对标高高差	梁截面 b×h	上部纵筋	下部纵筋	箍筋
LL1	2~9	0.800	300×2000	4Φ22	4Φ22	Φ10@100(2)
	10~16	0.800	250×2000	4Φ20	4Φ20	Φ10@100(2)
	屋面1		250×1200	4Φ20	4Φ20	Φ10@100(2)
LL2	3	-1.200	300×2520	4Φ22	4Φ22	Φ10@150(2)
	4	-0.900	300×2070	4Φ22	4Φ22	Φ10@150(2)
	5~9	-0.900	300×1770	4Φ22	4Φ22	Φ10@150(2)
	10~屋面1	-0.900	250×1770	3Φ22	3Φ22	Φ10@150(2)
LL3	3		300×2070	4Φ22	4Φ22	Φ10@100(2)
	4		300×1770	4Φ22	4Φ22	Φ10@100(2)
	4~9		300×1170	4Φ22	4Φ22	Φ10@100(2)
	10~屋面1		250×1170	3Φ22	3Φ22	Φ10@100(2)
LL4	2		250×2070	3Φ20	3Φ20	Φ10@120(2)
	3		250×1770	3Φ20	3Φ20	Φ10@120(2)
	4~屋面1		250×1170	3Φ20	3Φ20	Φ10@120(2)
AL1	2~9		300×600	3Φ20	3Φ20	Φ8@150(2)
	10~16		250×500	3Φ18	3Φ18	Φ8@150(2)
BKL1	屋面1		500×750	4Φ22	4Φ22	Φ10@150(2)

剪力墙身表

编号	标高	墙厚	水平分布筋	垂直分布筋	拉筋
Q1	-0.030~30.270	300	Φ12@200	Φ12@200	Φ6@600@600
	30.270~59.070	250	Φ10@200	Φ10@200	Φ6@600@600
Q2	-0.030~30.270	250	Φ10@200	Φ10@200	Φ6@600@600
	30.270~59.070	200	Φ10@200	Φ10@200	Φ6@600@600

剪力墙柱表

截面				
编号	YBZ1	YBZ2	YBZ3	YBZ4
标高	-0.030~12.270	-0.030~12.270	-0.030~12.270	-0.030~12.270
纵筋	24Φ20	22Φ20	18Φ22	20Φ20
箍筋	Φ10@100	Φ10@100	Φ10@100	Φ10@100
截面				
编号	YBZ5	YBZ6		YBZ7
标高	-0.030~12.270	-0.030~12.270		-0.030~12.270
纵筋	20Φ20	28Φ20		16Φ20
箍筋	Φ10@100	Φ10@100		Φ10@100

图6-9　剪力墙列表注写方式示例

【例】识读 YBZ1：

标高：−0.030～12.270，本标注用于标高 −0.030m 至 12.270m 的楼层。墙厚为 300mm，x 方向长 1050mm，y 方向长 600mm。

24⏀20：所有纵筋为 24 根 HRB400 钢筋，直径为 20mm。

Φ10@100：箍筋为 HPB300 钢筋，直径为 10mm，间距 100mm。

【例】识读 Q1：

标高：−0.030～30.270，墙厚 300mm，水平分布钢筋和垂直分布钢筋均为⏀12@200，表示剪力墙身配筋为 HRB400 级钢筋，直径为 12mm，间距 200mm。

Φ6@600@600：表示拉筋（矩形）配置 HPB300 级钢筋，直径为 6mm，间距 600mm×600mm 设置一根。

【例】识读墙梁表中的 LL1：

1. LL1 设置在 2～9 层时：

1）梁顶面标高高出所在结构层楼面标高 0.8m。

2）LL1 截面尺寸 $b×h$＝300×2000：表示梁宽 300mm、梁高 2000mm。

3）梁上部纵筋 4⏀22 、下部纵筋 4⏀22：表示 LL1 上下部纵筋均配置 4 根直径为 22mm 的 HRB400 级钢筋。

4）梁箍筋为Φ10@100（2）：表示 LL1 箍筋为直径 10mm 的 HPB300 级钢筋，间距为 100mm，双肢箍。

2. LL1 设置在 10～16 层时：

1）梁顶面标高高出所在结构层楼面标高 0.8m 。

2）LL1 截面尺寸 $b×h$＝250×2000：表示梁宽 250mm、梁高 2000mm。

3）梁上部纵筋 4⏀20 、下部纵筋 4⏀20 ：表示 LL1 上下部纵筋均配置 4 根直径为 20mm 的 HRB400 级钢筋。

4）梁箍筋为Φ10@100（2）：表示 LL1 箍筋为直径 10mm 的 HPB300 级钢筋，间距 100mm，双肢箍。

3. LL1 设置在屋面 1 时：

1）梁顶面标高与该结构层楼面标高相同。

2）LL1 截面尺寸 $b×h$＝250×1200：表示梁宽 250mm、梁高 1200mm。

3）梁上部纵筋 4⏀20 、下部纵筋 4⏀20 ：表示 LL1 上下部纵筋均配置 4 根直径为 20mm 的 HRB400 级钢筋。

4）梁箍筋为Φ10@100（2）：表示 LL1 箍筋为直径 10mm 的 HPB300 级钢筋，间距 100mm，双肢箍。

4. 墙梁侧面纵筋的配置同墙身（Q1）水平分布钢筋，表中不注。

四、识图训练

图 6-9 所示剪力墙结构，采用 C30 混凝土，请以土建施工技术员身份识读图中所有墙柱，墙梁信息。

剪力墙柱平法识图工作页

姓名					学号				日期				成绩				
1 墙柱编号	2 轴线号	3 材料			4 截面尺寸			5 位置				6 纵筋			7 箍筋					其他钢筋
		混凝土	纵筋	箍筋	b	h	L	部位	上下偏位(mm)	左右偏位(mm)	墙柱标高(m)	所有纵筋	支座上部纵筋左/右	直径(mm)	肢数	加密区间距(mm)	非加密区间距(mm)	加密区长度(mm)	非加密密区长度(mm)	
YBZ1	①	C30	HRB 400	HPB 300	300	600	1050	①×Ⓓ	0	0	-0.030 ~ 12.270	24 ⏀ 20	无	10	无	100	无	无	无	无

剪力墙梁平法识图工作页

姓名　　　　学号　　　　日期　　　　成绩

1 梁编号	2 轴线号	3 材料			4 截面尺寸		5 位置					6 纵筋			7 箍筋					
		混凝土	纵筋	箍筋	b	h	本跨梁起止轴线	净跨 (mm)	上下偏位 (mm)	左右偏位 (mm)	梁顶标高 (m)	上部纵筋	下部纵筋	侧面构造筋	直径 (mm)	肢数	间距 (mm)	加密区长度 (mm)	非加密区长度 (mm)	其他钢筋
LL1	①、⑦ (2~9层)	C30	HRB 400	HPB 300	300	2000	⑧~©	1500	0	0	0.800	4 Φ 22	4 Φ 22	同墙体水平分布筋	10	2	100	无	无	无

剪力墙钢筋三维图绘制训练

请识读图中 GBZ1 和 Q1 信息，使用计算机辅助软件（CAD 或 BIM）进行柱钢筋模型绘制。

剪力墙柱表	
暗柱截面	
端柱截面	
编号	GBZ1
标高	−0.500～0.550
纵筋	18Φ16
箍筋	Φ8@100
剪力墙身表	
详图	
编号	Q1
墙身水平钢筋和竖向钢筋均为Φ10@200，拉筋为Φ8@400，混凝土强度等级为C30。	

构造边缘端柱：GBZ1

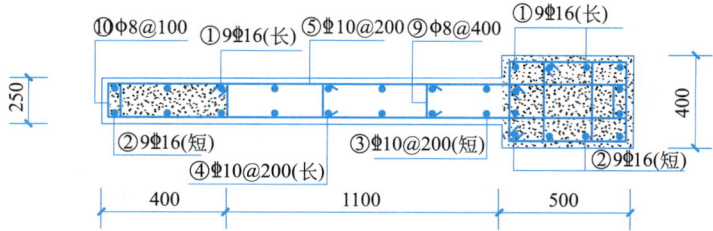

构造边缘端柱GBZ1配筋图

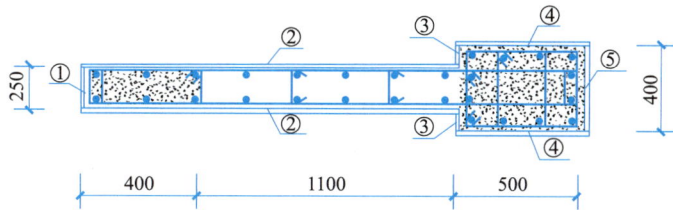

构造边缘端柱GBZ1模板图

混凝土结构施工图平法识读（活页式）

评价总结

班级：_____　　　小组：_____　　　姓名：_____

评价项目	评价标准	评价依据	分值	自我评价	小组互评	教师评价
岗位核心素质（40%）	具有安全施工意识	具有安全第一的意识	10			
	具有良好的工作质量	完成任务时有严谨的工作态度，按规范绘图和验收，正确率高	10			
	具有爱岗敬业的精神	在完成岗位任务时有责任心，无迟到早退现象	10			
	具有合作精神	与成员间合作互助，沟通协调能力好	10			
专业能力（60%）	剪力墙中构件组成和分类	能正确分辨剪力墙中构件	5			
	剪力墙列表注写方式（墙身、墙柱、墙梁）平法规则	能快速正确识读剪力墙列表注写方式	5			
	剪力墙截面注写方式平法规则	能快速正确识读剪力墙截面注写方式	5			
	剪力墙洞口和外墙标注识读	能快速正确识读剪力墙洞口和外墙标注	5			
	剪力墙钢筋构造	能快速正确识读剪力墙构造详图	10			
	剪力墙施工图纸识读练习	剪力墙平法施工图识读正确率达到90%	15			
	剪力墙钢筋三维模型绘制	能绘制三维钢筋模型	15			

总分：

Chapter 07

项目七

板式楼梯平法施工图识读

学习目标

知识目标

1. 了解楼梯类型。
2. 掌握现浇板式楼梯平法施工图的制图规则，能正确识读楼梯平法施工图。
3. 熟悉楼梯的标准构造要求。

能力目标

1. 能正确运用 22G101-2 图集中板式楼梯平法施工图制图规则，准确识读板式楼梯施工图中的平法标注。
2. 根据具体工程案例的板式楼梯平法施工图，能识读工程中的板式楼梯的配筋情况及钢筋放样。

素质目标

1. 培养学生的规范意识。
2. 培养学生科学严谨的态度，认真细致的工作作风。
3. 培养学生空间思维能力。

课程思政要点

思政元素	思政切入点	思政目标
好学务实	楼梯是由一个个台阶组成的，人生也有许多阶梯，每一项技能都是我们通向成功的阶梯。	引导学生学习树立踏实好学的意识，培养坚定不移的信念。
规范意识	精选工程事故案例，从而帮助学生认识到规范识图、按图施工的重要性。	培养学生规范和严谨认真的工作态度。

学习任务工单

1. 任务描述

小张是某项目的施工技术员，今天他的工作是要看懂板式楼梯的平法施工图，并按照图纸现场检查板式楼梯钢筋的选用，施工放置的位置、钢筋长度、绑扎是否正确。

本任务要求学生能识读板式平法施工图，并对板式楼梯的钢筋绑扎进行验收。本任务知识与技能要求有：

任务内容	板式楼梯平法施工图识读	学习程度		
		识记	理解	应用
学习任务	楼梯的分类及板式楼梯的类型	★		
	板式楼梯平面注写和剖面注写平法规则		★	
	板式楼梯标准构造详图		★	
实训任务	板式楼梯图纸识读绘图练习			★
自我勉励				

2. 寻找队友

以 3～5 人为一组，选出组长并进行任务分工，将小组成员及分工情况填入表中。

班级		组号		指导老师	
姓名		学号		任务分工	
组长					
组员					

3. 小组作业

楼梯的类别和楼梯中钢筋

（1）楼梯基本知识

引导问题 1：楼梯的种类有：_____、_____、_____、_____。

引导问题 2：板式楼梯所包含的构件有：_____

_____。

（2）板式楼梯平法施工图制图规则

引导问题 3：板式楼梯平法施工图有____注写、____注写和____注写三种表达方式。

引导问题 4：板式楼梯的类型有_____12 种。

引导问题 5：楼梯编号由____和____组成；如 AT1 表示_____。

引导问题 6：AT～ET 型梯板的截面形状为：AT 型梯板全部由_____构成；BT 型梯板由_____和_____构成；CT 型梯板由____和____构成；DT 型梯板由_____、_____和_____构成；ET 型梯板由_____、_____和_____构成。

引导问题 7：AT～ET 型梯板的两端分别以_____为支座。

引导问题 8：板式楼梯平面注写方式集中标注的内容有：_____

_____。

引导问题 9：AT1 表示_____；PTB1 表示_____。

引导问题 10：梯段板厚度注写为 $h=130$（P150）表示踏步段厚度为____mm，平板厚度为____mm。

引导问题 11：板式楼梯平面注写方式外围标注的内容有：_____

_____。

引导问题 12：某工程楼梯的平面图如图 7-1 所示，请识读其集中标注、外围标注的信息。

CT3，$h=120$　　　表示_____。

1600/10　　　表示_____。

$\Phi 12@200$；$\Phi 12@150$　　表示_____。

$F\phi 8@250$　　　表示_____。

外围标注的信息：_____

_____。

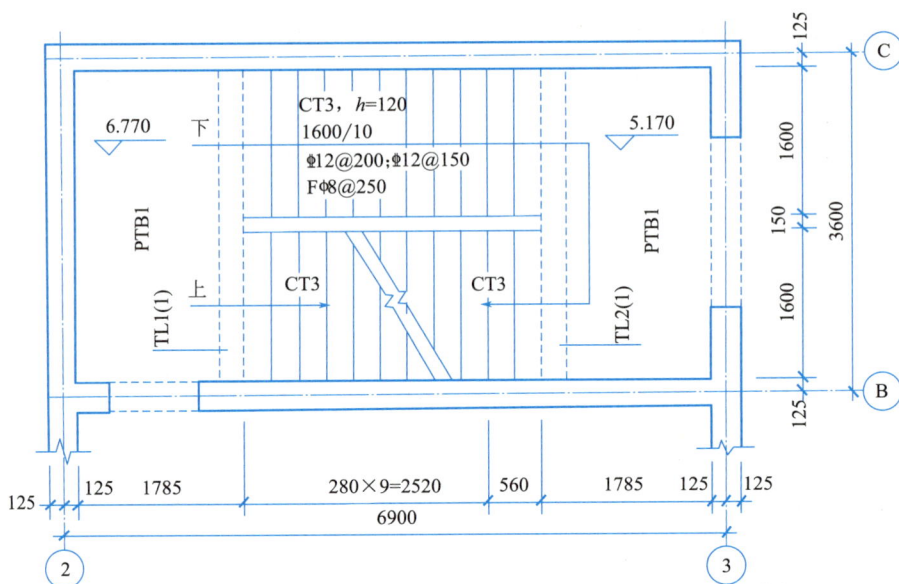

标高5.170～标高6.770楼梯平面图

图 7-1　楼梯平面图

引导问题 13：板式楼梯剖面注写方式集中标注的内容有：＿＿＿＿＿＿＿＿＿

＿＿＿＿＿＿＿＿＿＿＿＿＿＿＿＿＿＿＿＿＿＿＿＿＿＿＿＿＿＿＿＿＿＿＿＿＿。

（3）梯板钢筋构造

引导问题 14：AT 型梯板下部纵筋伸入支座长度＿＿＿＿＿＿＿＿且至少到＿＿＿＿＿＿＿＿＿。

引导问题 15：梯板下部纵筋若为 HPB300 光圆钢筋，两端要加＿＿＿＿＿＿弯钩，即一端要增加＿＿＿＿＿＿。

引导问题 16：AT 型梯板伸入＿＿＿＿＿＿的上部纵筋，有条件时可直接伸入平台板内锚固，从支座（高端梯梁）内边算起总锚固长度不小于＿＿＿＿＿＿。

引导问题 17：AT 型梯板上部纵筋，一端伸至＿＿＿＿＿＿对边再向下弯折＿＿＿＿＿。设计按铰接时，伸入支座直段长度≥＿＿＿＿；充分利用钢筋的抗拉强度时，伸入支座直段长度≥＿＿＿＿。另一端伸入踏步段弯 90°直钩，弯钩长度＝＿＿＿＿＿＿＿，伸入踏步段的水平投影长度为＿＿＿＿＿。

引导问题 18：梯板在下部纵筋＿＿＿＿＿、上部纵筋＿＿＿＿＿＿均设置梯板分布筋。

引导问题 19：BT 型梯板低端平板处上部纵筋，一端伸至支座（低端梯梁）对边再向下弯折＿＿＿＿。设计按铰接时，伸入支座平直段长度≥＿＿＿＿。另一端伸至＿＿＿＿＿＿后沿踏步段坡度弯折，且伸入踏步段内的长度为＿＿＿＿＿＿。

引导问题 20：BT 型梯板踏步段低端上部纵筋，一端伸至低端平板＿＿＿＿＿＿后沿平板水平弯折，且伸入低端平板内的长度为＿＿＿＿＿。另一端伸入踏步段弯 90°直钩，伸入踏步段的水平投影长度为＿＿＿＿＿＿＿＿＿＿＿＿＿＿＿＿＿＿＿＿＿＿＿。

引导问题 21：CT 型梯板高端平板及踏步段高端处上部纵筋，一端伸至支座（高端梯梁）对边再向下弯折＿＿＿＿＿＿。充分利用钢筋的抗拉强度时，伸入支座平直段长度≥

_____。另一端伸至踏步段_____后沿踏步段坡度弯折，伸入踏步段的水平投影长度为

_____。

引导问题 22：CT 型梯板高端平板下部纵筋，一端伸入高端梯梁内长度≥_____。另

一端伸入踏步段内的长度为_____。

引导问题 23：CT 型梯板踏步段下部纵筋，一端伸入低端梯梁内长度≥_____。

另一端伸入高端平板_____后沿平板水平弯折，伸入高端平板的长度为_____。

任务 7.1　楼梯的基本知识

楼梯是一种建筑垂直交通设施，用于楼层之间和楼层高差较大时的交通联系。高层建
筑尽管采用电梯作为主要垂直交通工具，但是仍要保留楼梯供紧急情况时逃生之用。

子任务 7.1.1　楼梯的分类

钢筋混凝土楼梯按结构形式不同可分为板式楼梯（图 7-2）、梁式楼梯（图 7-3）、悬挑
楼梯、螺旋楼梯等，22G101-2 图集主要针对的是现浇混凝土板式楼梯。

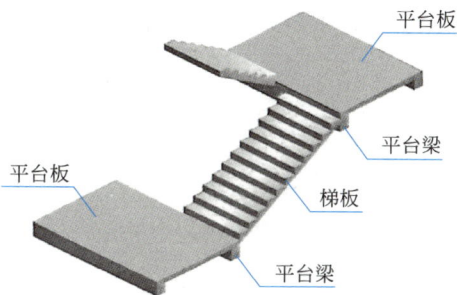

图 7-2　板式楼梯

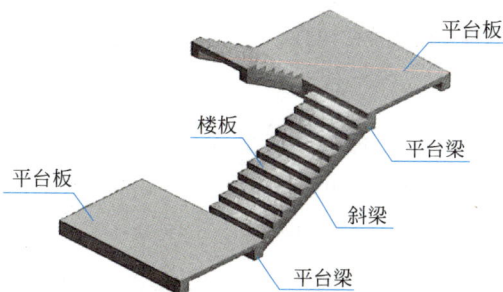

图 7-3　梁式楼梯

任务 7.2 板式楼梯平法施工图的识读

子任务 7.2.1 板式楼梯的定义及类型

1. 板式楼梯的定义

板式楼梯踏步段是一块斜板，踏步段斜板支承在高端梯梁和低端梯梁上，或者直接与高端平板和低端平板连成一体。

板式楼梯所包含的构件一般有踏步段、层间梯梁、层间平板、楼层梯梁和楼层平板等。如图 7-4 所示。

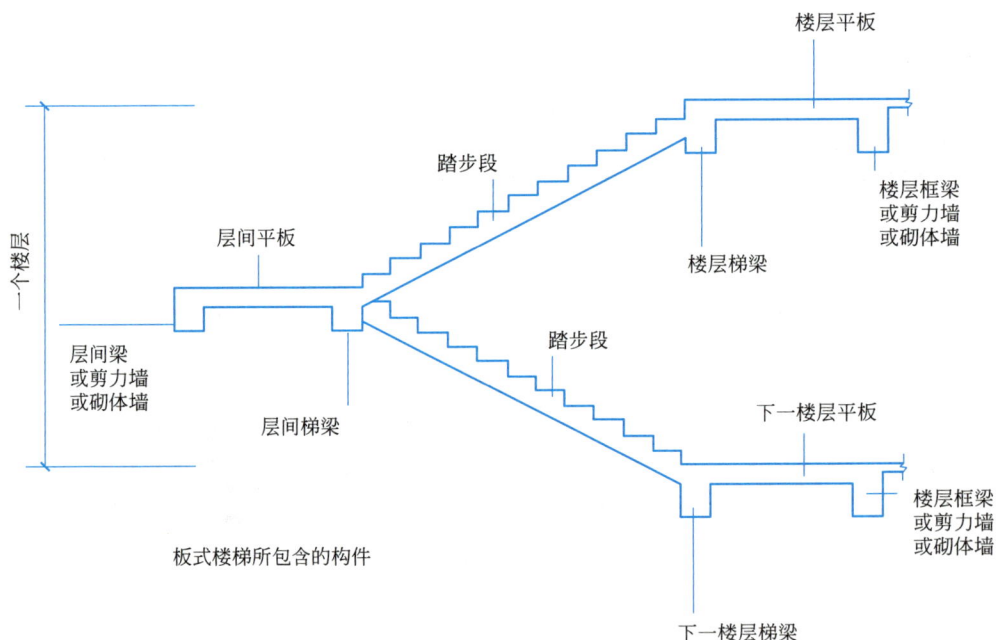

图 7-4 板式楼梯构造

2. 板式楼梯的类型

（1）22G101-2 图集将现浇板式楼梯分为 12 种类型，见表 7-1。

（2）楼梯编号由梯板代号和序号组成，如：AT1 表示 1 号 AT 型梯板。

板式楼梯类型及构成

表7-1

适用范围			特征	
梯板代号	抗震构造措施（是否参与结构整体抗震计算）	适用结构	图示	说明
AT	无（不参与）	剪力墙、砌体结构	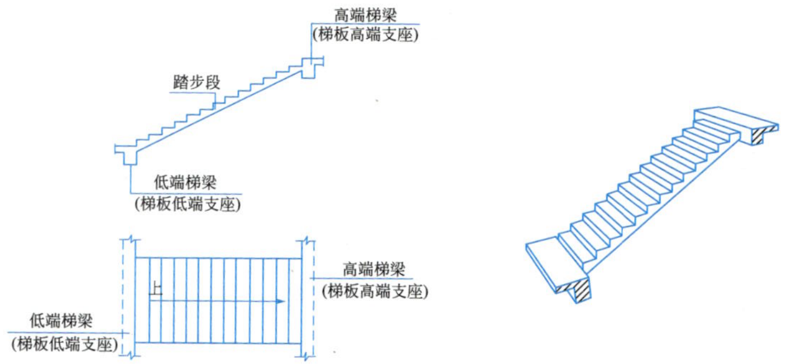	梯板全部由踏步段构成。
BT	无（不参与）	剪力墙、砌体结构	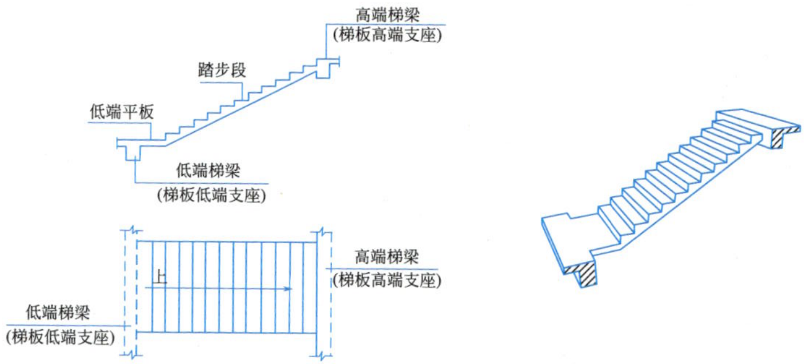	梯板由踏步段和低端平板构成。

续表

梯板代号	适用范围		特征	
	适用结构	抗震构造措施（是否参与结构整体抗震计算）	图示	说明
CT	剪力墙、砌体结构	无（不参与）		梯板由踏步段和高端平板构成。
DT	剪力墙、砌体结构	无（不参与）		梯板由低端平板、踏步段和高端平板构成。

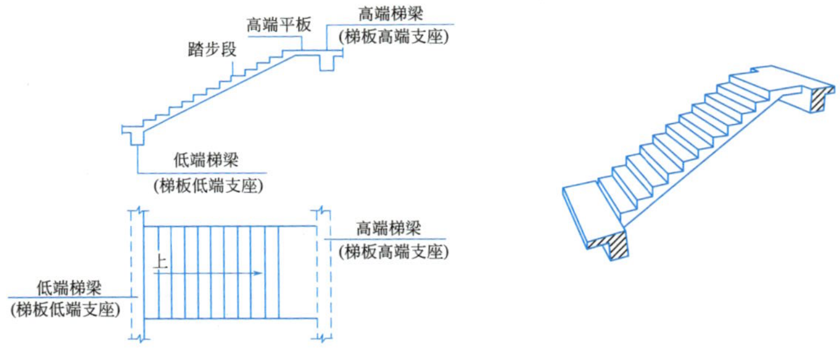

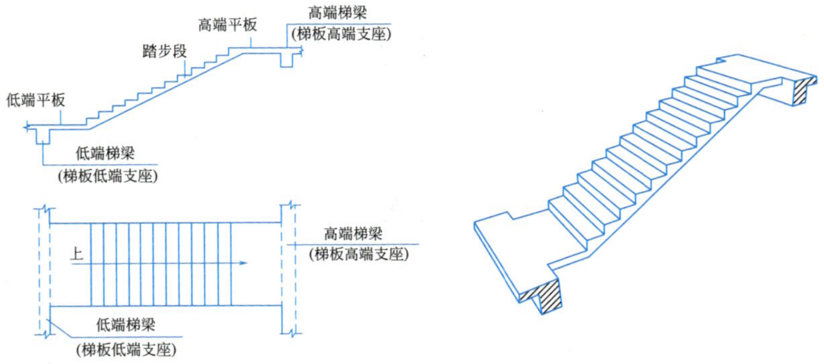

续表

梯板代号	适用范围		特征		
	抗震构造措施（是否参与结构整体抗震计算）	适用结构	图示		说明
ET	无（不参与）	剪力墙、砌体结构			梯板由低端踏步段、中位平板和高端踏步段构成。
FT	无（不参与）	剪力墙、砌体结构			由层间平板、踏步段和楼层平板构成。

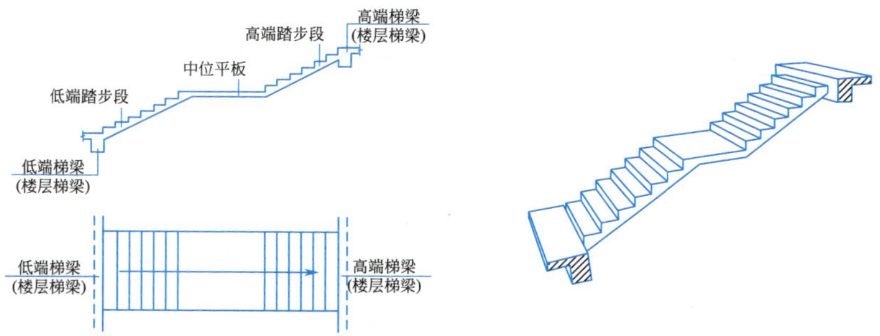

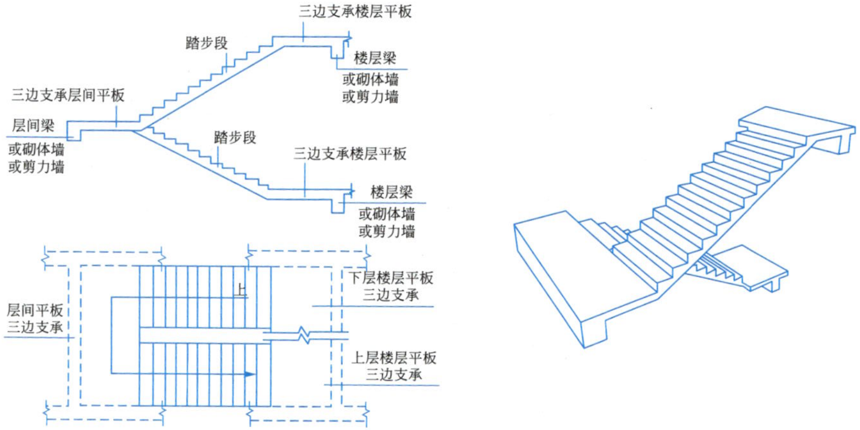

续表

适用范围			特征	
梯板代号	抗震构造措施（是否参与结构整体抗震计算）	适用结构	图示	说明
GT	无（不参与）	剪力墙、砌体结构	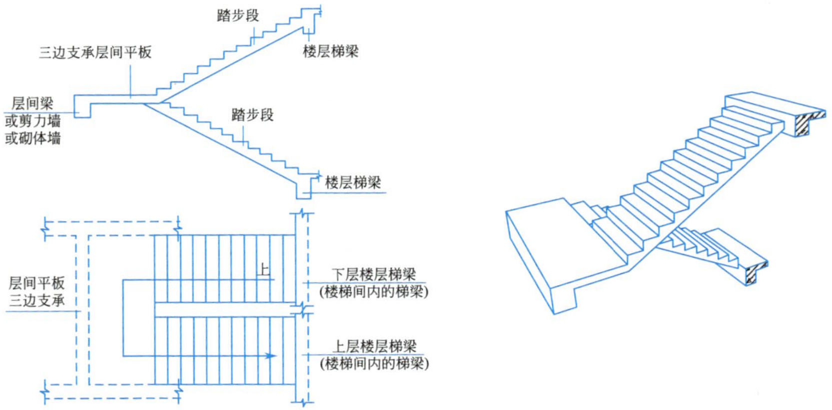	由层间平板、踏步段构成。
ATa	有（不参与）	框架结构、框剪结构中的框架部分	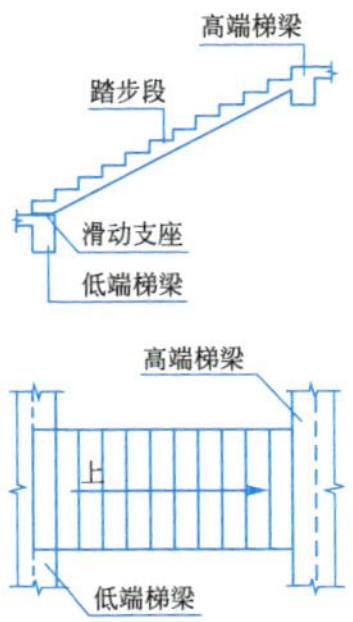	梯板全部由踏步段构成，梯板高端支承在梯梁上，梯板低端支承带滑动支座在梯梁上。

适用范围			特征	
梯板代号	抗震构造措施（是否参与结构整体抗震计算）	适用结构	图示	说明
ATb	有（不参与）	框架结构、框架剪力墙结构中框架部分	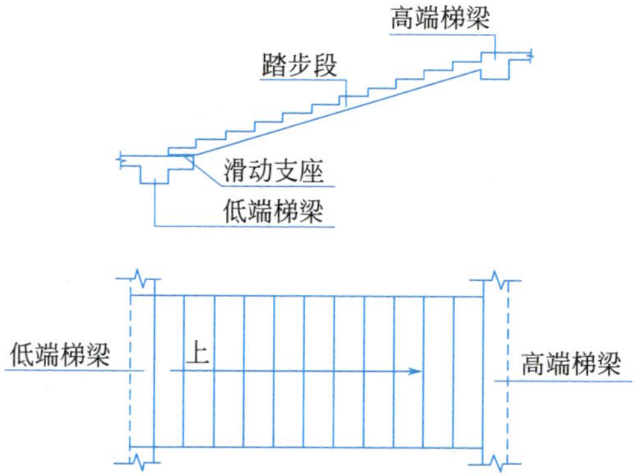	梯板全部由踏步段构成，梯板高端支承在梯梁上，梯板低端支承带滑动支座的挑板上。
ATc	有（参与）	框架结构、框架剪力墙结构中框架部分	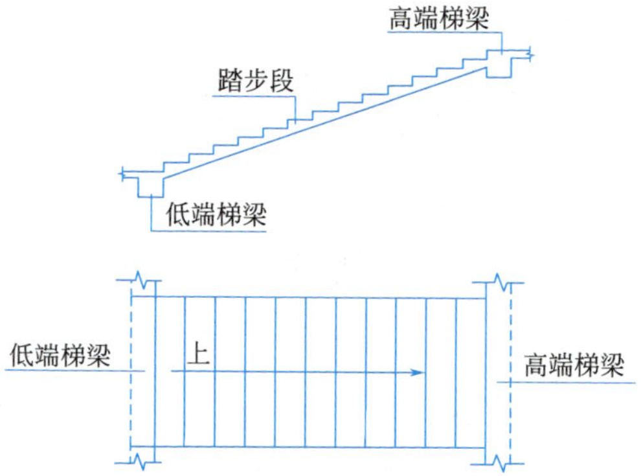	梯板全部由踏步段构成，梯板两端均支承在梯梁上。

续表

梯板代号	适用范围		特征	
	适用结构	抗震构造措施（是否参与结构整体抗震计算）	图示	说明
CTa	框架结构、框剪结构中的框架部分	有（不参与）		梯板由踏步段和高端平板构成，梯板高端支承在梯梁上，梯板低端带滑动支座支承在梯梁上。
CTb	框架结构、框剪结构中的框架部分	有（不参与）		梯板由踏步段和高端平板构成，梯板高端支承在梯梁上，梯板低端带滑动支座支承在梯梁上的挑板上。

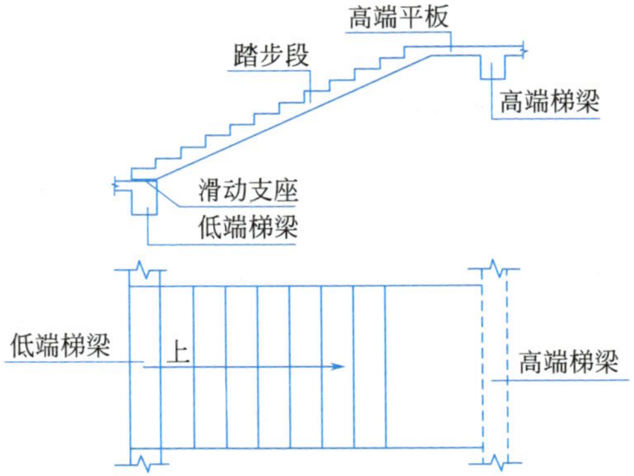

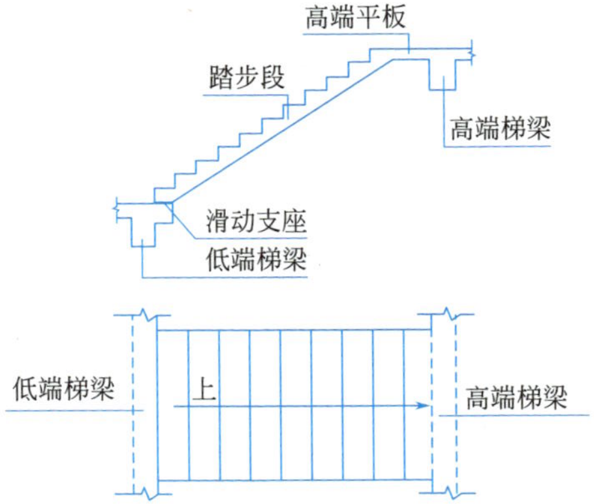

子任务 7.2.2　板式楼梯平面注写方式

现浇混凝土板式楼梯平法施工图有平面注写、剖面注写和列表注写三种表达方式。

楼梯的平面注写方式是在楼梯平面布置图上以注写截面尺寸和配筋具体数值的方式来表达楼梯施工图，包括**集中标注**和**外围标注**。

7-1
板式楼梯
平面注写
方式

1. 集中标注

楼梯集中标注的内容有五项，包括**梯板代号和序号**、**梯板厚度**、**踏步段总高度和踏步级数**、**梯板上部纵筋和下部纵筋**、**梯板分布钢筋**。对于 ATc 型楼板，集中标注尚应注明梯板两侧边缘构件的纵筋和箍筋。

楼梯集中标注的内容与规则见表 7-2。

楼梯集中标注的内容与规则　　　　　　　　　　表 7-2

集中标注内容(数据项)	制图规则解读
梯板代号和序号	代号：AT～CTb 型（见表 7-1）。
	序号：××加在梯板代号后面。
梯板厚度	注写 $h=×××$，垂直于板面的厚度，单位为"mm"。
踏步段总高度/踏步级数	注写踏步段总高度以及该踏步级数，之间以"/"分隔。
上部纵筋；下部纵筋	梯板上部纵筋的级别、直径及间距，梯板下部纵筋的级别、直径及间距，之间以"；"分隔。
梯板分布钢筋	以 F 打头注写梯板分布钢筋的级别、直径及间距。

【例 7-1】楼梯平面图中的 AT1 标注如下：

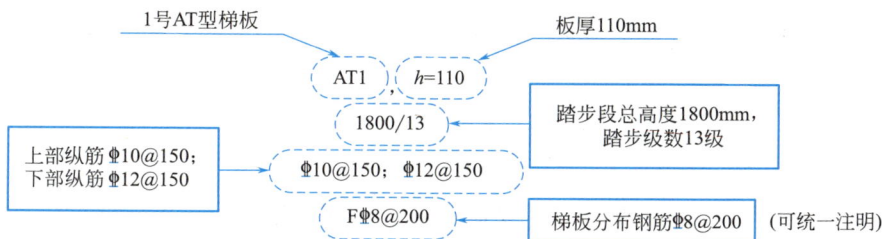

1号AT型梯板　　　　　　　　　　　　　板厚110mm

AT1　　$h=110$

1800/13　　　　踏步段总高度1800mm，踏步级数13级

上部纵筋 ⊈10@150；
下部纵筋 ⊈12@150　　　⊈10@150；⊈12@150

F⊈8@200　　　　梯板分布钢筋⊈8@200　（可统一注明）

2. 外围标注

楼梯外围标注的内容包括**楼梯间的平面尺寸**、**楼层结构标高**（结构层楼面现浇板顶面标高）、**层间结构标高**（层间平台板顶面标高）、**楼梯的上下方向**、**梯板的平面几何尺寸**、**平台板配筋**、**梯梁及梯柱配筋**等，如图 7-5 所示。

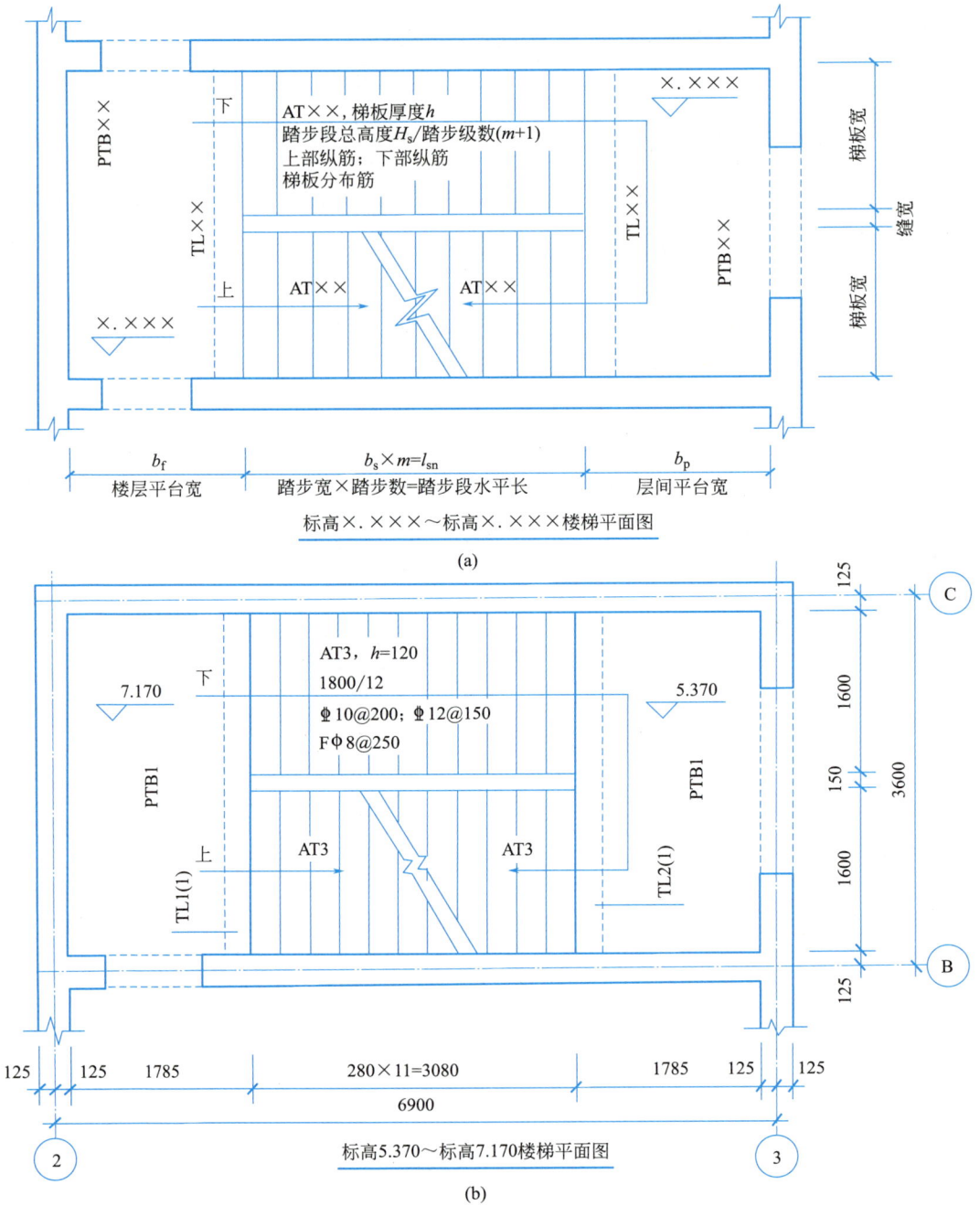

AT××，梯板厚度h
踏步段总高度H_s/踏步级数$(m+1)$
上部纵筋；下部纵筋
梯板分布筋

标高×.×××～标高×.×××楼梯平面图

(a)

AT3，$h=120$
1800/12
ϕ 10@200；ϕ 12@150
Fϕ 8@250

标高5.370～标高7.170楼梯平面图

(b)

图7-5　AT型板式楼梯平面注写方式

（a）注写方式；（b）工程实例

子任务 7.2.3　板式楼梯剖面注写方式

剖面注写方式需在楼梯平法施工图中绘制楼梯平面布置图和楼梯剖面图，注写方式分平面注写和剖面注写，如图7-6所示。

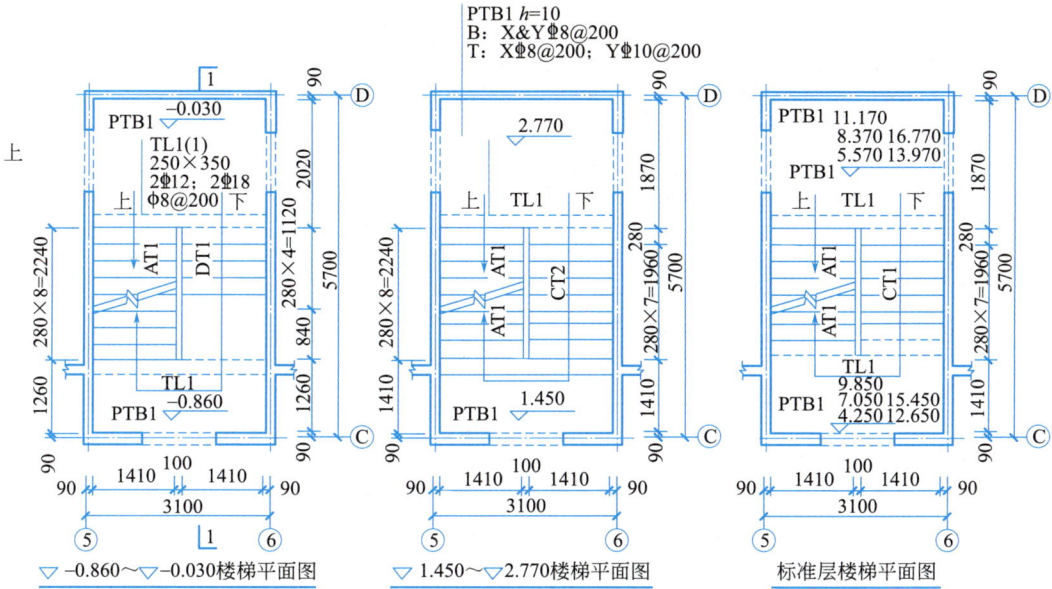

PTB1 h=10
B: X&Y⚊8@200
T: X⚊8@200；Y⚊10@200

PTB1 −0.030

TL1(1)
250×350
2⚊12；2⚊18
Φ8@200

AT1　DT1

2.770

上　TL1　下

AT1　AT1

CT2

PTB1　1.450

PTB1 11.170
8.370 16.770
5.570 13.970

PTB1

上　TL1　下

AT1　AT1

CT1

TL1
9.850
7.050 15.450
4.250 12.650

PTB1

▽−0.860～▽−0.030楼梯平面图　　▽1.450～▽2.770楼梯平面图　　标准层楼梯平面图

(a)

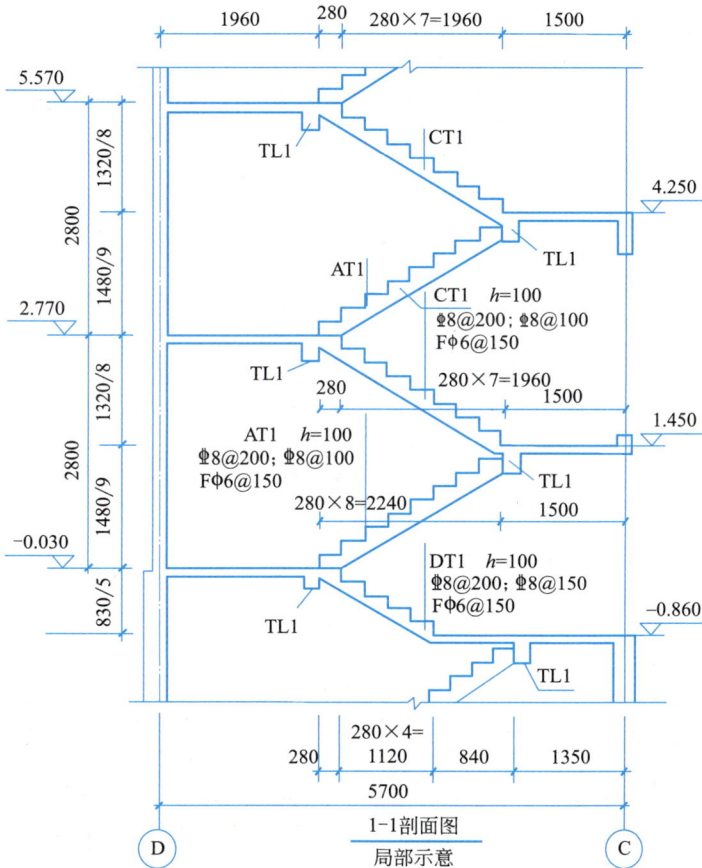

5.570

1320/8

2800

1480/9

2.770

1320/8

2800

1480/9

−0.030

830/5

TL1
CT1

4.250

AT1
CT1 h=100
⚊8@200；⚊8@100
FΦ6@150

TL1

TL1

280

280×7=1960

1500

AT1 h=100
⚊8@200；⚊8@100
FΦ6@150

280×8=2240

1500

TL1

1.450

DT1 h=100
⚊8@200；⚊8@150
FΦ6@150

−0.860

TL1

TL1

280　280×4=1120　840　1350

5700

1-1剖面图
局部示意

(b)

图 7-6　楼梯平法施工图剖面注写方式示例

（a）平面注写；（b）剖面注写

1. 楼梯平面布置图注写内容

包括楼梯间的平面尺寸、楼层结构标高、层间结构标高、楼梯的上下方向、梯板的平面几何尺寸、梯板代号及序号、平台板配筋、梯梁及梯柱配筋等。

2. 楼梯剖面图注写内容

包括梯板集中标注、梯梁梯柱编号、梯板水平及竖向尺寸、楼层结构标高、层间结构标高等。

3. 梯板集中标注的内容与规则见表7-3。

梯板集中标注的内容与规则　　　　　　表7-3

集中标注内容（数据项）	制图规则解读
梯板代号和序号	代号：AT～CTb型（见表7-1）。
	序号：××加在梯板代号后面。
梯板厚度	注写 $h=\times\times\times$,单位为"mm"; 当梯板由踏步段和平板构成,且踏步段梯板厚度和平板厚度不同时,可在梯板厚度后面括号内以字母P打头注写平板厚度。
上部纵筋；下部纵筋	梯板上部纵筋的级别、直径及间距,梯板下部纵筋的级别、直径及间距,之间以";"号分隔。
梯板分布钢筋	以F打头注写梯板分布钢筋的级别、直径及间距,也可在图中统一说明。

注：对于ATc型楼板，集中标注尚应注明梯板两侧边缘构件的纵筋和箍筋。

子任务7.2.4 板式楼梯列表注写方式

1. 列表注写方式，是用列表方式注写梯板截面尺寸和配筋具体数值的方式来表达楼梯施工图。

2. 列表注写方式的具体要求同剖面注写方式，仅将剖面注写方式中的梯板配筋注写改为列表注写项即可。

梯板列表注写的内容见表7-4。

列表注写的内容　　　　　　表7-4

梯板编号	踏步段总高度/踏步级数	板厚 h	上部纵向钢筋	下部纵向钢筋	分布筋
CT1	1320/8	100	Φ8@200	Φ8@100	FΦ6@150

注：对于ATc型楼梯尚应注明梯板两侧边缘构件纵向钢筋及箍筋。

任务 7.3　板式楼梯标准构造详图的识读

> 7-2
> AT型楼梯
> 配筋构造

　　AT~CTb 型板式楼梯钢筋构造共有 12 个标注构造详图，不同类型梯板的钢筋构造大同小异，限于篇幅，本任务主要介绍 AT 型楼梯钢筋构造。

子任务 7.3.1　AT 型楼梯钢筋构造（表 7-5）

AT 型楼梯钢筋构造　　　　　　　　　　　　表 7-5

钢筋构造详图

钢筋构造说明

　　（1）上部纵筋锚固长度 $0.35l_{ab}$ 用于设计按铰接的情况，括号内数据 $0.6l_{ab}$ 用于设计考虑充分利用钢筋抗拉强度的情况，具体工程中设计应指明采用何种情况。

　　（2）伸入高端梯梁的上部纵筋，有条件时可直接伸入平台板内锚固，从支座（高端梯梁）内边算起总锚固长度不小于 l_a，如图中虚线所示。

　　（3）上部纵筋在支座内弯锚，一端伸至支座（高端梯梁、低端梯梁）对边再向下弯折 $15d$（d 为纵筋直径）；

185

钢筋构造说明

——设计按铰接时，伸入支座直段长度 $\geq 0.35l_{ab}$；

——充分利用钢筋的抗拉强度时，伸入支座直段长度 $\geq 0.6l_{ab}$；

另一端伸入踏步段弯 90°直钩。

（4）上部纵筋伸入踏步段的水平投影长度为净跨的 1/4。

（5）下部纵筋伸入支座（高端梯梁、低端梯梁）$\geq 5d$ 且至少伸过支座中线。

（6）在下部纵筋上方、上部纵筋下方均设置梯板分布筋。

识图训练——板式楼梯平法施工图识读

一、板式楼梯平法施工图知识点思维导图

1. 板式楼梯平法施工图知识点思维导图如图 7-7 所示。

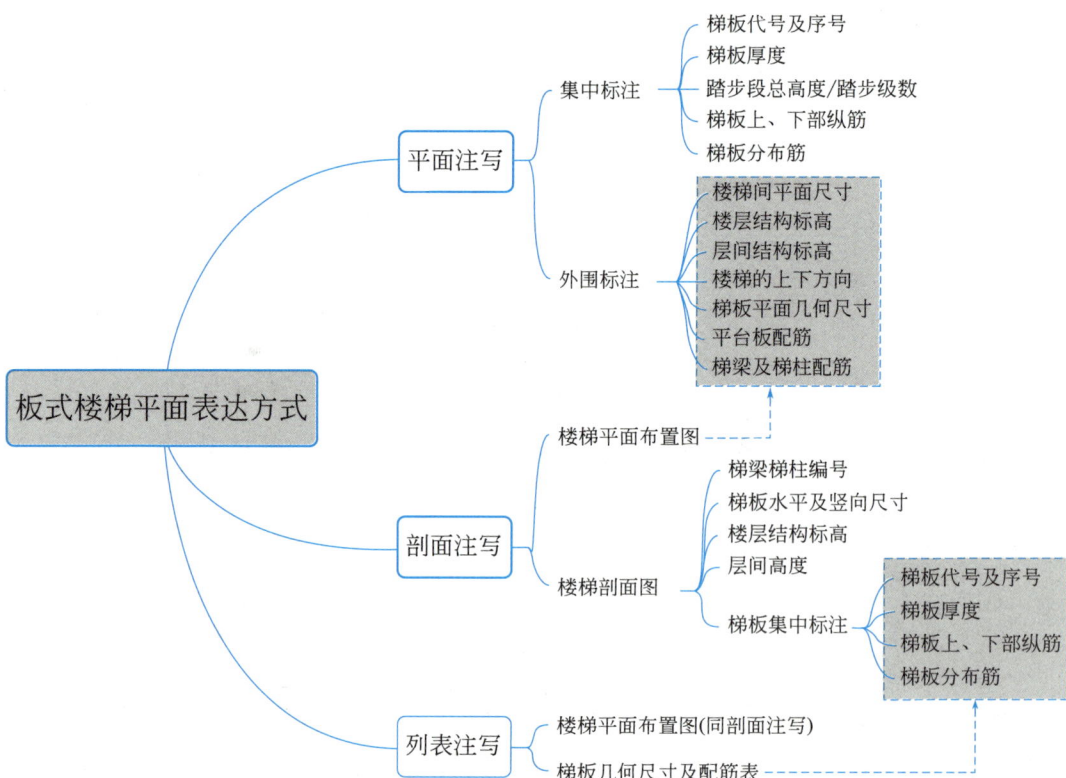

图 7-7 板式楼梯平法施工图知识点思维导图

2. AT～ET 型板式楼梯钢筋构造体系，如图 7-8 所示。

二、板式楼梯平法施工图识图步骤

1. 查看图名、比例。

2. 校核楼梯间轴线编号及间距尺寸，是否与建筑施工图、基础平面图一致。

3.阅读结构设计总说明或有关说明，明确楼梯的混凝土强度等级。

4.明确各楼梯的类型、编号、数量和位置。

5.通过楼梯平面布置图读取楼梯间平面尺寸、楼层结构标高、层间结构标高、楼梯的上下方向、梯板平面尺寸、平台板配筋、梯梁及梯柱配筋等信息。

6.通过楼梯剖面图明确梯段竖向尺寸，并校核与平面图中标注是否一致。

7.读取梯板集中标注或梯板配筋表中梯板厚度及配筋信息。

8.根据抗震等级、设计要求和标准构造详图，确定受力钢筋和分布筋的构造要求，需特别注意梯板在折角处的配筋处理。

9.图纸说明中的其他有关要求。

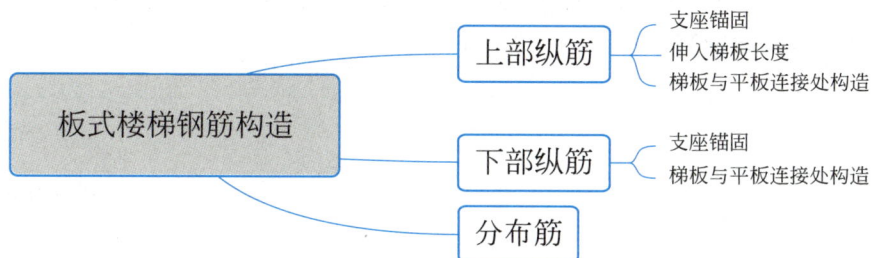

图 7-8　AT~ET 型板式楼梯的钢筋构造

三、板式楼梯平法识图案例

【例 7-2】某工程混凝土强度等级为 C30，受力筋采用 HRB400 钢筋，分布筋采用 HPB300 钢筋，标准层板式楼梯平法施工图如图 7-9 所示，其中 TL1、TL2 截面尺寸均为 250mm×500mm。

要求：1.识读楼梯几何尺寸和配筋信息。

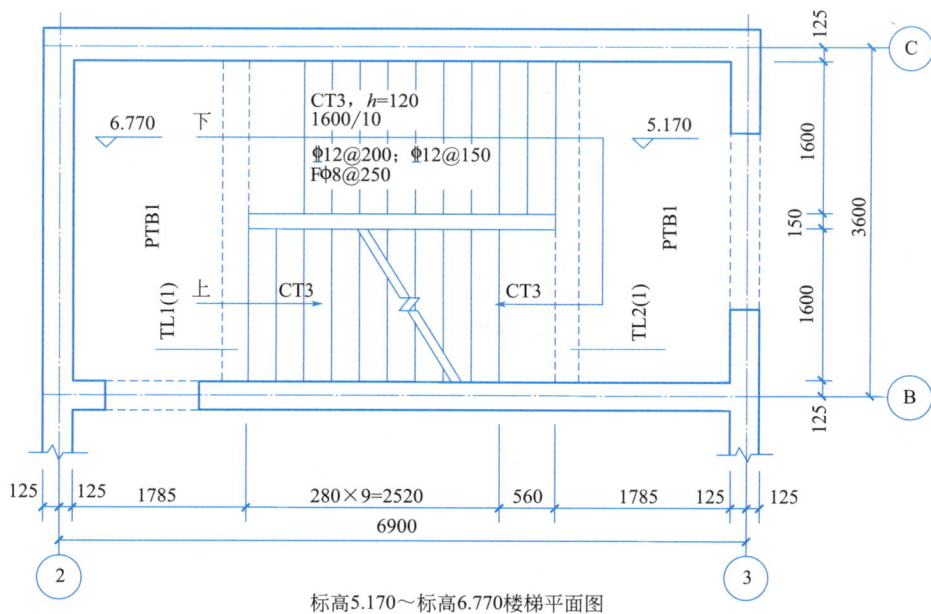

标高5.170~标高6.770楼梯平面图

图 7-9　板式楼梯平法施工图

集中标注

CT3：CT 型楼梯 3 号

$h=120$：梯板厚度 120mm

1600/10：踏步段总高度 1600mm，踏步级数为 10

Φ12@200；Φ12@150：上部纵筋为 HRB400 级钢筋，直径为 12mm，间距为 200mm；下部纵筋为 HRB400 级钢筋，直径为 12mm，间距为 150mm

Fϕ8@250：梯板分布筋为 HPB300 级钢筋，直径为 8mm，间距为 250mm

原位标注

1600：梯板宽度　　　1785：平台宽度　　　150：梯缝宽

280×9＝2520：踏步宽 280mm，踏步数为 9，踏步段水平长 2520mm

2. 绘制梯板剖面钢筋布置详图（图 7-10）。

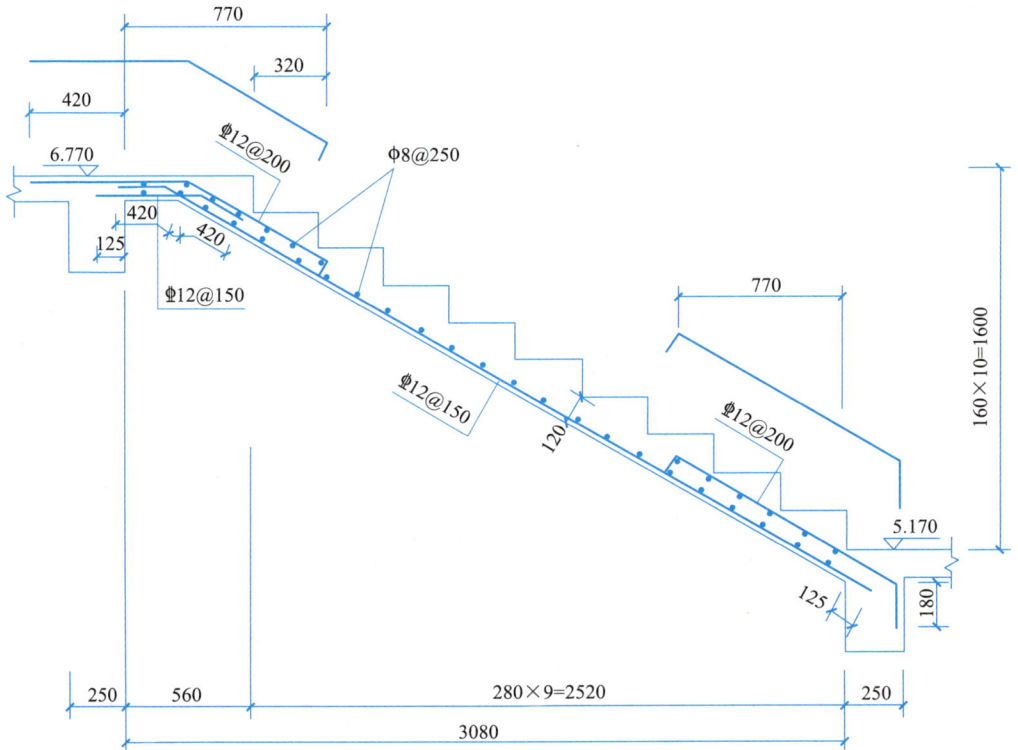

图 7-10　CT3 梯板剖面钢筋构造详图

7-3
楼梯钢筋
绑扎示范

评价总结

班级：＿＿＿＿＿　　　　小组：＿＿＿＿＿　　　　姓名：＿＿＿＿＿

评价项目	评价标准	评价依据	分值	自我评价	小组互评	教师评价
岗位核心素质（40％）	具有安全施工意识	具有安全第一的意识	10			
	具有良好的工作质量	完成任务时有严谨的工作态度，按规范绘图和验收，正确率高	10			
	具有爱岗敬业的精神	在完成岗位任务时有责任心，无迟到早退现象	10			
	具有合作精神	与成员间合作互助，沟通协调能力好	10			
专业能力（60％）	楼梯的分类及板式楼梯的类型	能正确分辨楼梯分类及板式楼梯的类型	10			
	板式楼梯平面注写和剖面注写平法规则	能快速正确识读板式楼梯两种注写方式	15			
	板式楼梯标准构造详图	能快速正确识读板式楼梯标准构造详图	15			
	板式楼梯图纸识读绘图练习	平法施工图识读正确率达到90％	20			

总分：

Chapter 08

项目八

拓展学习——装配式混凝土结构施工图的简单识读

学习目标

知识目标

1. 了解装配式建筑的基本知识。
2. 掌握预制叠合楼板制图规则。

能力目标

1. 能正确运用预制叠合楼板制图规则,准确识读预制叠合楼板的位置、截面尺寸、配筋信息和安装方向。
2. 熟悉预制叠合楼板施工图中的各种钢筋种类、安装位置和安装方向。

素质目标

1. 培养学生的现代化施工意识。
2. 培养学生严谨的识图态度、积极的工作态度。
3. 培养学生机械化施工的想象力。

课程思政要点

思政元素	思政切入点	思政目标
现代化意识	现代汽车组装已完全融入现代化和机械化生产过程,汽车的生产机械化程度、精细度均较高,我们建筑业的生产正在朝着现代化和机械化施工进军,这就是装配式建筑的产生。	引导学生树立机械化和现代化建筑生产意识。
机械化能力意识	精选装配式建筑案例,从而帮助学生认识装配式建筑施工安全与质量的重要性。	培养学生安全生产、质量保证的工作态度。

学习任务工单

1. 任务描述

　　小周是某装配式建筑构造厂的施工技术员,今天他的工作是要看懂叠合楼板生产的施工图,并按照图纸现场检查叠合楼板钢筋的选用、钢筋安装位置、绑扎要求、叠合板截面尺寸的大小、预埋件安装部位等是否正确。

　　本任务要求学生能识读建筑业新趋势新技术装配式 PC 构件——叠合板的施工图。本任务知识要求有:

任务内容	装配式叠合板平法施工图识读	学习程度		
		识记	理解	应用
学习任务	叠合板类型和钢筋种类	★		
	预制叠合板平法规则		★	
自我勉励				

2. 寻找队友

以 3～5 人为一组，选出组长并进行任务分工，将小组成员及分工情况填入表中。

班级		组号		指导老师	
姓名		学号		任务分工	
组长					
组员					

3. 小组作业

装配式建筑基本知识

（1）预制叠合楼板类别和预制叠合楼板中的钢筋

引导问题 1：装配式建筑预制构件分为：_____、_____、_____、_____、_____、_____ 和 _____。

引导问题 2：预制叠合楼板与现浇楼板分类一样，根据楼板的长宽比大小、受力支座形式、叠合板底板类型可将预制叠合楼板分为 _____ 和 _____ 两种。一般来说，单向板受力支承支座为 _____ 边，而双向板受力支承支座为 _____ 边。

引导问题 3：根据叠合楼板制图规则有关规定，预制叠合楼板制作过程中配置的钢筋有 _____、_____、_____ 及 _____。

（2）预制叠合楼板施工图制图规则

引导问题 4：叠合楼盖施工图主要包括 _____、_____、_____ 或 _____。

引导问题 5：代号 DLB3 表示为 _____。

引导问题 6：代号 DWB2 表示为 _____。

引导问题 7：代号 DXB1 表示为 _____。

引导问题 8：预制底板平面布置图中需要标注 _____、_____、

_____和_____。

引导问题 9：当选用标准图集的预制底板时，单向叠合板底板编号规则为_____＋_____＋_____＋_____；双向底板编号规则为_____＋_____（1 为边板 2 为中板）＋_____＋_____＋_____＋_____。

引导问题 10：单向板底板钢筋代号表中当代号为 1 时ψ8@200 表示_____；ψ6@200 表示_____。

引导问题 11：单向板底板钢筋代号表中当代号为 2 时ψ8@150 表示_____；ψ6@200 表示_____。

引导问题 12：单向板底板钢筋代号表中当代号为 3 时ψ10@200 表示_____；ψ6@200 表示_____。

引导问题 13：单向板底板钢筋代号表中当代号为 4 时ψ10@150 表示_____；ψ6@200 表示_____。

引导问题 14：双向板底板跨度、宽度方向钢筋组合表中 11 组合跨度方向钢筋为_____；宽度方向钢筋为_____。

引导问题 15：双向板底板跨度、宽度方向钢筋组合表中 21 组合跨度方向钢筋为_____；宽度方向钢筋为_____。

引导问题 16：双向板底板跨度、宽度方向钢筋组合表中 31 组合跨度方向钢筋为_____；宽度方向钢筋为_____。

引导问题 17：双向板底板跨度、宽度方向钢筋组合表中 41 组合跨度方向钢筋为_____；宽度方向钢筋为_____。

引导问题 18：双向板底板跨度、宽度方向钢筋组合表中 22 组合跨度方向钢筋为_____；宽度方向钢筋为_____。

引导问题 19：双向板底板跨度、宽度方向钢筋组合表中 32 组合跨度方向钢筋为_____；宽度方向钢筋为_____。

引导问题 20：双向板底板跨度、宽度方向钢筋组合表中 42 组合跨度方向钢筋为_____；宽度方向钢筋为_____。

引导问题 21：双向板底板跨度、宽度方向钢筋组合表中 43 组合跨度方向钢筋为_____；宽度方向钢筋为_____。

引导问题 22：叠合板底板编号制图规则表中编号 DBD67—3324—2 表示为_____。

引导问题 23：叠合板底板编号制图规则表中编号 DBS1—67—3924—22 表示为_____。

引导问题 24：JF1 表示为_____；MF 表示为_____。

引导问题 25：钢筋桁架规格及代号包括_____、_____、_____、_____及_____。

（3）预制叠合楼板施工图识读

引导问题 26：预制叠合楼板施工图的识读主要包括_____、_____

____和_____的识读。

引导问题 27：在预制叠合楼板底板平面布置图中找到叠合底板位置及其编号，并能识读叠合板底板编号的含义，包括_____、_____、_____和

_____。

引导问题 28：预制叠合板平面布置图识读表 8-8 中 DLB1 表示_____

__；DLB2 表示_____；DLB3 表示_____。

引导问题 29：预制叠合板平面布置图识读表 8-8 中 DBD67—3324—2 表示_____

_____。

引导问题 30：预制叠合板平面布置图识读表 8-8 中 DBS1—67—3317—22 表示_____

_____

_____。

任务 8.1 **预制叠合楼板类别和预制叠合楼板中的钢筋**

建筑的部分或全部构件在工厂预制完成，然后运输到施工现场，将构件通过可靠的连接方式组装而建成的建筑，称为**装配式建筑**。装配式混凝土建筑应遵循建筑全寿命期的可持续发展，装配式建筑的特征是以标准化设计、工厂化生产、装配化施工、一体化装修、信息化管理为核心的"五化一体"建造方式。**装配式混凝土结构施工图**主要包括**装配式结构专项说明，预制剪力墙、预制板、预制柱、预制梁、预制楼梯、预制阳台和其他预制构件**的施工图。

本项目以装配式预制叠合楼板施工图的简单识读为例，使学生初步熟悉装配式混凝土结构施工图的识读。

子任务 8.1.1　预制叠合楼板类别

预制叠合楼板与现浇楼板分类一样，根据楼板的长宽比大小、受力支座形式、叠合板底板类型可将预制叠合楼板分为**单向叠合楼板**和**双向叠合楼板**两种。一般来说，单向板受力支承支座为两边，而双向板受力支承支座为四边。

子任务 8.1.2　预制叠合楼板中钢筋

预制叠合楼板中的钢筋需表示出根据现浇楼板平法施工图的配筋值和部分预制叠合楼板制图规则而进行深化设计后配置的钢筋数量和规格。根据叠合楼板制图规则有关规定，预制叠合楼板制作过程中配置的钢筋有**板受力钢筋、板分布钢筋、桁架钢筋及吊点加强钢筋**。

任务 8.2　预制叠合楼板施工图制图规则认知

子任务 8.2.1　预制叠合楼板编号的规定

1. 预制叠合楼板包括**预制底板**和**后浇混凝土叠合板**。预制叠合楼板适用于框架结构、框架-剪力墙结构、剪力墙结构、筒体结构等结构体系的预制建筑，也可用于钢结构建筑。

2. 叠合楼盖施工图的表示方法。

叠合楼盖施工图主要包括**预制底板平面布置图、现浇层配筋图、水平后浇带或圈梁布置图**。所有叠合板板块应逐一编号，相同编号的板块可择其一做集中标注，其他仅注写置于圆圈内的板编号，当板面标高不同时，在板编号的斜线下标注标高高差，下降为负（－）。叠合楼板编号由叠合板代号和序号组成，表达形式应符合表 8-1 的规定。

叠合楼板编号规则　　　　　　　　　　　　　　表 8-1

标注内容	叠合楼板编号制图规则		
叠合楼板编号	叠合板类型	代号	序号
	叠合板楼面板	DLB	××
	叠合板屋面板	DWB	××
	叠合板悬挑板	DXB	××
	识读：【例 8-1】DLB3，表示楼面板为叠合板，序号为 3； 【例 8-2】DWB2，表示屋面板为叠合板，序号为 2； 【例 8-3】DXB1，表示悬挑板为叠合板，序号为 1。		

3. 预制底板标注

预制底板平面布置图中需要标注叠合楼板编号、预制底板编号、各块预制底板尺寸和定位。当选用标准图集中的预制底板时，可直接在板块上标注标准图集中的底板编号；当自行设计预制底板时，可参照标准图集的编号规则进行编号。预制底板为单向板时，还应标注板边调节和定位；预制底板为双向板时还应标注接缝尺寸和定位；当板面标高不同时，标注底板标高高差，下降为负（－），同时应给出预制底板表。

预制底板表中需要标明叠合楼板编号、板块内的预制底板编号及其与叠合板编号的对应关系、所在楼层、构件重量和数量、构件详图页码（自行设计构件为图号）、构件设计补充内容（线盒、留洞位置等）。

当选用标准图集的预制底板时，可选类型详见《桁架钢筋混凝土叠合板（60mm 厚底板）》15G366-1。标准图集中预制底板编号规则如表 8-2 所示。

标准图集中叠合板底板编号规则　　　　　　　　　　　　表 8-2

叠合板底板类型	叠合底板编号
单向板	DBD × × - × × × × - × 桁架钢筋混凝土叠合板用底板（单向板） 预制底板厚度(cm) 后浇叠合层厚度(cm) 底板跨度方向钢筋代号：1～4 标志宽度(dm) 标志跨度(dm) 【例 8-4】底板编号 DBD67—3324—2 表示为单向受力叠合板用底板，预制底板厚度为 60mm，后浇叠合层厚度为 70mm。预制底板的标志跨度为 3300mm，预制底板的标志宽度为 2400mm，底板跨度方向配筋为 Φ8@150。
双向板	DBS × - × × - × × × × - × × - δ 桁架钢筋混凝土叠合板用底板（双向板） 叠合板类别(1为边板，2为中板) 预制底板厚度(cm) 后浇叠合层厚度(cm) 调整宽度 底板跨度方向及宽度方向钢筋代号 标志宽度(dm) 标志跨度(dm) 【例 8-5】底板编号 DBS1—67—3924—22，表示双向受力叠合板用底板，拼装位置为边板，预制底板厚度为 60mm，后浇叠合层厚度为 70mm，预制底板的标志跨度为 3900mm，预制底板的标志宽度为 2400mm，底板跨度方向、宽度方向配筋均为 Φ8@150。

单向叠合板底板编号规则：底板类型＋预制底板厚度＋后浇叠合层厚度＋跨度、宽度＋底板跨度方向配筋值（表 8-3）；双向叠合板底板编号规则：底板类型＋叠合板类型（1 为边板 2 为中板）＋预制底板厚度＋后浇叠合层厚度＋跨度、宽度＋底板跨度、宽度方

向配筋值（表8-4、表8-5）。

单向板底板钢筋代号　　　　　　　　　　表8-3

代号	1	2	3	4
受力钢筋规格及间距	Φ8@200	Φ8@150	Φ10@200	Φ10@150
分布钢筋规格及间距	Φ6@200	Φ6@200	Φ6@200	Φ6@200

双向板底板跨度、宽度方向钢筋组合　　　　表8-4

宽度方向钢筋	跨度方向钢筋			
	Φ8@200	Φ8@150	Φ10@200	Φ10@150
Φ8@200	11	21	31	41
Φ8@150	—	22	32	42
Φ8@100	—	—	—	43

标准图集中单向叠合板底宽度、跨度尺寸　　表8-5

宽度	标志宽度(mm)	1200	1500	1800	2000	2400	
	实际宽度(mm)	1200	1500	1800	2000	2400	
跨度	标志跨度(mm)	2700	3000	3300	3600	3900	4200
	实际跨度(mm)	2720	3020	3320	3620	3920	4220

子任务8.2.2　预制叠合楼板接缝编号的规定

预制叠合楼板底板间需要接缝时，需要在平面布置图上标明接缝尺寸和位置。预制叠合楼板底板接缝包括**叠合楼板接缝**和**叠合楼板底板密拼接缝**两种，其编号方式如表8-6所示。

单向板底板钢筋代号　　　　　　　　　　表8-6

名称	代号	序号
叠合楼板接缝	JF	××
叠合楼板底板密拼接缝	MF	—

子任务 8.2.3　钢筋桁架规格及代号

钢筋桁架由上弦钢筋、下弦钢筋和腹杆钢筋由专用焊接机械采用电阻点焊制造而成，钢筋桁架与叠合板绑扎时，桁架上弦钢筋放置于楼板钢筋上层，下弦钢筋与底板钢筋绑扎连接。钢筋桁架规格及代号包括桁架代号、上弦钢筋、下弦钢筋、腹杆钢筋规格及桁架设计高度，详见表 8-7。

钢筋桁架规格及代号　　　　　　　　　　　　　　表 8-7

桁架规格代号	上弦钢筋规格（mm）	下弦钢筋规格（mm）	腹杆钢筋规格（mm）	桁架设计高度（mm）
A80	8	8	6	80
A90	8	8	6	90
A100	8	8	6	100
B80	10	8	6	80
B90	10	8	6	90
B100	10	8	6	100

任务 8.3　预制叠合楼板施工图识读

预制叠合楼板施工图的识读主要包括预制叠合楼板底板平面布置图、现浇层配筋图和水平后浇带施工图的识读。现浇层配筋图识读参照板平法施工图的识读；水平后浇带施工图包括水平后浇带平面布置图与水平后浇带表，前者在平面布置图上标注水平后浇带的分布位置，后者表示水平后浇带平面所在位置、所在楼层以及配筋情况。下面主要简单介绍预制叠合楼板底板平面布置图及施工图的识读。

1. 预制叠合楼板底板平面布置图识读

在预制叠合楼板底板平面布置图中找到叠合底板位置及其编号，并能识读叠合板底板编号的含义，包括叠合板类型、拼装位置、预制底板厚度、尺寸和钢筋配置，预制叠合板平面布置图识读见表 8-8。

2. 预制叠合楼板底板施工图识读

预制叠合楼板底板施工图的识读主要包括叠合楼板底板的模板图、配筋图的识读（表 8-9）。

预制叠合板平面布置图识读　　　　　　　　　　　　　表 8-8

平面布置内容	叠合板平面布置图
叠合板平面布置图识读	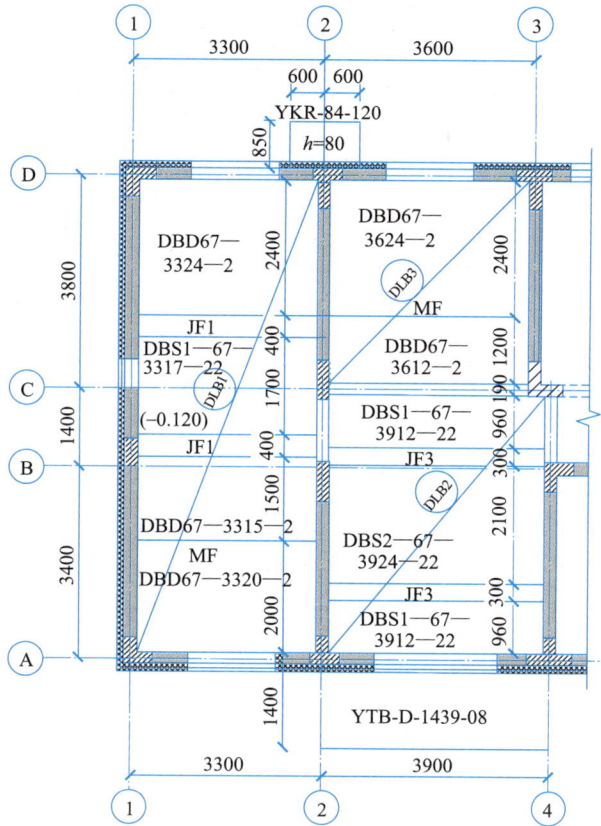

1. 板块编号

DLB1—1 号叠合楼面板；DLB2—2 号叠合楼面板；DLB3—3 号叠合楼面板。

2. 叠合楼板底板编号

本平面布置图中叠合板底板编号分别有：单向板和双向板

单向板：DBD67—3324—2、DBD67—3320—2、DBD67—3315—2、DBD67—3612—2、DBD67—3624—2；

双向板：DBS1—67—3317—22、DBS2—67—3924—22、DBS1—67—3912—22。

【例 8-6】DBD67—3324—2：表示为单向板底板，预制底板厚度为 60mm，后浇叠合层厚度为 70mm。预制底板的标志跨度为 3300mm，预制底板的标志宽度为 2400mm，底板跨度方向配筋为$\phi 8@150$。

续表

平面布置内容	叠合板平面布置图
叠合板平面布置图识读	【例 8-7】DBS1—67—3317—22：表示该叠合楼板为双向板，拼装位置为边板，预制底板厚度为 60mm，后浇叠合层厚度为 70mm，预制底板的标志跨度为 3300mm，预制底板的标志宽度为 1700mm，底板跨度方向配筋为Φ8@150，底板宽度方向配筋为Φ8@150。 其他的叠合板底板识读于叠合板施工图识读实训项目完成。

预制叠合板底板施工图识读　　　　　表 8-9

名称	叠合板底板施工图
叠合板底板模板图	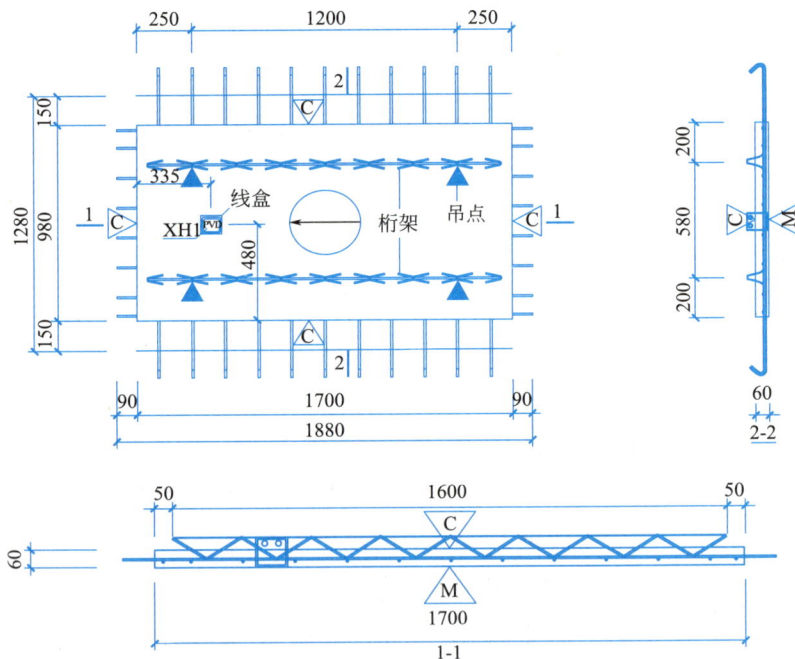

1. 识读叠合板类型为双向板。

2. 参考识读

叠合板尺寸长 1880mm，宽 1280mm，底板厚 60mm；线盒位于板边 x 向 335mm，y 向 480mm；吊点位于桁架上左右各 250mm，共 4 个吊点。

3. 桁架距上下边 200mm，共 2 个。

续表

名称	叠合板底板施工图
叠合板底板 配筋图	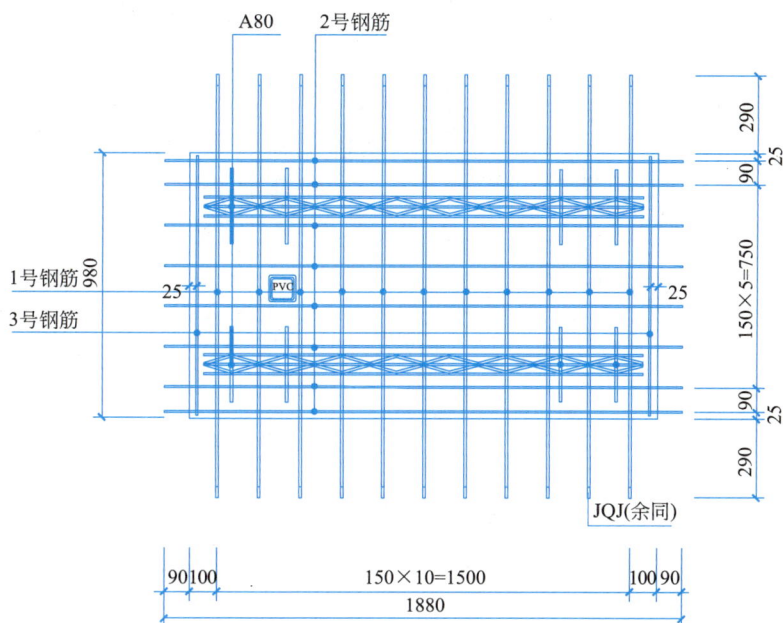 1. 1号钢筋上下出筋290mm，间距150mm，共11根；2号钢筋左右出筋90mm，共8根；3号钢筋为边筋，共2根。 2. 底板桁架类型为A80型。 3. 每个吊点设置加强钢筋各2根。

钢筋材料表

2F-PCB1 底板参数表

底板编号	底板厚（mm）	叠合层厚（mm）	实际板跨（mm）	实际板宽（mm）	混凝土体积（m³）	底板自重（t）
2F-PCB1	60	70	1700	980	0.099	0.248

名称	叠合板底板施工图
钢筋材料表	（见下方表格）

2F-PCB1 底板配筋表

钢筋编号	钢筋规格	钢筋加工外皮尺寸(mm)（包括弧长在内的投影长度）	单根长（mm）	总长（mm）	总重（kg）
1号钢筋	11 φ 8	40 1560 40	1686	18546	7.32
2号钢筋	8 φ 8	1880	1880	15040	5.94
3号钢筋	2 φ 6	950	950	1900	0.42
JQJ	10 φ 8	280	280	2800	0.88
				合计(kg)：	14.56

2F-PCB1 桁架钢筋表

桁架钢筋规格	根数	单根长度（mm）	单根重（kg）	总长（mm）	总重（kg）
A80	2	1600	2.82	3200	5.64

2F-PCB1 预埋配件明细表

编号	名称	数量	备注
XH1	预埋 PVC 线盒	1	加高型 86 线盒，高度 100mm，接 φ25 锁母

1. 预制板名称及尺寸。
2. 钢筋种类、规格、数量、单根钢筋长度、总长等。

参考文献

[1] 中华人民共和国住房和城乡建设部. 混凝土结构施工图平面整体表示方法制图规则和构造详图（现浇混凝土框架、剪力墙、梁、板）：22G101-1 [S]. 北京：中国标准出版社，2022.

[2] 中华人民共和国住房和城乡建设部. 混凝土结构施工图平面整体表示方法制图规则和构造详图（现浇混凝土板式楼梯）：22G101-2 [S]. 北京：中国标准出版社，2022.

[3] 中华人民共和国住房和城乡建设部. 混凝土结构施工图平面整体表示方法制图规则和构造详图（独立基础、条形基础、筏形基础、桩基础）：22G101-3 [S]. 北京：中国标准出版社，2022.

[4] 中华人民共和国住房和城乡建设部. 混凝土结构施工钢筋排布规则与构造详图（现浇混凝土框架、剪力墙、梁、板）：18G901-1 [S] 北京：中国计划出版社，2018.

[5] 中华人民共和国住房和城乡建设部. 混凝土结构施工钢筋排布规则与构造详图（现浇混凝土板式楼梯）：18G901-2 [S] 北京：中国计划出版社，2018.

[6] 中华人民共和国住房和城乡建设部. 混凝土结构施工钢筋排布规则与构造详图（独立基础、条形基础、筏形基础、桩基础）：18G901-3 [S] 北京：中国计划出版社，2018.

[7] 庞毅玲，余连月. 快速平法识图与钢筋计算 [M]. 北京：中国建筑工业出版社，2022.

[8] 王仁田，林宏剑. 混凝土结构平法识图 [M]. 北京：高等教育出版社，2020.

[9] 赵华玮. 混凝土结构平法三维识图 [M]. 北京：中国建筑工业出版社，2022.